COLEÇÃO MESTRES DO
ESOTERISMO OCIDENTAL

RUDOLF STEINER

RICHARD SEDDON

COLEÇÃO MESTRES DO ESOTERISMO OCIDENTAL

RUDOLF STEINER

Tradução:
Bianca B. Cassina

Publicado originalmente em inglês sob o título *Western Esoteric Masters Series — Rudolph Steiner*, por North Atlantic Books.
© 1988, 2004, Richard Seddon.
Direitos de edição e tradução para todos os países de língua portuguesa.
Tradução autorizada do inglês.
Direitos Reservados.
©2007, Madras Editora Ltda.

Editor:
Wagner Veneziani Costa

Produção e Capa:
Equipe Técnica Madras

Tradução:
Bianca B. Cassina

Revisão:
Silvia Massimini
Wilson Ryoji Imoto
Camila Fernanda Cipoloni

CIP-BRASIL. CATALOGAÇÃO-NA-FONTE
SINDICATO NACIONAL DOS EDITORES DE LIVROS, RJ.

S838r
Steiner, Rudolf, 1861-1925
Rudolf Steiner / coordenação Richard Seddon ; tradução Bianca B. Cassina. - São Paulo: Madras, 2007
    (Mestres do esoterismo ocidental)
Tradução de: Western Esoteric Masters Series: Rudolf Steiner
ISBN 978-85-370-0150-9
 1. Steiner, Rudolf, 1861-1925. 2. Antroposofia. I. Seddon, Richard. II. Título. III. Série

06-3080.		CDD 299.935
		CDU 289.957
22.08.06	25.08.06	015876

Proibida a reprodução total ou parcial desta obra, de qualquer forma ou por qualquer meio eletrônico, mecânico, inclusive por meio de processos xerográficos, incluindo ainda o uso da internet, sem a permissão expressa da Madras Editora, na pessoa de seu editor (Lei nº 9.610, de 19.2.98).

Todos os direitos desta edição, em língua portuguesa, reservados pela

MADRAS EDITORA LTDA.
Rua Paulo Gonçalves, 88 — Santana
CEP: 02403-020 — São Paulo/SP
Caixa Postal: 12299 — CEP: 02013-970 — SP
Tel.: (11) 6281-5555/6959-1127 — Fax: (11) 6959-3090
www.madras.com.br

Rudolf Steiner tem o patrocínio da Society for the Study of Native Arts and Sciences, uma instituição educacional sem fins lucrativos cujos objetivos são: desenvolver uma perspectiva educacional e intercultural, unindo várias áreas científicas, sociais e artísticas; fomentar uma visão holística das artes, das ciências, das humanidades e de cura, além de publicar e distribuir literatura sobre a relação entre a mente, o corpo e a Natureza.

COLEÇÃO MESTRES DO ESOTERISMO OCIDENTAL

A tradição esotérica ocidental tem suas raízes em um modo de pensar religioso que remete ao Gnosticismo, ao Hermetismo e ao Neoplatonismo no mundo helenístico durante os primeiros séculos depois de Cristo. Na Renascença, a redescoberta de textos antigos levou a um resgate entre os especialistas em Magia, Astrologia, Alquimia e Cabala. Após a Reforma, essa corrente espiritualista deu origem à Teosofia, ao Rosacrucianismo e à Maçonaria, enquanto o resgate do Ocultismo moderno se estende do Espiritualismo do século XIX da Teosofia de H. P. Blavatsky e das ordens cerimoniais mágicas até Rudolf Steiner, C. G. Jung e G. I. Gurdjieff.

A *Coleção Mestres do Esoterismo Ocidental* apresenta biografias concisas das principais figuras na tradição, juntamente com antologias de seus trabalhos. Ideais para estudantes, professores e leitores em geral, esses livros formam uma ampla coletânea de textos dedicada à história do Esoterismo e ao renascimento do Ocultismo moderno. Os volumes sobre Paracelso, John Dee, Jacob Boehme, Robert Fludd, Emanuel Swedenborg, Helena Petrovna Blavatsky já estão disponíveis.

O dr. Nicholas Goodrick-Clarke é o coordenador da *Coleção Mestres do Esoterismo Ocidental*. Ele é professor da cadeira de Esoterismo Ocidental na Universidade de Exeter e diretor do Centro de Estudos do Esoterismo. Publicou estudos sobre Paracelso, John Dee, Cornélio Agrippa, Emanuel Swedenborg e Helena Blavatsky. Seu primeiro trabalho, *The Occult Roots of Nazism* [As raízes Ocultas do Nazismo], foi traduzido para nove idiomas.

ÍNDICE

Introdução à Edição Brasileira 13
   O caminho da Iniciação 16
   Ao encontro do Misticismo 17
   Hermetismo 18
   Gnosticismo ou Conhecimento 20
Prefácio 27
Prólogo 30
Introdução 33
   1. Veneração à Verdade 33
   2. Três Tipos de Experiência 35
   3. Preparação por meio do Estudo 37
A Natureza do Homem 40
   1. A Natureza Sétupla do Homem 40
   2. Níveis de Consciência 43
   3. A Evolução da Ego-Consciência 47
   4. Experiências Internas do Sono 51
   5. Dois Tipos de Sonho 54
Da Morte ao Renascimento 57
   1. Lendo para os Mortos 57
   2. Conversa com os Mortos 59
   3. Reencarnação e Darwinismo 60
   4. Entre a Morte e o Renascimento 62
   5. A Valorização da História 65
Destino e Realidade Oculta 67
   1. Trabalhos Práticos do Carma 67
   2. O Estranho que nos Acompanha 72
   3. O Guardião do Portal 75
   4. Do Primeiro Drama de Mistério
      O Portal da Iniciação – Cena 2 78

Experiências de Cristo 81
   1. Uma Primeira Experiência de Ressurreição 81
   2. Se não Vos Converterdes.... 84
   3. Dois Caminhos para Cristo Atualmente 87
   4. Equilíbrio entre Poderes Opostos 90
   5. A Natureza do Amor 92
Próximos Eventos 95
   1. Miguel e a Nova Consciência de Cristo 95
   2. O Cristo Etéreo 97
   3. O Senhor do Carma 98
   4. A Missão da Terra 102
   5. A Divisão na Humanidade 104
Reorganização da Sociedade 107
   1. Condições das Vidas Espiritual, Social e Econômica 107
   2. A Lei Social Fundamental 111
   3. Capital e Crédito 114
   4. Impulsos Angélicos na Vida Social 117
   5. O Homem Vazio 122
   6. Constituição de uma Sociedade Antroposófica 123
Bases Filosóficas 125
   1. O Ato de Saber 125
   2. A Idéia de Liberdade 128
   3. A Falácia do Kantismo 130
Ciência Natural e Ciência Espiritual 135
   1. A Matemática e o Homem 135
   2. Uma Ciência de Fenômenos Puros 138
   3. O Pensamento Orgânico como Percepção Supersensível 140
   4. A Natureza da Tecnologia 143
   5. Medicina Antroposófica 145
A Renovação das Artes 147
   1. A Futura Tarefa da Arte 147
   2. A Nova Estética 148
   3. A Arte como Órgão dos Deuses 151
   4. Experiência Moral da Cor e do Tom 152
   5. A Nova Arte da Euritmia 155
O Caminho do Desenvolvimento 158
   1. A Mudança no Caminho 158
   2. Três Estágios do Desenvolvimento Espiritual 160
   3. Trabalho Preparatório Essencial 163
   4. Meditação Moderna 166
   5. Visões, Premonições e Intuição 170

Na Vida Cotidiana 173
   1. A Educação da Criança 173
   2. Nutrição 177
   3. Uma Festa Michaelmas 180
O Homem, Templo dos Deuses 183
Fontes, Leituras Complementares e Aplicações Práticas 185
   Prefácio do Editor 185
   Capítulo 1 – Introdução 185
   Capítulo 2 – A Natureza do Homem 185
   Capítulo 3 – Da Morte ao Renascimento 186
   Capítulo 4 – Destino e Realidade Oculta 186
   Capítulo 5 – Experiências de Cristo 186
   Capítulo 6 – Próximos Eventos 187
   Capítulo 7 – Reorganização da Sociedade 187
   Capítulo 8 – Bases Filosóficas 187
   Capítulo 9 – Ciência Natural e Ciência Espiritual 188
   Capítulo 10 – A Renovação das Artes 188
   Capítulo 11 – O Caminho do Desenvolvimento 189
   Capítulo 12 – Na Vida Cotidiana 189
   Epílogo 189

INTRODUÇÃO À EDIÇÃO BRASILEIRA

"O tempo dá tudo e tudo toma, tudo muda, mas nada morre... Com esta Filosofia meu espírito cresce, minha mente se expande. Por isso, apesar de quanto obscura a noite possa ser, eu espero o nascer do dia..." (Bruno)

Antes de adentrarmos nessa maravilhosa coleção dos Mestres do Esoterismo Ocidental, quero escrever um pouco sobre Esoterismo, Magia, Ocultismo, Misticismo, Hermetismo, Gnose e discorrer acerca da sua importância em nosso Universo.

Antigamente, quando um homem era sábio ele era chamado de *Magus*, Mago ou *Magi*, plural da palavra persa antiga *magus*, significando tanto imagem quanto "um homem sábio", que vem do verbo cuja raiz é *meh*, que quer dizer Grande, e em sânscrito, *Maha* (daí Mahatma Gandhi, por exemplo).

Os *Magi* originais eram formados pela casta sacerdotal da Pérsia, além de químicos e astrólogos. Seus trajes consistiam de um manto escuro (preto, ou marrom, ou vermelho), e suas demonstrações públicas envolviam o uso de substâncias químicas para geração de fumaça, as quais causavam grande impressão entre o povo. Com isso, os observadores europeus trouxeram sua imagem para o folclore do Ocidente.

Mago usualmente denota aquele que pratica a Magia ou o Ocultismo; no entanto, pode indicar ainda alguém que possui conhecimentos e habilidades superiores, quando, por exemplo, se diz que um músico é um "mago dos teclados", pois ele toca o instrumento musical com muita destreza.

No sentido religioso e histórico, portanto, denotava uma linha sacerdotal ou casta hereditária na Pérsia, da qual Zoroastro (ou Zaratrusta) foi um membro conhecido. Essa casta formava uma sociedade de Magos que dividia os iniciados em três níveis de iluminação:

Khvateush – Os mais elevados, iluminados com a luz interior, iluminados;
Varezenem – Aqueles que praticam;
Airyamna – Amigos dos arianos.

Os antigos Magos *Parcis* podiam ser divididos em três níveis:

Herbods – noviços;
Mobeds – Mestres;
Destur Mobds – Homens perfeitos, idênticos aos Hierofantes dos mistérios praticados tanto na Grécia como no Egito (veja Hermetismo).

Esclarecemos que Hierofante é um termo utilizado para classificar os sacerdotes da alta hierarquia dos mistérios. Em língua portuguesa, o Grande Hierofante representa o Sacerdote Supremo ou Sumo Sacerdote. Um dos exemplos mais conhecidos de alguém que pode ser designado Grande Hierofante é o líder supremo (supremo para os que comungam do mesmo credo, é lógico) da Igreja Católica Apostólica Romana, o Papa, também chamado de Sumo Pontífice.

Podemos dizer que o Hierofante simboliza o mestre espiritual que habita em nosso interior, é o intermediário que faz a ligação entre a consciência terrena e o conhecimento intuitivo da lei Divina. Um dos principais objetivos desses líderes, ou instrutores, é o de ajudar os seres humanos na escalada dos graus na grande jornada da vida, permitindo-os evoluir para se libertarem de seus sofrimentos. Em cada grau que ascende existe um desafio, uma experiência, até que o indivíduo consiga separar o joio do trigo.

A teosofista Helena Blavatsky, em *Ísis Sem Véu*, refere-se ao Hierofante dizendo que era o título pertencente aos mais elevados adeptos nos templos da Antiguidade: mestres e expositores dos Mistérios e os iniciadores nos grandes Mistérios finais. O Hierofante era a representação do Demiurgo que explicava aos candidatos à Suprema Iniciação os vários fenômenos da Criação que se expunham para o seu ensinamento.

Discorrendo claramente a respeito do Demiurgo, o escritor Kenneth R. H. Mackenzie disse que "era o único expositor das doutrinas e arcanos esotéricos. Era proibido até pronunciar seu nome diante de uma pessoa não-iniciada. Residia no Oriente e levava como símbolo de sua autoridade um globo de ouro junto ao colo. Chamavam-no, também, Mistagogo".

De acordo com o francês Pierre Weil, presidente da Fundação Cidade da Paz e Reitor da Universidade Holística Internacional de Brasília (UNIPAZ), o Sumo Pontífice (Sumo *Pontifex*) é aquele que lança pontes, ou, tradicionalmente, aquele que deve unir as diferentes pessoas e coordenar esforços, lançar pontes em todas as direções. Hierofante também designa grandes sacerdotes de outras religiões. Em seu livro *A Enxada e a Lança*, Alberto da Costa e Silva traz esta definição: "Orumila, o Hierofante". Sabe-se que Orumila é o grande conhecedor do Orum (o Desconhecido), o outro lado, o infinito, o longínquo. Acredita-se que nesse lugar inalcançável pelos habitantes da Terra (para os iorubás, *Aiyê*) os Orixás conservam suas moradas.

Na Bíblia, os magos são vistos como homens sábios. O termo também se tornou familiar, por causa dos três reis magos, que, seguindo uma estrela, chegaram ao local onde se encontrava o menino Jesus.

Na atualidade, a Magia foi revivida em seu aspecto ritualístico, principalmente pela Ordem Hermética do Amanhecer Dourado* (*Hermetic Order of the Golden Dawn*), na Inglaterra, no final do século XIX.

Na Maçonaria, que dia a dia permite que homens investidos de uma pregação comunista e materialista desviem a Ordem de seu curso natural, esse aspecto ritualístico está sendo perdido aos poucos. A Maçonaria é uma Escola Iniciática, na qual o candidato galga os graus, submetendo-se a ultrapassar os obstáculos, enfrentando-os até alcançar a Luz. Somos construtores sociais, sim (maçons = pedreiros), mas temos que em primeiro lugar elevar a consciência, incentivando a busca do conhecimento próprio. Esse conhecimento é profundo... Precisamos primeiramente construir nosso próprio edifício e, somente depois de acabado, ajudar o próximo a construir o seu, e assim sucessivamente...

O maçom tem que se esforçar para poder libertar todas as amarras do instinto. É aquele que guia as rédeas ao conduzir a parte animal que ainda, por missão, sente-se obrigado a possuir no mundo. No entanto, sabe que tudo na Terra tem seu período de transição, todas as coisas ocupam tempo fixo, por lei, e são determinadas pela necessidade evolutiva. Ele sabe, mediante sua mente divina, que a atuação do Ser Supremo se faz através do Espaço. Quando volta seus "olhos de ver" para a Imensidão, é capaz de ler essas lições no livro da Sabedoria Eterna, onde tudo fica gravado para sempre, como se fosse um eterno presente.

Portanto, o maçom precisa, sim, desenvolver seu sexto sentido. A intuição é seu modo de ver, ouvir e falar. No mais alto grau da Maçonaria, já se torna senhor dos três mundos: físico, anímico e espiritual. Somente nesse ponto pode e deve ser considerado Mestre Maçom.**

---

*N.E.: Sugerimos a leitura da obra de Israel Regardie, *A Aurora Dourada*, que será editada pela Madras Editora, com comentários de Carlos Raposo e Wagner Veneziani Costa.
**N.E.: Para conhecer melhor esse assunto, sugerimos a leitura do livro *Maçonaria–Escola de Mistérios – A Antiga Tradição e Seus Símbolos*, de Wagner Veneziani Costa, Madras Editora.

O CAMINHO DA INICIAÇÃO

Assim como uma flor não desabrocha fora do tempo, do mesmo modo a alma terá seu momento de encontro com a Luz. Nenhum esforço, além da senda apontada pela Consciência, poderá marcar mais perfeitamente o início dos primeiros passos no Caminho. A ansiedade é má conselheira e oferece tanta resistência à evolução do discípulo quanto à displicência. De tal modo Deus fez a alma do Homem, que ela sabe que, apesar de todas as voltas e curvas do caminho humano, é seu destino retornar mais iluminada ao Reino do Pai.

Se levarmos em conta o rigorismo do vocábulo esoterismo, na acepção de oculto, somente os Iniciados poderiam chamar-se esoteristas.

Iniciados são, portanto, todos os seres que, tendo atingido os páramos supremos dos últimos graus da iluminação, ainda como seres humanos, adquirem os meios de coordenar as forças ocultas do ser. Já sabemos que a iluminação é o ponto solar que conduz o Homem aos Mistérios. Como poderia palmilhar o Caminho aquele que, primeiramente, não se iluminasse? De sua Luz brota a claridade para seu próprio Caminho.

Dentre os filósofos que se manifestaram a respeito da Iniciação, Próclus nos diz que ela serve para "retirar a alma da vida material e lançá-la na luz". E Salústio afirma que "o fim da Iniciação é levar o Homem a Deus".

Antonio de Macedo nos dá uma boa luz sobre o significado de Esoterismo: "O adjetivo *eksôterikos, -ê, -on* (exterior, destinado aos leigos, popular, exotérico) já existia em grego clássico, ao passo que o adjetivo *esôterikos, -ê, -on* (no interior, na intimidade, esotérico) surgiu na época helenística, nos domínos do Império Romano. Diversos autores os utilizaram. Veremos adiante alguns exemplos.

Esotérico e exotérico têm origem, respectivamente, em *eisô* ou *esô* (como preposição significa "dentro de", como advérbio, "dentro"), e *eksô* (como preposição significa "fora de", como advérbio, "fora"). Dessas partículas gramaticais (preposição, advérbio) os gregos derivaram comparativos e superlativos, tal como no caso dos adjetivos. Via de regra, o sufixo grego para o comparativo é *teros*, e para o superlativo é *tatos*. Por exemplo: o adjetivo *kouphos*, "leve", tem como comparativo *kouphoteros*, "mais leve", e como superlativo *kouphotatos*, "levíssimo". Do mesmo modo, do advérbio/preposição *esô* obtém-se o comparativo *esôteros*, "mais interior", e o superlativo *esôtatos*, "muito interior, interno, íntimo". O adjetivo *esôterikos* deriva, portanto, do comparativo *esôteros*.

Certos autores, porém, talvez com uma visão mais imaginativa, propõem outra etimologia, baseada no verbo *têrô*, que significa "observar, espiar; guardar, conservar". Assim, *esô* + *têrô* significaria qualquer coisa como "espiar por dentro e guardar no interior".

Sabemos que as práticas ocultas concentram-se na habilidade de manipular leis naturais, como na Magia. Antigamente, Mistérios eram cultos sempre secretos nos quais uma pessoa precisava ser "iniciada". Os líderes dos cultos incluíam os Hierofantes ("revelador de coisas sagradas"). Uma sociedade de Mistério mantinha tradições como: refeições, danças e cerimônias em comum, especialmente ritos de iniciação. Faziam isso por acreditar que essas experiências compartilhadas fortaleciam os laços de cada culto.

Esoterismo é o nome genérico que designa um conjunto de tradições e interpretações filosóficas das doutrinas e religiões que buscam desvendar seu sentido oculto. É o termo utilizado para simbolizar as doutrinas cujos princípios e conhecimentos não podem ou não devem ser "vulgarizados", sendo comunicados apenas a um pequeno número de discípulos escolhidos.

A idéia central do Esoterismo é pesquisar o conhecimento perdido e utilizar todas as técnicas possíveis para que cada homem consiga transmutar o velho em novo, as trevas em luz, o mal em bem. Enfim, para que o esotérico consiga fazer a alquimia da sua própria alma e ascender ao encontro com o Criador. O Esoterismo estuda e faz uso prático das energias da natureza. Os métodos de sintonia com essas energias são inúmeros.

Segundo Blavatsky, o termo "esotérico" refere-se ao que está "dentro", em oposição ao que está "fora" e que é designado como "exotérico". Mostra o significado verdadeiro da doutrina, sua essência, em oposição ao exotérico, que é a "vestimenta" da doutrina, sua "decoração". Um sentido popular do termo é de afirmação ou conhecimento enigmático e impenetrável. Hoje em dia, o termo está mais relacionado ao misticismo, ou seja, à busca de supostas verdades e leis que regem o Universo, porém ligando ao mesmo tempo o natural com o sobrenatural.

AO ENCONTRO DO MISTICISMO

Misticismo é uma filosofia que existe em muitas culturas diferentes e que se apresenta de várias maneiras. Místico é todo aquele que concebe a não-separatividade entre o Universo e os seres (reino transcendente). A Essência primordial da vida, a Consciência Cósmica, ou Deus, como costumamos chamar – ao contrário do que se pensa – não está e nunca esteve separado de qualquer coisa. O místico é aquele que busca um contato com a realidade, que utiliza as forças naturais como intermediário.

O místico busca a presença de um Ser Supremo, ou do inefável e incognoscível, em si mesmo. Ele acredita que dessa forma pode perceber todas as coisas como parte de uma infinita e essencial Unidade de tudo o que existe. Os místicos não reconhecem diferenças entre a natureza do Universo e a natureza dos seres.

Misticismo é, portanto, a busca de conhecimento espiritual direto mediante processos psíquicos que transcendem as funções intelectuais. Sob essa ótica, o Misticismo é tido como um caminho pessoal de evolução, realização e felicidade.

HERMETISMO

Aquilo que na atualidade é chamado de Hermetismo, ou de Ciências Herméticas, compreende um campo de conhecimento muito amplo. Diariamente, observamos as ordens e as sociedades herméticas; ouvimos falar de conhecimentos herméticos. Em um primeiro momento, o leigo acredita que a palavra "hermética", presente em inúmeras organizações, significa, oculto, mistério, velado. Mas esse não é o sentido real. Aquilo que é ensinado como Hermetismo tem raízes tão antigas que é impossível precisar o seu surgimento. Acreditamos que pode ser considerado como sua origem, o registro de todos os conhecimentos que a humanidade foi acumulando, ciclo após ciclo de civilização, mesmo muito antes da Atlântida.

A Prof. Dra. Eliane Moura Silva, do Departamento de História da UNICAMP ressalta: "Em 1460, Cósimo de Médicis manda Marsílio Ficino interromper a tradução dos manuscritos de Platão e Plotino para iniciar com urgência, a tradução do *Corpus Hermeticum*, coletânea de textos formados pelo *Asclépios* (onde se descreve a antiga religião egípcia e os ritos e processos através dos quais estes atraíam as forças do Cosmos para as estátuas de seus deuses) e outros quinze diálogos herméticos tratando de temas como a ascensão da alma pelas esferas espirituais até o reino divino e a regeneração durante a qual a alma rompe os grilhões da matéria e torna-se plena de poderes e virtudes divinas, incluindo o *Pimandro*, que é um relato da Criação do mundo".

Essa tradução e as obras de Platão e Plotino tiveram um papel fundamental na história cultural e religiosa do Renascimento, sendo responsáveis pelo triunfo do Neoplatonismo e de um interesse apaixonado pelo Hermetismo em quase toda a Europa. A apoteose do homem, característica do Humanismo, passou a ter, em diferentes pensadores do período, uma profunda inspiração na tradição hermética redescoberta, assim como no Neoplatonismo para cristão.

De acordo com estudiosos, todos os movimentos de vanguarda da Renascença tiraram seu vigor e impulso a partir de um determinado olhar que lançaram sobre o passado. Ainda vigorava uma noção de tempo cíclica em que o passado era sempre melhor que o presente, pois lá estava a Idade do Ouro, da Pureza e da Bondade. Essa tendência aponta uma profunda insatisfação com a escolástica e uma aspiração em encontrar as bases para uma religião universalista, trans-histórica e primordial. O Humanismo Clássico recuperava a Antiguidade Clássica procurando o ouro puro de uma civilização melhor e mais elevada. Os reformadores religiosos procuravam a pureza evangélica nos estudos das Escrituras e nos textos dos precursores da Igreja.

A crença em uma *prisca theologia* e nos velhos teólogos – Moisés, Zoroastro, Orfeu, Pitágoras, Platão e Hermes Trismegistos – conheceu uma voga excepcional, assim como a leitura do Antigo Testamento, dos

Evangelhos e a própria Tradição Clássica. Pensava-se em uma aliança possível entre essas antigas e puras teologias, entre as quais se destacava o Hermetismo (afinal, sendo Hermes o mais antigo dos sábios e diretamente inspirado por Deus, pois suas profecias se cumpriram com o nascimento de Jesus), para se chegar a um universalismo espiritual capaz de restaurar a paz e o entendimento pela compreensão da "divindade" nos seres humanos.

Sob essa ótica, no decorrer dos anos assistimos a uma intensa recuperação de diversas formas de Gnose, da Alquimia e do Esoterismo cristão em seus temas fundamentais: enobrecimento e transmutação dos metais, regeneração do homem e da natureza, a quem serão devolvidas a dignidade e a pureza perdidas com a queda, a vitória sobre as doenças, a imortalidade e felicidade no seio de Deus, as relações simpáticas entre os seres e as coisas, o acesso a textos ocultos e revelados a poucos iniciados, Astrologia, Magia *naturallis*, entre outras fontes do saber.

Estamos falando das bases sobre as quais certos pensadores que marcaram época construíram suas obras, dentre eles Johanes Augustinus Pantheus, sacerdote veneziano; autor de *Ars transmutationes metallicae*; ou ainda, do provençal Michel de Nostredame (ou Nostradamus), médico e alquimista, protegido de Catarina de Médicis e autor das proféticas *Centúrias*; de Jerônimo Cardano, médico e matemático perseguido pela Inquisição e protegido pelo Papa; Juan Tritemio, sacerdote do convento de Spanheim, mas também um profeta, necromante e mago da corte do imperador Maximiliano. Por fim, chegamos a Paracelso (*Teofrasto Bombast von Hohenheim*), discípulo de Tritêmio e buscador da realização sobrenatural. Temos também Henrique Cornélio Agrippa de Netesheim, que em 1510 publicou *De Occulta Philosophia*.* Ele era um exímio estudioso de Cabala, Magia *naturallis*, Alquimia, Angelologia, dos segredos ocultos da natureza e da vida. Lembramos, ainda, dos esoteristas cristãos Marsílio Ficino e Pico de la Mirandola (a renovação do cabalismo no Renascimento).

Agrippa declarava que para ocupar-se da Magia, era necessário conhecer perfeitamente Física, Matemática e Teologia. Para ele, a Magia é uma faculdade poderosa, plena de mistério e que encerra um conhecimento profundo das coisas mais secretas da natureza, substâncias e efeitos, além de suas relações e antagonismos.

Giovanni Pico de la Mirandola justifica a importância da busca humana pelo conhecimento em uma perspectiva neoplatônica. Ele afirma que Deus, tendo criado todas as criaturas, foi tomado pelo desejo de gerar uma outra criatura, um ser consciente que pudesse apreciar a criação. Porém, não havia nenhum lugar disponível na cadeia dos seres, desde os vermes até os

---

*N.E.: Em breve essa obra de Agrippa será lançada em língua portuguesa pela Madras Editora.

Anjos. Então Deus criou o homem, que, ao contrário dos outros seres, não tinha um lugar específico nessa cadeia. Em vez disso, o homem era capaz de aprender sobre si mesmo e sobre a natureza, além de poder emular qualquer outra criatura existente. Desta forma, segundo De la Mirandola, quando o homem filosofa, ele ascende a uma condição angélica e comunga com a Divindade. Entretanto, quando ele falha em utilizar o seu intelecto, pode descer à categoria dos vegetais mais primitivos. Desse modo, De la Mirandola afirma que os filósofos estão entre as criaturas mais dignificadas da criação.

A idéia de que o homem pode ascender na cadeia dos seres pelo exercício de suas capacidades intelectuais foi uma profunda garantia de dignidade da existência humana na vida terrestre. A raiz da dignidade reside na sua afirmação de que somente os seres humanos podem mudar a si mesmos pelo seu livre-arbítrio. Ele observou na história humana que filosofias e instituições estão sempre evoluindo, fazendo da capacidade de autotransformação do homem a única constante.

Em conjunto com sua crença de que toda a criação constitui um reflexo simbólico da Divindade, a filosofia de De la Mirandola teve uma profunda influência nas artes, ajudando a elevar o *status* de escritores, poetas, pintores e escultores, como Leonardo da Vinci e Michelangelo, de um papel de meros artesãos medievais a um ideal renascentista de artistas considerados gênios que persiste até os dias atuais.

Para esses pensadores, era possível elaborar uma harmonia entre Gnose, Hermetismo, Cabala, Magia natural e Cristianismo. Magia *naturallis* era compreendida como a aproximação da Natureza com a religião, ou seja, estudar a natureza (inclusive oculta) das coisas era visto como um caminho para compreender e chegar a Deus".

GNOSTICISMO OU CONHECIMENTO

De acordo com os apontamentos de Claudio Willer, os gnósticos existiram como seitas, em diversos grupos, nos séculos I a V da Era Cristã, especialmente no Egito, convivendo e interagindo com o Neoplatonismo e o Hermetismo. Escritores conceituados, sempre empenhados na recriação mítica de suas origens, deixaram uma série de evangelhos apócrifos (a exemplo dos cabalistas que, mais tarde, também fizeram seus acréscimos à Bíblia, reescrevendo ou introduzindo trechos atribuídos aos profetas). Esses autores foram desaparecendo diante da organização, não só teológica como política, do Cristianismo. Perseguidos e combatidos como hereges, ressurgem na Idade Média como bogomilos, variante do Maniqueísmo, nos atuais territórios da Bulgária, Hungria e Romênia. E, já nos séculos XII e XIII, aparecem como cátaros, os albigenses da Provença, militarmente exterminados. Sua documentação também foi destruída, restaram apenas as peças acusatórias do Cristianismo que, para se afirmar como poder temporal, os varreu da face da Terra.

Com isso, encerra-se a Gnose como forma de organização social, mas não como modo de pensar. A inversão da história do Jardim do Éden, com a serpente portadora não da perdição, mas da sabedoria, além de se manter em práticas de Magia e Bruxaria desde a baixa Idade Média e da Renascença, reaparece na criação de novos escritores, especialmente na transição do século XVIII para o XIX. Alexandrian, em sua *História da Filosofia Oculta* (Seghers, 1983, ou Edições 70, Portugal, s/d), atribui-lhes grande alcance: "o espírito da Gnose subsistiu até nossos dias; além disso, todos os grandes filósofos ocultos foram, de uma forma ou de outra, continuadores dos gnósticos, sem que necessariamente utilizassem o mesmo vocabulário e os temas". Seu comentário coincide com aquele feito em 1949 por André Breton (no ensaio *Flagrant délit*, em *La clé des champs*, Le Livre de Poche, 1979), ao registrar com lucidez a importância da então recente descoberta das Escrituras Gnósticas de Qumran. "Sabe-se, com efeito, que os gnósticos estão na origem da tradição esotérica que consta como tendo sido transmitida até nós, não sem se reduzir e degradar parcialmente no correr dos séculos, apontando ainda que poetas tão influentes como Hugo, Nerval, Baudelaire, Rimbaud, Lautréamont, Mallarmé e Jarry haviam sido mais ou menos marcados por essa tradição."

Esses escritores são de uma família representada também por William Blake* (1757-1827). Pouco antes de Blake, Emannuel Swedenborg (1688-1772) havia formulado cosmologias complexas de grande influência, a ponto de se criarem seitas swedenborguianas, grupos que persistem até nossos dias. Swedenborg, que também deixou obra científica, representa uma dualidade típica do século XVIII, a coexistência do culto à razão e ao desenvolvimento científico, e seu aparente inverso, o crescimento, a sombra do Iluminismo, de seitas e grupos iniciáticos de orientação hermética. Entre outros, destacam-se a Maçonaria, na versão de Cagliostro; os Martinistas e os "Iluminados". Ambos, racionalismo e ocultismo, aparente claridade e suposto obscurantismo, modernização e tradicionalismo, são pólos da mesma complexa configuração. Para cada Voltaire havia um Cagliostro; para cada Rousseau, um Marquês de Sade. Todos possíveis graças à liberdade de pensamento e expressão possibilitada pelo enfraquecimento dos regimes absolutistas e do poder temporal da Igreja.

Não por acaso, o pai de William Blake foi adepto de Swedenborg. E o poeta, também notável artista plástico, formou-se por meio de leituras não somente do próprio Swedenborg, mas de seus antecessores renascentistas

---

*N.E.: Sugerimos a leitura de *Matrimônio do Céu e do Inferno*, de William Blake, Madras Editora. Ver também *Cagliostro – O Grande Mestre do Oculto*, do Dr. Marc Haven, Madras Editora.

como Paracelso e Jacob Boehme – formuladores da teoria das "assinaturas" de que o microcosmo reproduziria traços do macrocosmo, e cada coisa particular manifestaria correspondências com o Todo, as qualidades e características da ordem universal – e dos movimentos ocultistas de seus contemporâneos, iluminados e martinistas inclusive. Não era de se estranhar que, sendo um visionário, Blake acreditasse que, desde a adolescência, conversava com profetas bíblicos e que poemas seus fossem ditados por anjos.

Sem dúvida, Blake foi um panteísta e um politeísta, pelo modo como apresentou em seus poemas uma pluralidade de entidades, uma teogonia particular, e como cultuou a natureza, visualizando-a animada pela energia divina (minha principal fonte, *The Poetical Works of William Blake*, editada por John Sampson, Oxford University Press, 1960). Formulou antevisões, em seus *Poemas Proféticos*, em *América*, *A Revolução Francesa* e em *Matrimônio do Céu e do Inferno*, em cujas metáforas, deslindando-as, é possível reconhecer antecipações do que estava por vir (no mínimo, na *Canção de Liberdade*, em *Matrimônio do Céu e do Inferno*), ou seja, a expansão e a subseqüente queda do Império Britânico. Até que ponto sua poesia encerra idéias gnósticas, isso é e continuará sendo uma incógnita.

Contudo, declarações como esta: "O caminho do excesso leva ao palácio da sabedoria" (a mais famosa de *Matrimônio do Céu e do Inferno*) permitem associação a um Gnosticismo dissoluto. Igualmente, as estetizações de Satã, retratado como fonte da sabedoria (em *Matrimônio do Céu e do Inferno*, em outros lugares de sua obra e na esplêndida gravura na qual seu Lúcifer triunfante é uma herética citação do redentor apocalíptico de Michelangelo), e os personagens, deuses criadores do mundo, porém decaídos ou malignos, como Los, Urizen e Nobodaddy, são representações do Pai opressor.

Friedrich Hölderlin (1770-1843) jamais ascendeu ao *status* de profeta, e o componente visionário de sua obra – mais evidente quando passou o restante de seus dias na pequena cidade de Nürtingen, abrigado na casa do carpinteiro Zimmer em sua fase de loucura – não pode ser tomado como expressão da adesão a seitas e doutrinas. Escrevia como se fosse um grego e estivesse na Grécia antiga, e, impregnado de mitos, lamentava a queda dos deuses em poemas lacunares, extremamente modernos, com belas imagens; *assim naufraga o ano no silêncio...*

Com o passar do tempo, Hölderlin e Blake, quase contemporâneos, cresceram em prestígio e estatura literária. Outro poeta, já de um romantismo tardio, de uma geração seguinte, também se destacou: Gérard de Nerval (1808-1855), influenciado pela Cabala, pelo Hermetismo e por idéias gnósticas, as quais havia aderido de modo consciente, conforme deixou claro em *Les Illuminés*. Em *Aurélia*, obra que escreveu antes de desencarnar em virtude de um acesso de melancolia e que é uma narrativa regida por mecanismos do sonho e do delírio, bem como em *Sílvia*, exemplarmente analisada por Umberto Eco em *Seis Passeios pelos Bosques da Ficção*, confundem-se dois modos do pensamento mágico: um deles, aplicação ou expressão da formação ocultista; o outro, resultado de seu distúrbio psíquico.

O Luciferianismo é um antigo culto de mistérios que tem origem nos cultos de adoração às serpentes ou dragões, sendo parte dessa crença originada dos mistérios clássicos. O luciferianista presta culto ao Deus romano, Lúcifer, o Andrógino, o Portador da Luz, o espírito do Ar, a personificação do esclarecimento, por meio de seus deuses machos e fêmeas. Dentro do contexto geral pagão, Lúcifer era o nome dado à estrela matutina (a estrela conhecida por outro nome romano, Vênus). A estrela matutina aparece nos céus logo antes do amanhecer, anunciando o Sol ascendente. O nome deriva do termo latino *lucem ferre*, o que traz, ou o que porta a luz. Lúcifer vem do latim, *lux + ferre* e é denominado, muitas vezes, como a Estrela da Manhã. Dentre todos os deuses, Lúcifer foi aquele que manteve a relação mais notável com a Humanidade. Encontrar a faceta da divindade Lúcifer dentro de nós é fator importante no caminho da Verdade para um luciferianista. Ela nos trará a consciência, o conhecimento e, sobretudo, o livre-arbítrio. Lúcifer, para nós, é o caminho para o encontro com o verdadeiro Eu-divindade, a nossa vontade real.

Lúcifer (em hebraico, *heilel ben-shachar*, הֵילֵל בֶּן שָׁחַר ; em grego na Septuaginta, *heosphoros*) representa, como já dissemos, a Estrela da Manhã (a estrela matutina), a estrela D'Alva, o planeta Vênus, mas também foi o nome dado ao anjo caído, da ordem dos Querubins (ligados à adoração de Deus). Na atualidade, em uma nova interpretação da palavra, chamamno de Diabo (caluniador, acusador) ou Satã (cuja origem é o hebraico *Shai'tan*, adversário).

Hoje, Nerval é visto como possuidor de uma estatura próxima à do autor referencial, inaugurador da modernidade, Charles Baudelaire (1821-1867), o poeta dos mistérios, dos abismos e da sua cidade, da metrópole moderna e movimentada em que Paris ia se convertendo. Ambos, Nerval e Baudelaire, eram excêntricos no plano da conduta pessoal; sua excentricidade passando a símbolo de uma provocação romântica e pós-romântica.

Karl Bunn nos diz que: "No Ocidente, algumas das formas mais conhecidas de Gnose são o Hermetismo, a Gnose Cristã, a Alquimia, os ensinamentos dos Templários e a Maçonaria.

O Hermetismo ou os Mistérios de Hermes foi estabelecido em antiqüíssimos tempos por Hermes Trismegistos, no Egito dos grandes magos e sacerdotes. Afortunadamente, essa ciência conseguiu manter-se pura e intacta até nossos dias nas lâminas do Tarô Egípcio. Já a Gnose dos primeiros cristãos, somente nos últimos 20 anos do século passado ressurgiu nos principais centros culturais do mundo, tanto em forma integral quanto em forma de livros compilados a partir das chamadas obras apócrifas do Cristianismo antigo – que nada têm de apócrifos, considerando-se que a lista canônica foi elaborada para servir aos interesses dos primeiros padres da Igreja Romana. Na realidade, apócrifa e canônica são obras escritas na mesma época e da mesma maneira. Existe sim uma diferença de fundamental importância: os textos denominados apócrifos não sofreram mutilações nem adaptações ao longo dos séculos e são, portanto, mais puros, originais e completos que os canônicos.

Segundo estudiosos do assunto, existem muitas discussões e polêmicas em torno das obras apócrifas. Isso é compreensível, levando-se em conta que as fantasias teológicas, criadas nos últimos dois mil anos, estão muito vivas na cabeça das pessoas, principalmente dos fiéis católicos e das seitas cristãs. Em contrapartida, é crescente o número de pessoas esclarecidas que atestam a veracidade e a fidelidade dos textos considerados apócrifos, tornando acessível ao público toda a sabedoria gnóstica da Antiguidade.

A Gnose chama a atenção não só por seus aspectos históricos e antropológicos, que ajudam a explicar os pontos cruciais da atribulada trajetória da humanidade, mas também por seu caráter psicológico profundo, de extrema atualidade, como conhecimento divino, ou fogo liberador que surge das mais íntimas profundezas do indivíduo.

Hoje em dia muitos sábios, filósofos, psicólogos, humanistas, etc., encontraram na Gnose as orientações precisas que possibilitam o esclarecimento dos grandes enigmas do Universo e do Homem. Basta recordar a famosa frase: "*Nosce te Ipsum*" (Conhecida tradicionalmente como "Homem, conhece-te a ti mesmo e conhecerás o Universo e os deuses").

Vemos, então, que a Gnose sempre foi um conhecimento misterioso, que parece surgir espontaneamente nas mais diversas épocas e lugares. O estudioso francês Serge Hutin diz o seguinte: "Se o Gnosticismo não fosse mais que uma série de aberrações doutrinárias, próprias de hereges cristãos dos três primeiros séculos, seu interesse seria puramente arqueológico. Mas é muito mais que isso, a atitude gnóstica aparecerá espontaneamente, além de qualquer transmissão direta. O Gnosticismo é uma ideologia mística que tende a reaparecer incessantemente na Europa e em outros lugares do mundo em épocas de grandes crises ideológicas e sociais".

E também afirma: "Ainda que muitos gnósticos falem uma linguagem desconcertante para o homem contemporâneo, sua atitude no fundo é muito moderna: apresentam-se como homens preocupados com o futuro do mundo, procurando uma solução para os problemas que o envolvem".

Em meados do século passado, foram encontrados pergaminhos, manuscritos e outros textos que, ao serem traduzidos, mostram a profundidade das doutrinas gnósticas praticadas antes de Jesus Cristo e também depois de sua vinda, fundindo-se com as primeiras comunidades cristãs. Pode-se dizer que o Cristianismo nascente encontrou seu primeiro ponto de apoio nos filósofos gnósticos daquela época.

O Gnosticismo, ou grupos de doutrinas relativas à Gnose, constitui-se no que é a tradição esotérica das diversas religiões, em especial do Cristianismo. Podemos dizer que a Gnose é aquele elo secreto que une a sabedoria do Oriente à do Ocidente.

No Budismo, vamos encontrar a Gnose principalmente nas formas que se caracterizam pela transmissão direta, como o *Zen*; nas formas esotéricas tibetanas, o *Prajna-Paramita*, entre outros.

A palavra *zen* é a forma japonesa do *ch'an* chinês, que por sua vez vem do *dhyana* sânscrito, do qual se deriva *gnana* (sabedoria), que finalmente chega ao grego, e daí Gnose em língua portuguesa.

No Islã também vamos encontrar a Gnose na parte esotérica, no Sufismo.

No *Pistis-Sophia*, livro que pode ser considerado a Bíblia Gnóstica, vimos que Jesus revelou a Gnose oralmente a seus discípulos, depois da Ressurreição.

Após os primeiros séculos do Cristianismo, a pura Gnose Cristã precisou se envolver no véu do Hermetismo, pois sua existência manifesta já não era mais conveniente à religião de Estado que então se formou.

Pistis Sophia - o livro - foi publicado pela primeira vez em 1851, na França. Depois, houve uma versão para o inglês, feita por G.R.S. Mead. Mas, qualquer que seja a edição de *Pistis Sophia*, moderna ou antiga, trata-se de uma obra incompreensível para os não-iniciados. Mesmo a edição comentada do Mestre Samael Aun Weor, que desvela os dois primeiros dos seis volumes de *Pistis Sophia*, é bastante complexa, não somente pelo vocabulário mas pelas próprias verdades da Alta Iniciação ali contidas.

Infelizmente, por preconceito ou ignorância, os maiores tesouros do Gnosticismo antigo continuam incompreendidos. Mestres e estudiosos, como Samael Aun Weor, H. P. Blavatsky e Carl Gustav Jung, foram alguns poucos que se atreveram a enveredar pelos caminhos do Gnosticismo histórico e de lá retornar com compreensão e entendimento suficientes para explicar algo de seus augustos e reservados mistérios. Mas, agora em edição especial, a Madras Editora traz para a língua portuguesa a maior coletânea de textos apócrifos em duas obras: *O Mistério do Pergaminho de Cobre de Qumran – O Registro dos Essênios do Tesouro de Akhenaton*, de Robert Feather, com 448 páginas, e *A Biblioteca de Nag Hammadi – A Tradução Completa das Escrituras Gnósticas*, coordenação de James M. Robinson, com 464 páginas.

No entender de um antigo Patriarca Gnóstico, Clemente de Alexandria, "Gnose é um aperfeiçoamento do homem enquanto homem". A Gnose, transmitida oralmente depois dos apóstolos, chegou a um pequeno número de pessoas.

As doutrinas gnósticas, sendo doutrinas de regeneração, ocupam-se especialmente do trabalho com a energia criadora, a transmutação ou Alquimia sexual, ou ainda Tantrismo,* como é conhecida no Oriente a ciência gnóstica da supra-sexualidade.

---

*N.E.: Sugerimos a leitura de *Pompoarismo e Tantrismo*, de Pier Campadello e Wagner Veneziani Costa, Madras Editora.

É interessante saber que a misteriosa ciência dos alquimistas teve origem na Gnose de Alexandria. De Alexandria, ela passou a Bizâncio e aos venezianos. Mas foram os árabes que levaram a Alquimia à cristandade européia, por meio da Espanha.

Na Alquimia tântrica, o amor desempenha um papel essencial. Por isso, as ilustrações feitas pelos alquimistas mostram sempre um casal em atitude amorosa.

Uma das principais características do Tantrismo é que ele se apóia totalmente em um progressivo e total domínio da sexualidade – o que também é exigido de todo alquimista. O Tantrismo e a Alquimia buscam os mesmos objetivos: a reconquista progressiva dos poderes perdidos pelo homem quando da queda (sexual) no Éden, do domínio total das energias ocultas do Cosmos e também das energias que se encontram no próprio homem.

Wagner Veneziani Costa

Fontes de Consulta:
http://pt.wikipedia.org
Jornal Infinito (www.jornalinfinito.com.br).
G. Trowbridge, *Swedenborg, Vida e Ensinamento;*
J. H. Spalding, *Introdução ao Pensamento Religioso de Swedenborg;*
S. Toksvig, *Emanuel Swedenborg : Cientista e Místico.*

S. M. Warren, ed., *Um Compêndio dos Escritos Teológicos de Emanuel Swedenborg.*

PREFÁCIO

A *Coleção Mestres do Esoterismo Ocidental* é concebida como uma introdução ao pensamento e ao trabalho de grandes figuras da tradição esotérica ocidental. A antologia de Rudolf Steiner por Richard Seddon é uma importante adição para a série e oferece uma introdução a uma figura essencial do Esoterismo do século XX, e que mesclou Teosofia moderna com uma forma gnóstica de Cristianismo, Rosacrucianismo e Naturfilosofia alemã. Uma experiência precoce de clarividência e um domínio totalmente lógico fizeram com que Steiner acreditasse piamente que o homem poderia obter conhecimento objetivo de mundos superiores. Ele considerava esses níveis de consciência tão importantes que a vida do homem poderia ficar empobrecida sem eles. Steiner não estava interessado em um conhecimento puramente intelectual desses mundos, mas sim em sua aplicação prática em todos os campos da atividade e de empenho humanos. Steiner deixou uma herança única de Esoterismo aplicado em áreas como Educação, Medicina, Farmácia, Psicologia, Arte, Literatura, Teatro, Dança e Movimento, Agricultura, Horticultura e até mesmo em Apicultura.

O movimento da Waldorf School internacional é um impressionante memorial à aplicação das idéias de Steiner. Emil Molt (1876-1936), um industrialista alemão e diretor da Waldorf-Astoria, pediu que Steiner desenvolvesse uma escola para os filhos de seus empregados. A primeira Waldorf School foi aberta em 1919 e, hoje em dia, existem mais de 800 escolas como essas ao redor do mundo. A teoria educacional de Steiner tencionava desenvolver a criatividade da criança, elevar sua ciência do mundo natural e encorajar os laços com a compaixão humana. Essa educação vem sendo cada vez mais buscada como reação à vida moderna e à cultura tecnológica.

Rudolf Steiner nasceu em 27 de fevereiro de 1861, em Kraljevec, onde ficava a antiga Austro-Hungria, hoje chamada de Croácia. Seu pai era um oficial baixo na ferrovia e Steiner foi educado nas escolas locais, antes de ir para a escola secundária em Wiener-Neustadt. Como estudante, era fascinado pela Geometria e pela Matemática por sua incursão no mundo do pensamento, independentemente de razões físicas. Em 1879, ele se matriculou na Universidade de Viena para estudar Ciências Naturais, porém, seus interesses estavam focados na Filosofia e na Literatura. Ele se dedicou aos estudos de Fichte, Hegel e Schelling, filósofos eminentes na tradição do Idealismo alemão, com o objetivo de se aprofundar na natureza do ego humano consciente. Steiner também descobriu os estudos botânicos e zoológicos de Johann Wolfgang Goethe, o gigante alemão das letras, que postulara uma visão orgânica e holística da forma e função na natureza. Sob recomendação de seu professor, Karl Julius Schröer (1825-1900), Steiner trabalhou, desde 1882, em uma edição dos trabalhos científicos de Goethe e, em 1890, recebeu uma indicação especial por sua capacidade ao Arquivo Goethe e Schiller, em Weimar. Sua busca por uma forma objetiva da cognição espiritual deveu-se muito à percepção de Goethe da natureza.

Em 1897, ele se mudou para Berlim para ser editor de um jornal literário de vanguarda. Na capital, Steiner teve contato com os teosofistas, seguidores da revelação de Helena Blavatsky de uma sabedoria-tradição antiga, baseada no Neoplatonismo, no Hermetismo e no "Budismo esotérico". Steiner foi convidado a dar uma palestra para os teosofistas de Berlim e encontrou uma calorosa recepção às suas idéias; envolviam evolução espiritual da humanidade desde Buda até Cristo. Em 1902, tornou-se secretário-geral da Sociedade Teosófica na Alemanha, reportando-se a Annie Besant nos escritórios de Londres. Entretanto, Steiner logo estava disseminando ensinamentos espirituais em sua própria Escola Esotérica, a partir de 1904. Steiner rejeitou as tendências materialista e científica na Teosofia (teorias atômicas), mas estava muito mais insatisfeito com o grupo oriental de Teosofia, com sua confiança nos mestres invisíveis (mahatmas) e com o entusiasmo de Annie Besant e Charles Leadbeater por um messias mundial na forma do jovem indiano Jiddu Krishnamurti. Steiner era a favor de uma Cristandade esotérica aliada às tradições alemãs do Rosacrucianismo e à filosofia natural de Goethe. Em 1907, Besant e Steiner concordaram com a separação de suas respectivas escolas esotéricas. Isso resultou em seu afastamento da Sociedade Teosófica. Em 1912, a Sociedade Antroposófica foi fundada para os seguidores de Steiner na Alemanha e, em 1913, seus desenhos para os escritórios, o Goetheanum, foram feitos em Dornach, na Suíça. Embora o prédio de madeira original tivesse sido queimado em 1922, ele foi rapidamente substituído por uma estrutura de concreto, que permanece o centro da Sociedade Antroposófica mundial e a Escola de Ciência Espiritual até hoje.

Steiner elaborou uma cosmologia e uma antropologia complexas, que possuem muitos aspectos da Teosofia moderna (os sete princípios do homem, reencarnação, carma, evolução espiritual), porém, seu pensamento permanece predominantemente no Esoterismo ocidental, envolvendo correspondências macro e microcósmicas entre o Universo, os planetas e o homem; entre as hierarquias espirituais e os níveis da consciência humana e a transmutação da alma por meio da consciência em Cristo. A partir de sua base na Suíça, Steiner chegou ao mundo inglês no início dos anos 1920, e suas iniciativas práticas em Medicina, Agricultura Biodinâmica e as Waldorf Schools criaram raízes no Reino Unido, nos Estados Unidos e em diversos outros países. Constantemente dando palestras, viajando e em aconselhando seus seguidores, Steiner faleceu, exausto, em 30 de março de 1925, em Dornach, onde sua grande escultura, "O Representante da Humanidade", ainda está em pé.

Nicholas Goodrick-Clarke

PRÓLOGO

O trabalho de Rudolf Steiner (1861-1925) foi bastante negligenciado, pois é muito provável que tenha desafiado muitos dos pensamentos fundamentais sobre os quais a civilização moderna – com freqüência destruidora dos valores humanos e do ambiente – é baseada. Todavia, o número de pessoas que descobrem que esse trabalho proporciona uma força revitalizadora, não apenas para sua vida pessoal, mas também para sua vida profissional, seja qual for a área, está aumentando de maneira considerável.

Steiner teve experiências de supersensibilidade aos 8 anos de idade e recebeu educação científica em Wiener Neustadt e Viena. Isso permitiu que ele, desde sua juventude, mantivesse juntos ambos os pólos da vida de forma única. Ele descreveu os resultados de suas pesquisas espirituais em pensamentos claros que a inteligência cotidiana, se suficientemente livre de preconceito, pode absorver passo a passo como em qualquer ciência. Ele também seguiu um rigoroso caminho de autodesenvolvimento, o qual caracterizou de uma forma que pode ser seguida por qualquer um que esteja preparado para fazer o esforço sistemático necessário. Seus primeiros trabalhos tinham base filosófica forte e, a partir de 1902, houve períodos de aproximadamente sete anos sustentando sucessivamente o personagem predominante da apresentação das verdades esotéricas (culminando em percepções profundas da natureza de Cristo), a revitalização da vida artística a partir de fontes espirituais e a reorganização da educação e da vida social. Em muitas áreas, ele plantou sementes que só agora começam a brotar.

Foi colocado em dúvida se uma antologia do trabalho de uma vida tão abrangente é possível, e até mesmo desejável. Cada um de seus livros ou cursos pode ser reorganizado como um todo artístico e vivo. Fazer uma antologia é pegar um osso de um organismo, um músculo de outro – o resultado não deve refletir a qualidade viva dos originais! Além do mais, existem aproximadamente 35 volumes e 4.500 palestras transcritas a partir das quais selecionar. A maioria foi publicada em alemão e, pelo menos, metade está disponível também em inglês. A escolha dentre tantas riquezas não pode ser influenciada pelas predileções de um editor, não importa quanto ele esteja se esforçando para apresentar uma seleção objetiva. O próprio Steiner ofereceu uma introdução compreensível (porém, deliberadamente, não muito simples) para seu trabalho no livro *Ciência Oculta: um Esboço*.

Todavia, parece importante que o trabalho de Steiner não deva ser representado em uma série contendo os pensamentos de líderes espirituais fabulosos. Esta seleção é feita sob a luz de sua afirmação de que os ingleses são menos interessados em explicações do que em fatos espirituais. Foi dada preferência aos trabalhos escritos e a uma centena, aproximadamente, de palestras que ele deu na Inglaterra, até onde o tema permite. Os leitores não devem ser dissuadidos pelas definições resumidas que serão dadas no início do Capítulo 2, já que estas ganharão mais significado nas seções discursivas seguintes.

É preciso lembrar que as transcrições das palestras não foram editadas por Steiner e que as traduções não são capazes de reproduzir as nuances precisas implícitas em outro idioma, embora as traduções publicadas tenham sido revisadas para emprestar mais consistência de estilo. (A palavra "homem" é sempre utilizada em seu sentido primário, transcendendo qualquer distinção entre feminino e masculino.) Além disso, em razão das muitas facetas do pensamento de Steiner, o editor não hesitou, diante da proposta presente, em abreviar um tópico, quando necessário, sob o risco de obscurecer a seqüência de pensamento original, em vez de omitir esse tópico por completo. As notas de rodapé pertencem ao editor, a não ser que esteja sinalizado de outra forma. As letras em itálico são dos trabalhos escritos do autor e também do editor, quando se trata das palestras.

A Antroposofia, como Steiner chamava o impulso dado por ele, significa sabedoria no que diz respeito ao "eu" elevado do homem. Inicialmente, é um caminho para o conhecimento, uma forma de saber, mais do que um ensinamento; porém, o primeiro passo nesse caminho é o estudo dos fatos espirituais. Sua visão do mundo, distinta das dos outros cientistas, é centrada no homem e na holística. A origem divina do homem, seu esquecimento necessário desse fato para que possa haver uma individualidade livre e sua luta para conquistar a totalidade espiritual como homem por meio do trabalho na Terra com as forças trazidas por Cristo (a extensão completa que só será aparente no futuro) – tudo isso forma o tema central do presente volume.

O espírito é visto aqui como o elemento criativo na evolução. Movimentos espirituais podem, conseqüentemente, ser avaliados pelas seguintes palavras: "Pelos seus frutos tu os conhecerás". O apêndice, portanto, indica, para cada Capítulo, não apenas as fontes das quais os trechos foram extraídos ou sugestões para leituras complementares, mas também são particularidades de algumas das principais aplicações práticas do trabalho de Steiner na Grã-Bretanha de hoje. Podem ser encontrados equivalentes em outros países, principalmente naqueles da Europa Central.

Agradeço à minha esposa, Mary, por sua ajuda de várias formas, mas especialmente por revisar as traduções e por fazer a primeira leitura; aos membros do Conselho da Sociedade Antroposófica da Grã-Bretanha, por permitir a utilização de material protegido por lei e por seu encorajamento; e a vários amigos que ajudaram de diversas formas.

Richard Seddon

I

INTRODUÇÃO

1. VENERAÇÃO À VERDADE

Em *todo* ser humano repousam faculdades por meio das quais ele pode adquirir conhecimento de mundos superiores. Místicos, gnósticos, teósofos sempre falaram de um mundo de alma e espírito que, para eles, é tão verdadeiro quanto o mundo que vemos com nossos olhos físicos e tocamos com nossas mãos físicas. A todo momento, o interlocutor pode dizer a si mesmo: também posso experimentar aquilo sobre o que falam, se eu desenvolver dentro de mim mesmo certas forças que, hoje em dia, ainda repousam em meu interior. Existe apenas uma questão – como alguém deve começar a desenvolver tais faculdades em si mesmo? Para esse propósito, somente aqueles que possuem tais poderes em si podem ser os guias. Desde o início da existência da humanidade, sempre houve um método de treinamento pelo qual os indivíduos que possuíam essas faculdades superiores guiaram outros que estavam em busca delas. Tal treinamento é chamado treinamento *esotérico* e as instruções recebidas são chamadas treinamento esotérico da ciência espiritual...

Não existe, na verdade, diferença entre conhecimento esotérico e todo o restante do conhecimento e da proficiência do homem. Esse conhecimento esotérico não é mais um segredo para as pessoas comuns, como a escrita, que é um mistério para aqueles que nunca a aprenderam. Assim como todos podem aprender a escrever quem escolhe os métodos corretos, também todos aqueles que buscam os caminhos correspondentes tornam-se alunos esotéricos, e até mesmo professores...

Deve-se começar com uma determinada atitude fundamental da alma. O investigador espiritual chama essa atitude fundamental de *caminho da veneração*, de devoção à verdade e ao conhecimento... Se não desenvolvermos dentro de nós esse sentimento arraigado de que existe algo superior a nós mesmos, nunca encontraremos em nós a força para evoluir para algo superior. O iniciado somente adquirirá a força para erguer sua cabeça às alturas do conhecimento guiando seu coração para as profundezas da veneração e da devoção. A superioridade do espírito somente pode ser galgada passando-se pelo portal da humildade. Você só terá direito ao conhecimento quando aprender a valorizá-lo...

Em nosso tempo, é especialmente importante que total atenção seja dedicada a esse ponto. Nossa civilização tende mais à crítica, ao julgamento e à condenação, e menos à devoção e à veneração altruísta. Nossas crianças já criticam muito mais do que respeitam com devoção. Porém, toda crítica, todo julgamento adverso, dispersa as forças da alma para o conhecimento superior, da mesma forma que toda veneração e reverência as desenvolvem... Deve ser enfatizado que o conhecimento superior *não* se trata da veneração de pessoas, mas da veneração da *verdade* e do *conhecimento*...

Quem quer que busque o conhecimento superior, deve criá-lo dentro de si. Ele mesmo deve instilá-lo em sua alma. Não pode ser feito por estudo; só se consegue por meio da vida. Quem quer que deseje, todavia, tornar-se um estudante do conhecimento superior, deve cultivar assiduamente esse estado intrínseco de devoção. Em todas as partes de seu ambiente e de sua experiência, ele deve buscar aquilo que pode evocar em si admiração e respeito. Se eu conhecer um homem e culpá-lo por sua fraqueza, roubo de mim o poder de alcançar o conhecimento superior; porém se tentar, amavelmente, acessar seus méritos, eu ganho tal poder...

Cada momento em que nos dispomos a descobrir em nossa consciência algo que seja adverso, um julgamento depreciativo e crítico do mundo e da vida, deixa-nos próximos do conhecimento superior. E avançamos rapidamente se enchemos nossa consciência em tais momentos com pensamentos que nos evoquem admiração, respeito e veneração pelo mundo e pela vida. É conhecido daqueles que têm experiência nesses assuntos que, a cada momento como esse, forças que outrora repousavam dentro de nós despertam. *Dessa forma*, os olhos espirituais do homem são abertos. Então, começa a ver ao redor coisas que antes não enxergava. Ele começa a compreender que, até hoje, só tinha visto uma parte do mundo ao seu redor. Alguém à sua frente agora se apresenta de forma diferente daquela que aparentava antes. É claro que somente essa regra de vida não irá fazer com que ele veja, por exemplo, o que está descrito como a aura humana, para o que um treinamento ainda mais aprofundado é necessário. Mas ele pode evoluir para isso se tiver passado, previamente, por um *rigoroso* treinamento em devoção...

No início, não é fácil acreditar que sentimentos como reverência, respeito e assim por diante não têm nada a ver com cognição. Isso se deve ao fato de estarmos inclinados a deixar a cognição de lado como uma faculdade sem relação com o que acontece na alma. Porém, pensando assim, não temos em mente que a *alma* exerce a faculdade da cognição; e os sentimentos são para a alma o que a comida é para o corpo. Se dermos pedra em vez de pão, para o corpo, sua atividade irá parar. Da mesma forma acontece com a alma. Para ela, veneração, admiração e devoção são forças nutritivas que deixam a alma saudável e forte, especialmente para a atividade da cognição. Desrespeito, antipatia, subestimação do que merece reconhecimento exercem efeito paralisante e enfraquecedor nessa faculdade da cognição...

Por que a alma itinerante do homem
Esforça-se em direção ao conhecimento dos mundos superiores?
Porque cada olhar nascido da alma
Para o mundo dos sentidos
Torna-se uma questão, cheia de espera,
Em relação ao ser do espírito.

2. TRÊS TIPOS DE EXPERIÊNCIA

As palavras de Goethe, a seguir, mostram, de maneira bela, o ponto inicial de uma das formas por meio das quais a natureza do homem pode ser conhecida.

"Assim que uma pessoa toma consciência dos objetos ao seu redor, ela os considera em relação a si mesma, e com razão, pois todo o seu destino depende de se esses objetos a agradam ou desagradam, atraem ou repelem, ajudam ou prejudicam. Essa forma natural de olhar ou julgar as coisas parece ser tão fácil quanto necessária. No entanto, uma pessoa é exposta, por causa disso, a milhares de erros que normalmente a deixam envergonhada e amargam sua vida. Uma tarefa muito mais difícil é enfrentada por aqueles cujo desejo simples pelo conhecimento faz com que lutem para observar os objetos da natureza *em si mesmos* e nas relações com seus semelhantes; pois eles logo sentem a falta desse teste que os ajudou quando eles, como homens, observavam os objetos de forma diferente em relação a si mesmos. Eles não possuem o teste do prazer e desprazer, atração e repulsão, utilidade e prejudicialidade. Eles devem renunciar totalmente a isso. Precisam, como seres imparciais e, por assim dizer, divinos, buscar e examinar o que é, e não o que gratifica. Portanto, o verdadeiro botânico não deve ser movido nem pela beleza nem pela utilidade das plantas. Ele deve estudar sua formação e sua relação com o restante do mundo vegetal; e, assim como as plantas são uma unidade, atraídas e iluminadas pelo sol, ele também o é, de forma uniforme e silenciosa, observando-as e pesquisando-as para obter o padrão para esse conhecimento, os dados para suas deduções, não de si mesmo, mas de dentro do círculo das coisas que ele observa."

O pensamento expressado por Goethe direciona a atenção do homem para três aspectos. Primeiro, os objetos relacionados, nos quais as informações fluem continuamente para ele por intermédio das portas dos seus sentidos, os objetos que ele toca, cheira, experimenta, ouve e vê. Segundo, as impressões que eles causam, caracterizando-se como seu prazer e desprazer, o que ele deseja ou abomina, para que encontre o simpático e o antipático, o útil e o prejudicial. Terceiro, o conhecimento que ele, como um, "por assim dizer, ser divino", adquire com relação aos objetos – isto é, os segredos de suas atividades e sua existência que se revelam para ele.

Essas três regiões são distintamente separadas na vida humana. E, por causa disso, tornamo-nos cientes de que estamos triplamente envolvidos com o mundo. A primeira maneira é algo que encontramos presente, que aceitamos como fato consumado. Por intermédio da segunda maneira, transformamos o mundo à nossa maneira em algo que faça sentido para nós. A terceira maneira é encarada por nós como um objetivo pelo qual devemos lutar... Não devemos, por enquanto, ler nada sobre esse fato, mas meramente aceitá-lo como ele é. Ele diz que o homem possui três lados para sua natureza. Isso, e nada mais, será, por enquanto, indicado aqui por três palavras: corpo, alma e espírito. Quem quer que se conecte a opiniões preconcebidas ou até mesmo hipóteses, com essas três palavras, irá, necessariamente, compreender de forma errônea as explicações que seguem. *Corpo*, aqui, significa aquilo por meio do que as coisas no ambiente se revelam para nós. Pela palavra *alma* entende-se aquilo pelo qual conectamos as coisas ao nosso próprio ser, por meio do qual experimentamos o prazer e o desprazer, desejo e aversão, alegria e tristeza em relação a elas. Por *espírito* entende-se aquilo que se torna um manifesto em nós quando, como Goethe expressou, olhamos para as coisas como, "por assim dizer, seres divinos". Nesse sentido, o ser humano é constituído de corpo, alma e espírito.

Por meio de seu corpo, o homem é capaz de se colocar, no momento, em conexão com as coisas; pela alma, ele retém em si a impressão que as coisas causam nele; por meio de seu espírito, revela-se para ele o que as coisas retêm para si mesmas. Somente quando observamos o homem sob esses três aspectos, podemos esperar ter uma explicação de todo o seu ser, pois mostram que o homem está ligado ao mundo de três formas.

Por meio de seu corpo, ele se relaciona com os objetos que se apresentam aos seus sentidos pelo exterior. Os materiais do mundo exterior compõem esse corpo, e as forças do mundo exterior também trabalham nele. Assim como observa as coisas do mundo exterior com seus sentidos, ele também pode notar sua própria existência corpórea. Porém, é impossível observar a existência da alma da mesma forma. Tudo em mim que é processo corpóreo também pode ser percebido com meus sentidos corpóreos. Meus gostos e antipatias, minha alegria e minha dor, nem eu nem ninguém mais pode perceber com sentidos corpóreos. A região da alma é inacessível à percepção corpórea. A existência corpórea de um homem é um manifesto para todos os olhos; a existência de alma que ele carrega dentro de si mesmo como o *seu* mundo. Por meio do espírito, entretanto, o mundo exterior é revelado de forma superior. Os mistérios do mundo exterior são revelados no mais profundo do homem, mas ele supera o espírito e deixa que as coisas falem de si mesmas, sobre o que é importante não para ele, mas para *elas*. O homem olha para o céu estrelado; o prazer que sua alma experimenta pertence a ele; as leis eternas das estrelas, que ele compreende em pensamento, em espírito, pertencem não a ele, mas às próprias estrelas.

Portanto, o homem é cidadão de três mundos. Por meio de seu *corpo*, ele pertence ao mundo, o qual também percebe pelo seu corpo; Por meio de sua *alma*, ele constrói para si mesmo seu próprio mundo; pelo seu *espírito*, um mundo se revela para ele e é exaltado acima dos outros dois.

Parece evidente que, em razão das diferenças essenciais desses três mundos, somente podemos obter uma compreensão clara deles e da parte que cabe ao homem por meio de três modos diferentes de observação.

> Eu iluminaria cada homem com espírito cósmico,
> Que ele se torne chama
> E se desdobre em chamas
> O Ser de seu Ser.
>
> Outros pegariam água do Cosmos
> E apagariam as chamas
> E inundariam e afogariam
> Todo o Ser interior.
>
> Oh, alegria, quando a chama humana
> Arde onde reside
> Oh, amargura, quando a coisa humana
> Torna-se obrigada, quando deveria ser ativa.

3. PREPARAÇÃO POR MEIO DO ESTUDO

É verdade, em princípio, que o leitor encontrará, nas exposições da ciência espiritual, uma descrição das experiências da alma, as quais, se forem seguidas, podem levá-lo em direção ao conteúdo supersensível do mundo. Na prática, entretanto, esse é um tipo de ideal. O leitor deve receber, inicialmente, como comunicações simples, uma riqueza de descobertas supersensíveis as quais ainda não pode experimentar por si só. Não pode ser de outra forma, e assim será neste livro.[1] O autor irá descrever o que ele acredita que saiba sobre o ser do homem, incluindo a que este se submete no nascimento e na morte e na condição de corpo-livre no mundo espiritual; também falará sobre a evolução da Terra e da humanidade. Pode parecer, então, que ele esteja apresentando esses tópicos pressupostos do conhecimento como dogmas, para os quais é necessária uma crença na autoridade. Mas não é dessa forma. Na realidade, tudo o que pode ser conhecido sobre o mundo supersensível habita no investigador espiritual como um conteúdo vivo da alma; e, conforme o leitor encontra seu caminho em direção ao conteúdo vivo, ele acende em sua alma os impulsos que guiam na direção da questão das realidades supersensíveis. A forma que vivemos ao ler as descrições da ciência espiritual é diferente do que ela é ao lermos comunicações sobre eventos perceptíveis sensorialmente. Simplesmente lemos *sobre* o segundo, porém, quando lemos comunicações de realidades supersensíveis da forma correta, nós mesmos entramos em um regato de vida e ser espirituais. Recebendo os resultados da pesquisa, estamos obtendo, ao mesmo tempo, nosso próprio caminho interior em direção a esses resultados. É verdade, para começar, que o leitor dificilmente notará isso. Pois ele tende muito a conceber a entrada no mundo espiritual sob a analogia da experiência sensorial. Portanto, o que experimenta desse mundo ao ler sobre ele é muito parecido com "meros pensamentos". Ainda assim, no *verdadeiro* recebimento desse mundo na forma de pensamentos, o homem já está *dentro* do mundo espiritual; só resta a ele tornar-se ciente de que vem experimentando em toda a realidade aquilo que ele se imaginava recebendo como mera comunicação de pensamentos.

    O verdadeiro caráter da experiência se tornará totalmente claro para ele quando começar a praticar o que está descrito mais adiante neste livro, ou seja, o "caminho" que leva ao conhecimento supersensível. Poderia imaginar-se que o inverso seria a ordem correta – o caminho deveria ser descrito primeiro. Mas não é dessa forma. Aquele que não presta atenção, primeiro, a alguns dos fatos essenciais do mundo supersensível e meramente faz "exercícios" com a idéia de ganhar a entrada, encontrará um caos vago e confuso. O homem encontra seu caminho para aquele mundo – para começar, inocentemente – aprendendo a compreender suas características essenciais. A seguir, ele pode ter uma idéia clara de como, ao deixar esse estágio de ingenuidade para trás, se aterá em total consciência às experiências relacionadas a ele. Qualquer um que realmente acessar a ciência espiritual ficará convencido de que esse é o caminho confiável para o conhecimento supersensível. Com relação à opinião de que as informações sobre o mundo supersensível poderiam influenciar o leitor por sugestiona-

---

1. Isto é, *Ciência Oculta: um Esboço*, do qual o texto foi retirado.

mento ou mero dogma, ele perceberá que isso não tem fundamento algum. O conteúdo do conhecimento supersensível é vivenciado na forma de uma vida interior que exclui qualquer coisa da natureza das sugestões e não deixa outra possibilidade senão transmitir o conhecimento a um colega da mesma forma que qualquer outro tipo de verdade seria transmitido, apelando somente para seu julgamento desperto e ponderado. E se, para começar, aquele que ouve ou lê as descrições não perceber como ele próprio está vivendo no mundo espiritual, o motivo não está nos pensamentos passivos ou imponderados que recebem a informação, mas na natureza delicada e rara da experiência.

Portanto, estudando as comunicações da primeira parte deste livro, o leitor está capacitado, em primeiro lugar, a participar do conhecimento do mundo supersensível; em seguida, por meio da aplicação prática dos procedimentos indicados na segunda parte, pode adquirir conhecimento independente naquele mundo.

Um cientista, ao entrar no espírito deste livro, não encontrará contradições essenciais entre sua forma de ciência, construída sobre os fatos do mundo perceptível, e a forma como o mundo supersensível é investigado aqui. Cada cientista utiliza instrumentos e métodos. Ele prepara seus instrumentos trabalhando com os elementos que a natureza lhe oferece. A forma supersensível do conhecimento também se utiliza de um instrumento, só que, aqui, é o próprio homem. Esse instrumento, também, deve ser primeiro preparado para os objetivos de um tipo mais elevado de pesquisa. As faculdades e as forças com as quais o instrumento humano vem sendo favorecido pela natureza, sem a cooperação ativa do homem, devem se tornar maiores. Portanto, uma pessoa pode fazer de si mesma um instrumento de pesquisa no mundo supersensível.

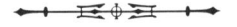

Das altitudes luminosas do espírito
A luz de meu Deus brilha
Sobre aquelas almas humanas
Que estão em sua busca
Pela graça do espírito,
A força do espírito,
O ser do espírito.
Que Ele habite em nossos corações,
Em nossas mais profundas almas,
Nós, que nos sentimos
Reunidos aqui
Em nome d'Ele.

(Para um grupo de estudantes em Londres, 1913.)

... II ...

A NATUREZA DO HOMEM

1. A NATUREZA SÉTUPLA DO HOMEM

Consideremos a natureza e o ser do homem. Quando conhecemos alguém, vemos, por nossos órgãos do sentido, o que chamamos *corpo físico*. O homem possui esse corpo em comum com todo o mundo ao seu redor. E, embora o corpo físico seja apenas uma pequena parte do que o homem realmente é, ele é a única parte que a ciência comum leva em consideração. Porém, devemos ir mais além. Até mesmo considerações superficiais esclarecerão que o corpo físico possui qualidades muito especiais. Existem muitas outras coisas que se podem ver e tocar. Uma pedra é, afinal, um corpo físico. Mas o homem pode se mover, sentir e pensar; ele cresce, alimenta-se e reproduz sua espécie. Nada disso se aplica a uma pedra; porém, certamente se aplica às plantas e aos animais. O homem tem em comum com as plantas a capacidade de alimentação, crescimento e reprodução. Se fosse como uma pedra, tendo apenas o corpo físico, nada disso seria possível. No entanto, ele deve possuir algo que lhe permita fazer uso de substâncias e forças, de forma que elas se tornem o meio para o crescimento, e assim por diante. Esse é o *corpo etéreo*. O homem possui um corpo físico em comum com o reino mineral e um corpo etéreo em comum com os reinos vegetal e animal. Uma simples observação pode confirmar esse fato.

Porém, existe outra forma de nos convencermos da experiência do corpo etéreo, embora somente aqueles que tenham desenvolvido sentidos mais elevados possuam essa capacidade. Esses sentidos mais elevados não passam de um desenvolvimento daquilo que está repousando em cada ser humano. É como um homem que nasceu cego e sofreu uma operação para poder ver; levando-se em conta que nem todos aqueles que nascem cegos podem ser operados com sucesso, ao passo que os que têm a paciência necessária e passam por um treinamento apropriado podem desenvolver os sentidos espirituais... Qualquer um que queira conhecer a natureza do corpo etéreo por meio da visão direta deve ser capaz de manter sua consciência comum intacta e sugestionar o corpo físico pela força de sua própria vontade. O espaço criado não ficará vazio; será preenchido pelo corpo etéreo, brilhando como uma luz azul-avermelhada, como um fantasma, porém, com brilho, um pouco mais escuro que uma flor de pêssego. Nunca vemos um corpo etéreo ao experimentar em um cristal; porém, no caso de uma planta ou de um animal, isso é possível, pois o corpo etéreo é responsável pela alimentação, pelo crescimento e pela reprodução.

O homem possui, é claro, outras faculdades. Ele é capaz de sentir prazer e dor, e uma planta, não. O iniciado descobre isso por sua própria experiência, pois pode se identificar com a planta. Os animais sentem prazer e dor, pois possuem um princípio em comum com o homem: o *corpo astral*. Ele é a morada de tudo o que conhecemos e desejamos, amamos, e assim por diante. Fica novamente claro, para a observação direta como uma experiência mais profunda, porém, para o iniciado, o corpo astral pode se tornar uma realidade exterior; ele o vê como uma nuvem em forma de ovo, continuamente móvel internamente e que não apenas rodeia o corpo, mas também o permeia. Se sugestionarmos tanto o corpo físico quanto o etéreo, veremos uma delicada nuvem de luz, cheia de movimento em seu interior. Dentro dela, o iniciado vê cada desejo, cada impulso, como uma cor e uma forma no corpo astral. Por exemplo, ele vê a paixão intensa piscando como relâmpagos do corpo astral. Nos animais, a cor básica do corpo astral varia com as espécies; a do leão é diferente da de um carneiro. Até mesmo nos seres humanos, a cor nem sempre é a mesma e, se você praticar para ser sensível a nuances delicadas, será capaz de reconhecer o temperamento e o caráter geral de um homem. Pessoas nervosas possuem uma aura manchada; os pontos não são estáticos e ficam piscando e desaparecendo. É sempre dessa forma, e é por isso que a aura não pode ser pintada.

Porém, o homem é diferenciado do animal de outra forma. Esse quarto membro do ser do homem é expresso com um nome diferente de todos os outros. Posso dizer "eu" somente sobre mim. Em toda a linguagem não existe outro nome que possa ser aplicado por todos para o mesmo objeto; mas um homem pode dizer "eu" sobre ele mesmo. Os iniciados sempre estiveram cientes disso. Os iniciados hebreus falaram sobre o "nome inexpressível de Deus", do Deus que reside no homem... Por isso, a surpresa que os ouvintes tiveram quando o nome "Jahve" foi expresso, pois Jahve (ou Jeová) significa "eu" ou "eu sou". Em nome daquilo que a alma utiliza somente para si, o Deus começa a falar dentro daquela alma individual.

Esse atributo faz do homem superior aos animais. Precisamos perceber o enorme significado desta palavra "eu". Quando Jean Paul descobriu o "eu" dentro de si, soube que havia experimentado seu ser imortal. Novamente, ele se apresenta ao vidente de forma particular. Quando ele estuda o corpo astral, tudo parece estar em perpétuo movimento, a não ser por um pequeno espaço, com formato alongado de um oval azul, na base do nariz, atrás da sobrancelha. Isso só deve ser visto em seres humanos, mais claramente nos menos civilizados, e mais claramente ainda naqueles que possuem um nível baixo de cultura. Na verdade, não há nada ali, a não ser um espaço vazio: assim como o centro vazio de uma chama, que parece azul por causa da luz da aura que corre ao seu redor. Essa é a expressão externa do "eu", ou ego.

Porém, existe uma diferença entre um homem primitivo e um homem civilizado, e também entre este último e Francisco de Assis ou Schiller. Um refinamento da natureza moral produz cores mais bonitas na aura; da mesma forma, um aumento no poder de diferenciação entre o bem e o mal. No processo de civilização, o "eu" foi trabalhado no corpo astral e enobreceu os desejos. Quanto maior o desenvolvimento moral e mental do homem, mais seu "eu" pode ser chamado de *espírito essencial* (manas), o quinto membro da natureza do homem. Um homem possui tanto espírito essencial quanto ele tenha criado pelo seu esforço com o corpo astral.

O homem não é capaz de influenciar diretamente seu corpo etéreo; porém, da mesma forma que pode se elevar a um nível mais alto de moral, ele também aprende como trabalhar com o corpo etéreo. Ele pode, então, aplicar-se a melhorá-lo, e o que transformar sozinho em seu corpo etéreo com seu próprio esforço é chamado de *espírito da vida* (buddhi). Esse é o sexto elemento da natureza do homem. Ele, portanto, possui o mesmo temperamento e hábitos que tinha em sua encarnação anterior, pois trabalhou conscientemente em seu corpo etéreo, que é o que leva as forças do crescimento e da reprodução.

A maior conquista do homem na Terra é trabalhar em seu corpo físico. Essa é a tarefa mais difícil entre todas. Para tanto, deve aprender a controlar a respiração e a circulação, a seguir conscientemente a atividade dos nervos e a regular os processos que sustentam o pensamento. Então, terá desenvolvido em si o que chamamos *espírito do homem* (atma), o sétimo elemento do ser do homem.

Em cada ser humano, existem quatro elementos totalmente formados: o corpo físico, o corpo etéreo, o corpo astral e o "eu" ou ego. O quinto, o espírito essencial, é somente parcialmente formado. O sexto e o sétimo elementos, o espírito da vida e o espírito do homem, são apenas fundamentos. Por esses sete elementos, ele pode participar dos três mundos.

 No coração, o tear do sentimento,
 Na cabeça, a luz do pensamento,
 Nos membros, a força da vontade.
  Tecelagem de luz radiante,
  Força da tecelagem,
  Luz da força ondeante:
   Veja, este é o Homem.

2. NÍVEIS DE CONSCIÊNCIA

Consideraremos agora, em seqüência, as encarnações que passaram por nosso planeta,[2] percebendo que elas foram incorporações ou condições de nossa terra, as quais chamamos Antigo Saturno, Antigo Sol e Antiga Lua. Devemos estar cientes de que essas encarnações foram necessárias para o desenvolvimento de tudo o que é vivo, principalmente o homem, e que a própria evolução do homem está intimamente ligada com a evolução da Terra...

Tudo no mundo evoluiu, até mesmo nossa consciência. O homem nem sempre possuiu a consciência que tem hoje em dia; ela foi se formando até ficar como é atualmente. Chamamos a essa consciência presente "consciência dos objetos" ou "consciência do despertar". Todos vocês a conhecem como aquilo que ocorre desde a manhã, quando acordam, até a noite, quando dormem. Sejamos claros com relação à sua natureza. Consiste no homem dirigindo seus sentidos em direção ao mundo exterior e percebendo os objetos – por isso chamamos de consciência dos objetos... O que o homem percebe com seus sentidos, ele reflete; emprega sua razão para compreender esses objetos diferentes, e é nesses fatos de percepção dos sentidos e sua compreensão na mente que a consciência do despertar atual está baseada. O homem nem sempre teve essa consciência. Antes de tudo, ela teve de ser desenvolvida, e ele nem sempre a terá em sua forma plena, mas ascenderá a estágios mais elevados.

Agora, com os meios fornecidos pela ciência espiritual, podemos pesquisar sete estados de consciência, dos quais o que está no meio é o nosso atual: podemos pesquisar três precedentes e três seguintes. Muitos

---

2. Para uma exposição completa desse conceito extraordinário – há muito conhecido como Ocultismo –, consulte *Ciência Oculta: um Esboço*, Capítulo 4.

podem pensar por que estamos tão confortáveis no centro. Isso vem do fato de que os outros estágios que precedem o primeiro estão além de nossa visão, outros seguem o sétimo e também estão fora do alcance, como quando se vai ao campo e pode-se ver a mesma distância para a esquerda e para a direita. Esses sete estágios da consciência serão descritos a seguir.

O primeiro era uma condição muito tola e profunda da consciência, que a humanidade mal conhece hoje em dia. Somente as pessoas com uma tendência mediúnica especial podem ter essa consciência, que um dia já foi um Antigo Saturno que todos os homens possuíam. Todos os outros estados de consciência, por si, foram enfraquecidos e aparecem praticamente sem vida. Mas se, a partir da memória ou mesmo nessa condição, eles esboçam ou descrevem o que experimentaram, fazem todos os tipos de desenhos que, embora grotescos e distorcidos, vão ao encontro do que chamamos condições cósmicas. Em geral, estão completamente incorretos; todavia, podemos reconhecer que tais pessoas, durante essa condição rebaixada, possuem uma consciência tola, porém universal; elas vêem corpos cósmicos. Uma consciência tola como esta e que, no entanto, representa um conhecimento universal em nosso Cosmos já foi de posse do homem na primeira encarnação de nossa terra, e se chama "consciência do transe profundo". Existem entidades ao nosso redor que ainda possuem tal consciência: os minerais. Se pudéssemos falar com eles, diriam-nos o que acontece no Antigo Saturno; porém, essa consciência é totalmente tola e insensível.

A segunda condição da consciência é aquela do sono comum. Esta não é tão compreensível, mas, em vez de ser tola, ela é bem clara, se comparada com a primeira. Essa "consciência do sono" já foi, um dia, o estado permanente de todos os seres humanos, quando a Terra era o Antigo Sol. Naquele tempo, o ancestral humano estava em sono contínuo. Até mesmo hoje em dia, esse estado de consciência ainda existe; as plantas o possuem. Elas são seres que dormem ininterruptamente e, se pudessem falar, nos diriam como são as coisas no Antigo Sol, pois possuem uma consciência solar.

A terceira condição, ainda obscura e tola em relação à nossa consciência atual, é a "consciência do quadro". Dela, temos uma idéia clara, já que experimentamos seu eco em nosso sono permeado de sonhos, apesar de ela não passar do embrião do que, na Antiga Lua, era conhecido como consciência de todos os seres humanos... O sonho do homem contemporâneo *simboliza* eventos externos e internos. Mas não era bem assim quando esse terceiro estado da consciência fazia parte da humanidade da Lua. Naquela época, o homem vivia completamente nos quadros, como faz com os sonhos modernos; porém, eles antes expressavam realidades. Significavam a realidade precisamente como hoje a cor azul representa a realidade; porém, naquele tempo, a cor pairava livremente no espaço e não ficava sobre objetos... Suponhamos que um homem da Antiga Lua tivesse encontrado outro e, então, um quadro livre de forma e cor saltasse diante dele. Digamos que fosse um quadro feio: então, o homem viraria de lado para não vê-lo; ou que fosse bonito: seria atraído para ele. O quadro com cores feias teria mostrado que o outro homem não tinha simpatia por ele; já o quadro com as cores bonitas diria que o outro gostava dele... Os quadros de cor e forma denotavam o que estava acontecendo ao seu redor; acima de tudo, coisas de uma natureza da alma e que afetavam a alma, o que era vantajoso ou prejudicial para ela. Dessa forma, o ser humano orientava-se corretamente com relação às coisas ao seu redor... Até hoje, essa consciência ainda é vista entre todos aqueles animais – preste muita atenção – que não podem produzir sons em seu ser interior. Existe, de fato, uma divisão muito mais exata dos animais no Esoterismo do que na ciência natural, ou seja, entre aqueles que podem produzir sons em seu ser interior e que são mudos. É verdade que uma pessoa pode encontrar, dentre as criaturas mais simples, o poder de produzir som, mas isso ocorre de forma mecânica, por meio de fricção, etc., e não a partir do ser interior... Todos os animais que não produzem sons de seu interior possuem uma consciência de quadros. Se algum animal mais simples, como, por exemplo, o caranguejo, perceber um quadro que traga uma impressão muito desagradável, ele sai do caminho; ele não vê os objetos, mas sim o perigo em um quadro repelente.

O quarto estado da consciência é aquele que todos os homens possuem hoje. Os quadros, que o homem antes percebia como figuras coloridas flutuando livremente no espaço, se encaixam, por assim dizer, ao redor dos objetos. Alguém poderia dizer que está deitado sobre eles, e que forma fronteiras e parece estar sobre os objetos, ao passo que, anteriormente, eles flutuavam livremente. Como conseqüência, eles se tornaram a expressão da forma; o que o homem possuía inicialmente dentro de si foi exteriorizado e se ajustou aos objetos. Por causa disso, o homem chegou à sua consciência do despertar atual.

O corpo físico do homem foi preparado em Saturno; no Sol, foi acrescentado o corpo etéreo, ou corpo da vida, que se infiltrava e trabalhava no corpo físico. Ele pegava o que o corpo físico já havia alcançado por si só e trabalhava mais a fundo com ele. Na Lua, foi adicionado o corpo astral, que alterou ainda mais a forma do corpo. Em Saturno, o corpo físico era muito simples; no Sol, era um pouco mais complexo, então o corpo etéreo trabalhou com ele e o deixou ainda mais perfeito. Na Lua, o corpo astral foi adicionado e, na Terra, o ego, que o tornou ainda mais perfeito... A maravilhosa construção do olho humano, o admirável aparelho auditivo, tudo isso alcançou a perfeição, hoje, somente por ser formado por substâncias de Saturno; e o corpo etéreo, o corpo astral e o ego trabalharam para isso. Assim como para a laringe, que também já havia sido criada em Saturno, mas o homem ainda não podia falar... No Sol, os órgãos do sentido foram mais elaborados, e todos eles foram adicionados; são os primeiros órgãos da segregação e da vida, que provêm alimento e crescimento.

Em seguida, o corpo astral foi trabalhado durante a existência na Lua; o ego, durante a existência na Terra; então, as glândulas, os órgãos do crescimento e assim por diante maturaram até a atual perfeição. Em seguida, na Lua, o sistema nervoso se originou pela incorporação do corpo astral. O princípio, entretanto, que tornou o ser humano capaz de evoluir para uma consciência do objeto e, ao mesmo tempo, lhe deu o poder de exalar prazer e dor internos – o ego – formou o sangue no homem. Portanto, todo o Universo é o construtor dos órgãos do sentido; todas as glândulas, os órgãos de reprodução e a alimentação foram formados pelo corpo da vida; o corpo astral é o construtor do sistema nervoso; e o ego é o incorporador do sangue...

Consideremos os três estados de consciência que estão por vir... O iniciado pode possuí-los, hoje, por antecipação. O próximo estágio conhecido para o iniciado é o chamado "consciência psíquica", ou Imaginação, na qual a pessoa possui, ao mesmo tempo, a consciência de quadros e a do despertar. Com essa consciência, uma pessoa pode ver um homem em contornos e formas, como na consciência do despertar; mas, ao mesmo tempo, também vê o que habita em sua alma, sobressaindo como nuvens coloridas e quadros para o que é chamado de aura. Ninguém vaga pelo mundo em um estado sonhador como o ser humano da Lua, mas em completo autocontrole, como um homem moderno da consciência do despertar. No planeta que substituirá nossa Terra, toda a humanidade possuirá essa consciência psíquica, ou imaginação, a consciência de "Júpiter".

Em seguida, existe um sexto estado de consciência que o homem um dia possuirá. Ela unirá a consciência atual, a psíquica, conhecida somente pelos iniciados, e, somando-se a elas, todo o tempo que o homem passa dormindo atualmente. O homem irá olhar muito profundamente na natureza dos seres quando viver nessa consciência, a da inspiração. Ele não perceberá somente em quadros e formas de cor; ele ouvirá o ser do outro produzir sons e tons. Cada indivíduo humano possuirá uma nota e o todo soará junto como uma sinfonia. Essa será a consciência do homem quando nosso planeta passar para a condição de "Vênus". Lá, ele experimentará a esfera-harmonia que Goethe descreve em seu prólogo de *Fausto*:

> "O astro Sol canta, em imitação, meias-esferas irmãs, sua antiga rotação; seu caminho predestinado pela Criação, ele termina com passos que ressoam como o trovão".

Quando a Terra era Sol, o ser humano estava ciente, de forma turva, deste soar e ressoar e, em Vênus, ele ouvirá novamente o soar e o ressoar "como antigamente". Nessa mesma frase, Goethe reteve o quadro.

O sétimo estado de consciência é a "espiritual", ou intuição, a mais elevada, quando o homem possuir uma consciência universal; quando verá não somente o que ocorre em seu próprio planeta, mas em todo o Cosmos ao redor. É a consciência que o homem tinha em Saturno, um tipo de consciência universal, embora tola demais, que ele terá adicionada aos outros estados de consciência, quando alcançar o "Vulcano".

Esses são os sete estados da consciência pelas quais o homem deve passar em sua jornada pelo Cosmos. Cada encarnação da Terra produz as condições pelas quais tais estados se tornam possíveis... Cada estágio planetário está atrelado ao desenvolvimento de um dos sete estados da consciência humana e, por meio do que ocorre em cada planeta, os órgãos físicos para tal estado de consciência são aperfeiçoados.

3. A EVOLUÇÃO DA EGO-CONSCIÊNCIA

Devemos considerar a divisão do período pós-atlântico da evolução da Terra[3] nas seguintes épocas: primeiro, o antigo indiano; segundo, o antigo persa; terceiro, o babilônio-assírio-caledônio-egípcio; quarto, o greco-latino; e quinto, a época que vivemos agora. Nossa época será substituída por uma sexta, e esta, por uma sétima época de evolução dentro do período pós-atlântico. Estamos na quinta época e dizemos para nós mesmos: a Cristandade entrou na evolução humana em sua completa profundidade e significado na quarta época. Ela teve sua influência, tanto que a humanidade da quinta época a utilizou e, agora, devemos prever profeticamente qual será seu próximo efeito, já que isso é possível por meio da ciência espiritual.

A missão da Cristandade já estava preparada na terceira época, à qual a civilização egípcia pertence. De seus túmulos, os partidários do Velho Testamento guiaram o desenvolvimento da cultura hebraica, de forma que a Cristandade foi criada nessa terceira época, tornando-se plena na quarta época na pessoa de Jesus Cristo. Podemos dizer que a humanidade experimentou uma certa influência espiritual na terceira época do período pós-atlântico. Isso ocorreu até a quarta época, concentrando-se na pessoa de Jesus Cristo; a seguir, continuou até a quinta época, que é a nossa, e, por isso, também ocorrerá na sexta época, que está por vir.

Observemos, exatamente, que, no decorrer da evolução humana, as várias partes constituintes do ser humano passaram por sua evolução. Quando ocorreu a inundação de Atlântida, o *corpo físico* do homem foi permeado pelo poder do "eu sou"; isso significa que o progresso humano havia avançado tanto que pôde preparar o instrumento físico de ego, ou consciência própria. Se voltássemos à metade do período atlântico, não encontraríamos seres humanos em posição de desenvolver uma consciência própria a qual

---

3. Atlântico foi o nome dado ao período central entre os sete principais períodos da evolução da Terra. Nosso período pós-atlântico seguiu a evolução para baixo até a chegada de Cristo. A involução inicia-se agora. Saiba mais em *Ciência Oculta: um Esboço*, Capítulo 4.

possibilitasse que ele pronunciasse as palavras "eu sou um eu" ou "eu sou" por si só... Qual era a missão de Atlântida? Implantar o ego no homem, imprimi-lo nele, e essa missão se estendeu para além da inundação – descrita como dilúvio – até nossa era. Em nosso período pós-atlântico, entretanto, um espírito próprio teve de entrar, gradualmente, no ser humano. Depois de passarmos por várias personificações em nossa sexta ou sétima época, o espírito próprio terá nos ofuscado a um certo ponto. Porém, uma preparação mais longa é necessária para que o homem se torne definitivamente um instrumento adequado para esse espírito próprio. Antes disso, mesmo que leve mil anos, ele, primeiro, terá de se tornar o verdadeiro portador do "eu" ou ego. Ele não somente terá de fazer de seu corpo físico um instrumento para o ego, mas também os outros membros de seu ser.

Na primeira época do período pós-atlântico, o homem, pela primeira vez, transformou seu *corpo etéreo* no portador do ego, da mesma forma como havia feito, anteriormente, com o corpo físico. Essa foi a antiga civilização indiana.

Se desejarmos, agora, considerar a evolução mais adiantada dessas épocas culturais em relação ao homem, consideremos a alma não apenas superficialmente, como o corpo astral, porém devemos proceder mais primorosamente e tomar por base os membros como em meu livro *Teosofia* ou *Ciência Oculta*. Lá, distinguimos o corpo da alma, da alma consciente; a alma intelectual e a alma da consciência. Então, temos os membros mais elevados: o espírito próprio, o espírito da vida e o espírito do homem. O quarto membro, que resumimos sob o nome "ego", devemos dividir, pois ele está separado na evolução humana.

O que foi desenvolvido durante a época da Antiga Pérsia foi, na verdade, o corpo da alma, ou *corpo consciente*. Ele é o portador das forças humanas ativas; portanto, a transição da época indiana para a persa consistiu em passar de um estado de inatividade para o da atividade no mundo material. O movimento das mãos e tudo o que estava conectado a elas, a transição para o trabalho, caracterizaram a época. (A um patamar muito maior do que o suposto, os habitantes da Antiga Índia foram proibidos de movimentar suas mãos, porém foram incentivados a se erguer em contemplação acima da existência material em direção a mundos mais elevados. Eles deviam penetrar profundamente em seu ser interior quando desejavam chamar à memória as condições primárias. Então, a ioga indiana, por exemplo, consistia, em geral, em dar atenção especial e cultivo ao corpo etéreo.)

Prossigamos. Na cultura da época babilônio-assírio-caledônio-egípcia, o ego eleva-se à *alma consciente*. A alma consciente é o meio pelo qual o ser humano sensível se dirige ao exterior, pelo qual o ser humano perceptivo ativa seus olhos e outros sentidos e torna-se ciente do espírito regulador na natureza externa. Conseqüentemente, naquela época, os olhos eram direcionados para as coisas materiais que se espalhavam no espaço e agiam externamente na alma consciente. Muito pouco existia, naquela época, daquilo que pode ser chamado cultura interior, pessoal e intelectual. Hoje em dia, não podemos mais imaginar o que constituiu a sabedoria egípcia naquela época. Não se tratava, de fato, de uma questão de pensar, de especular, como foi o caso mais tarde; mas, quando o homem voltou seu olhar para o exterior, ele recebeu a lei como lia externamente com seus sentidos. Era uma leitura das leis, uma ciência da percepção, do sentimento, não uma ciência de conceitos.

A história aponta que o verdadeiro fundador da lógica foi Aristóteles. Se, anteriormente, tivesse havido uma lógica, uma ciência do pensamento, teria sido possível descrevê-la em um livro. Uma lógica, que é um processo de reflexão do ego, no qual os conceitos são separados e unidos dentro do ego, em que uma pessoa forma julgamentos logicamente e não os reúne a partir das coisas, apareceu pela primeira vez na quarta época cultural. Então, chamamos essa quarta época de alma *intelectual*.

Estamos na época da aparição do ego na alma da *consciência*. O ego começou a fazer parte da alma da consciência na metade da Idade Média. Isso é com facilidade provado historicamente, e cada item poderia ser esclarecido. Naquela época, um conceito muito definido foi implantado na humanidade: o da liberdade individual, da capacidade individual do ego. Se considerarmos a primeira parte da Idade Média, descobriremos, por toda parte, que o valor do indivíduo dependia de uma certa consciência de sua posição na comunidade. Uma pessoa herdava postura, sua posição, do pai e parentes e, de acordo com essas coisas impessoais, que não estão conscientemente ligadas ao ego, agia e trabalhava no mundo. Somente mais tarde, quando o comércio se expandiu e as invenções e descobertas modernas foram feitas, a consciência do ego começou a se expandir e podemos ver, erguendo-se por toda a Europa, um reflexo externo dessa alma da consciência, em cada forma definida do governo municipal, das constituições municipais, etc. O que, na Idade Média, era chamado "cidade livre" é a reprodução externa da respiração dessa alma com ego consciente pela humanidade. E, se nos permitirmos uma olhada no futuro, podemos dizer: estamos prestes a desenvolver essa consciência pessoal em nossa alma da consciência. Todas as exigências da Idade Moderna são as mesmas da alma da consciência que a humanidade expressa inconscientemente.

Então, olhamos mais adiante para o futuro e, espiritualmente, vemos algo mais. O ser humano se eleva na época cultural seguinte para o *espírito próprio*. Será um tempo em que o homem possuirá uma sabedoria comum em um grau muito mais elevado do que o presente; será como se estivesse imerso em uma sabedoria comum. Será o início do sentimento de que o núcleo mais interno do ser humano é o mais válido universalmente. O que é visto como um bem do indivíduo, no sentido atual da palavra, ainda não está em um plano mais elevado. Atualmente, existe uma noção, intimamente ligada à individualidade, à personalidade humana, de que os seres humanos devem competir entre si, ter opiniões divergentes. Os homens dizem que, se não pudéssemos ter opiniões diferentes, não seríamos seres independentes. Pelo fato de desejarem ser independentes, eles devem ter opiniões diferentes. Esse, no entanto, é um ponto de vista inferior. Os homens serão mais pacíficos e harmoniosos quando, pessoas distintas, se tornarem mais individualizados. Enquanto eles não forem ofuscados pelo espírito próprio, haverá opiniões que diferem umas das outras. Essas opiniões ainda não foram experimentadas no verdadeiro íntimo do ser. Atualmente, existem apenas poucos precursores das experiências das profundezas da alma; eles são as verdades matemáticas e geométricas, as quais não podem ser colocadas em votação...

Essa será a cultura do espírito próprio quanto mais as fontes da verdade forem experimentadas dentro da individualidade humana fortalecida, dentro da personalidade, e quando, ao mesmo tempo, houver um acordo entre o que pessoas diferentes experimentam como realidade mais elevada; assim como agora existe um acordo entre o que elas experimentam como verdade matemática... Para aqueles que enxergam mais profundamente a natureza das coisas, é praticamente impossível discordar de sua natureza elevada; só existe uma possibilidade para aqueles que discordam: desenvolverem-se para perceber mais profundamente. A verdade descoberta em uma alma irá coincidir exatamente com a outra, e não haverá mais conflitos. Essa é a garantia para a paz verdadeira e para a fraternidade; pois existe somente *uma* verdade, e ela tem algo a ver com o sol espiritual. Pense em quão regrado é o crescimento de uma planta: cada planta cresce em direção ao Sol, e existe somente um sol. Então, no curso da sexta época cultural, quando o espírito próprio se voltar aos seres humanos, um sol espiritual estará presente, em direção ao qual todos se voltarão, no qual estarão em acordo. Essa é a grande perspectiva que temos para a sexta época.

Então, na sétima época, o *espírito da vida* irá, de certa forma, entrar em nossa evolução. Esse é o futuro distante em direção ao qual, somente profetizando, podemos voltar nosso olhar. Agora, vemos claramente que a sexta época, que está por vir, será muito importante, pois trará paz e fraternidade por meio de uma sabedoria comum...

  Criatura se emparelha com criatura na largura do espaço,
  Criatura segue criatura nas voltas do tempo.
  Se tardas nas larguras do espaço, nas voltas do tempo,
  Tu estás, oh, Homem, em reinos passageiros.
  Ainda que tua alma se erga poderosa sobre eles

Quando revelas ou sabiamente observas o eterno
Além das larguras do espaço, além do curso do tempo.

4. EXPERIÊNCIAS INTERNAS DO SONO

Enquanto, durante sua vida desperta, o homem é relacionado às substâncias terrenas externas, quando passa para o estado de sono, ele se transforma em uma determinada conexão com todo o Cosmos. Não que, toda noite, seu corpo astral assuma a vastidão do Cosmos — isso seria um exagero; todavia, toda noite o homem cresce no Cosmos... Quando dormimos, os céus estrelados se tornam nosso mundo, assim como a Terra o é quando estamos acordados.

Podemos distinguir esferas diferentes por meio das quais passamos entre o momento em que dormimos e o instante em que acordamos. Na primeira esfera, o ego e o corpo astral – a alma como ela existe durante o sono – sentem-se unidos com os movimentos do mundo dos planetas... Não que recebamos, toda noite, a agitação planetária; mas carregamos um pequeno quadro no qual os movimentos reais dos planetas são reproduzidos. Esse quadro é diferente para cada pessoa. Cada um de nós, ao adormecer, experimenta, primeiro, os movimentos planetários, tudo o que acontece entre os planetas conforme eles se movem nos amplos espaços do Universo; sentimos tudo isso internamente, no corpo astral, como uma espécie de globo planetário.

Não diga: "O que isso tem a ver comigo, já que não percebo tudo isso?" Você não vê com seus olhos nem ouve com seus ouvidos; mas, quando vai dormir, a parte de seu corpo astral que pertence, na vida desperta, ao seu coração na verdade se transforma, para você, no que podemos chamar de *olho do coração*, e isso se torna um órgão de visão para o que ocorre dessa maneira; ele realmente percebe o que o homem experimenta ali, embora, para a humanidade atual, a percepção seja muito obscura. Funciona de tal forma que, logo depois que você adormece, o olho do coração vê o que foi deixado deitado na cama, seu ego e seu corpo astral vêem, pelo olho do coração, seu corpo físico e seu corpo etéreo. E o quadro, em seu corpo, dos movimentos planetários que experimenta projeta-se em seu próprio corpo etéreo, e você pode ver um reflexo dele.

O homem é constituído de tal maneira que, logo que acorda, ele se esquece da consciência obscura que teve à noite por meio de seu olho do coração. No máximo, uma consciência obscura ecoa nos sonhos porque eles possuem, em sua mobilidade interna, algo do movimento planetário. Nesses sonhos, aparecem figuras da vida real, pois o corpo astral mergulha no corpo etéreo, que nos preserva as memórias da vida. Pode acontecer de você acordar, passando novamente, em seu retorno, pela esfera dos movimentos planetários, e experimentar, por exemplo, uma relação particular entre Júpiter e Vênus, pois isso estava intimamente ligado ao seu destino.

Se você pudesse trazer a experiência dessa relação para sua vida cotidiana, ela derramaria uma luz considerável nas capacidades humanas; pois essas faculdades não derivam da Terra, e sim do Cosmos — de acordo com sua conexão com o Cosmos, estão seus dons e talentos; sua bondade; ou, em qualquer razão, sua inclinação para o bem ou para o mal. Você veria o que Júpiter e Vênus diziam um para o outro, como já havia percebido com seu olho do coração ou seu ouvido do coração, pois uma pessoa não pode fazer uma distinção exata entre eles. Tudo isso pode ser esquecido, visto que é percebido obscuramente; porém, a relação mútua entre Júpiter e Vênus ainda produz um movimento correspondente dentro do corpo astral. Com ela, misturam-se experiências vividas há muito tempo, digamos ao meio-dia, um dia em Oxford ou Manchester; esses quadros se misturam com a experiência cósmica. Então, os quadros que nos aparecem em sonhos possuem um certo significado, mesmo não sendo a parte essencial do sonho; eles são como um traje tecido ao redor da experiência cósmica.

Toda essa experiência de coração está associada a uma certa ansiedade; em quase todo o mundo, ela está mesclada com um sentimento mais ou menos intenso de ansiedade de natureza espiritual, principalmente quando a experiência cósmica ressoa, brilha novamente, do corpo etéreo para a alma. Suponhamos que, em razão da relação entre Júpiter e Vênus, um raio, que diz muito à sua percepção do coração, saia de sua testa, enquanto um segundo venha de debaixo do coração e mescle seu tom e sua luz com o primeiro; isso tudo faz com que o sentimento de ansiedade apareça. Cada alma humana que não esteja completamente solidificada diz para si durante o sono: "A névoa cósmica me recebeu. É como se alguém se tornasse tão fino quanto a névoa cósmica e flutuasse como uma nuvem na névoa dos mundos. Assim também é a experiência imediatamente após se adormecer. Então, a partir dessa ansiedade e dessa experiência, como uma nuvem de névoa dentro da névoa dos mundos, outro estado se desenvolve na alma; um estado de devoção ao divino, que penetra o Universo. Os sentimentos fundamentais que vêm em nossa direção na primeira esfera, logo após adormecermos, são: eu sou a névoa dos mundos — eu descansaria resignado no útero da divindade e estaria a salvo da dissolução na névoa dos mundos.

Isso é algo que a percepção do coração deve levar pela manhã, quando a alma mergulha novamente nos corpos físico e etéreo. Se essa experiência não fosse trazida para a vida, as substâncias que tomamos por alimentação no dia seguinte reteriam em nós somente sua característica terrena e deixariam todo o nosso organismo em desordem; mesmo se tivermos fome, as substâncias estão sendo continuamente consumidas pelo nosso próprio corpo. O sono possui, de fato, um imenso e importante significado para a condição do despertar. Devemos ser gratos porque, nessa época da evolução, não cabe ao homem, por si só, assegurar que o divino é carregado para a vida desperta. Os homens de hoje em dia mal seriam capazes de reunir forças para trazer essas influências, em total consciência, do outro lado da existência para este.

O homem adentra a esfera seguinte, mesmo sem deixar a primeira – ela permanece para sua percepção do coração. Essa próxima esfera, muito mais complicada, é percebida pela parte do corpo astral que pertence, na vida desperta, ao plexo solar e a toda a organização dos membros. Nessa próxima esfera, o homem sente, em seu corpo astral, as forças que vêm das constelações do Zodíaco. As forças vêm em uma forma direta do Zodíaco, e em outra aparência pela Terra, pois faz uma grande diferença se uma constelação específica está acima ou abaixo da terra. Com isso, o homem percebe através do que chamarei agora de percepção solar, já que é vista como um órgão de percepção naquela parte do corpo astral associada ao plexo solar e aos membros – chamarei de "olho solar". Por seu intermédio, o homem torna-se ciente de sua relação com o Zodíaco e com o movimento planetário. Portanto, o quadro alarga-se e o homem cresce no quadro cósmico. Novamente, ele recebe aquilo que é refletido pelos seus corpos físico e etéreo, para o qual volta seu olhar. Toda noite, ele é dado àquela parte do homem que sai de seu corpo para se relacionar com todo o Cosmos, o movimento planetário e as constelações.

Nessa experiência com as estrelas fixas, que pode se dar meia hora após adormecer ou um pouco mais, porém, em muitas pessoas, é bem rápido, o homem se vê dentro das 12 constelações e as experiências que ele encontra nessas constelações são extremamente complicadas. Você pode ter viajado para bem longe, visitado as regiões mais importantes da Terra e não ter tantas experiências quanto as que seu olho solar lhe dá todas as noites, com relação a somente uma constelação. Para os homens mais antigos, que ainda possuíam poderes fortes de clarividência dos sonhos e percebiam, na consciência do sonho, muito do que já foi descrito, as experiências do sono eram menos confusas. Hoje em dia, um homem mal pode se ater a qualquer grau de clareza com seu olho solar – e ele precisa fazer isso, mesmo se, durante o dia, houver esquecido – no que diz respeito ao que presenciou dessa experiência de 12 fases durante a noite, a não ser que ele tenha recebido, pelo entendimento do coração, tudo aquilo que Cristo desejou que a Terra se tornasse por meio do mistério do Gólgota. Ter sentido uma vez o que significa para a vida da Terra que Cristo tenha passado pelo mistério do Gólgota, ter formado pensamentos sobre Cristo em nossa vida desperta cotidiana, traz ao corpo astral, por meio dos corpos físico e etéreo, uma certa coloração ou tintura que apresenta novamente o que Cristo sente: e se eu me perder na multidão de estrelas e tudo acontecer ali? Porém, ele pode regressar em seus pensamentos, sentimentos e impulsos de vontade que direcionou a Cristo na vida desperta; então, Cristo torna-se um guia para ele, trazendo ordem aos eventos confusos dessa esfera.

Devemos, na verdade, dizer que somente quando voltamos nossa atenção ao outro lado da vida, podemos apreciar o total significado de Cristo para a vida terrena da humanidade desde o mistério do Gólgota; e praticamente ninguém pode realmente compreender o que Cristo ainda deve se tornar para a vida terrena. Essas coisas, não experimentadas por muitas pessoas, são interpretadas erroneamente. Atualmente, as pessoas que não tiveram contato com o evento de Cristo trazem essas experiências noturnas para a consciência do despertar de forma desordenada. Nós começamos a entendê-las quando sabemos o que foi descrito. Na verdade, quando passamos, durante o sono, pela condição da névoa, enfrentamos um mundo que nos confunde. Aqui, Cristo aparece diante de nós como um sol espiritual e torna-se nosso guia, para que a confusão se transforme em uma espécie de compreensão harmoniosa. Isso é importante porque, ao adentrarmos essa esfera, na qual temos uma combinação confusa das constelações do Zodíaco e do movimento dos planetas, o destino, na verdade, apresenta-se diante do nosso olho solar. Todos percebem seu destino, porém em uma condição de sonolência; durante o despertar, somente ecos dessa percepção fazem parte dos sentimentos. Grande parte dessa condição, a qual o homem pode encontrar por meio da luta pelo autoconhecimento, acha-se nele mesmo, e está após o eco da experiência, onde Cristo se adianta como seu guia e o leva de Áries para Touro, Gêmeos, etc., tornando o Universo claro para ele durante a noite, para que ganhe força para a vida do dia. O que experimentamos nessa esfera nada mais é que o fato de Cristo tornar-se nosso líder por meio dos confusos acontecimentos do Zodíaco; como líder, Ele nos guia de constelação a constelação, para que possamos receber, de forma ordenada, as forças de que precisamos para a vida desperta.

5. DOIS TIPOS DE SONHO

Consideremos a vida do sonho como ela se apresenta para nós. Podemos distinguir dois tipos diferentes. O primeiro conjura quadros de experiências externas diante de nossa alma. Anos atrás, ou talvez alguns dias, experimentamos isso ou aquilo em determinada forma. O sonho conjura, no sono, um quadro mais ou menos similar — normalmente diferente — à experiência externa. Se descobrirmos qualquer ligação entre esse quadro-sonho e a experiência externa, seremos atingidos pela transformação que o último sofreu no sonho... Em nossas memórias, temos quadros mais ou menos verdadeiros; em sonhos, possuímos quadros transformados a partir da vida externa. Esse é um tipo de sonho.

Existe, no entanto, outro tipo, e este é muito mais característico para o conhecimento da vida do sonho. É o tipo no qual, por exemplo, um homem sonha estar vendo uma fileira de pilares brancos, e um deles está danificado ou sujo. Ele acorda do sonho e descobre que está com dor de dente. Então, percebe que a fileira de pilares "simboliza" a fileira de dentes; um dente está doendo e é representado pelo pilar danificado ou, talvez, sujo.

Ou então, uma pessoa pode acordar ao sonhar com um aquecedor muito quente e perceber que está com palpitações. Ou, em seu sonho, ele é afligido por um sapo que se aproxima de sua mão; ele segura o sapo e vê que é macio. Ele estremece e, ao acordar, vê que está segurando uma ponta de seu cobertor, que foi agarrada durante o sono. Essas coisas podem ir muito além. Ele pode sonhar com todas as formas de cobras e acordar com dores intestinais. Portanto, vemos que esse segundo tipo de sonho traz expressão pictórica, simbólica, aos órgãos internos do homem. Quando compreendemos isso, aprendemos a interpretar muitas figuras dos sonhos de forma correta...

Aqui está, de fato, algo que aponta claramente para toda a vida interna do homem. Há pessoas que, enquanto sonham, produzem temas, a partir dos sonhos, para belas pinturas. Se você estudou essas coisas, saberá qual órgão específico está sendo descrito, embora ele esteja em uma forma simbólica e alterada. Tais pinturas, às vezes, possuem beleza incomum; e, quando o artista descobre qual órgão simbolizou tão belamente, surpreende-se, pois não tem pelos seus órgãos o mesmo respeito que devota pelas pinturas...

É relativamente fácil dedicar-se ao estudo dos sonhos assim tão longe. A maioria das pessoas cuja atenção foi chamada à existência desses dois tipos se lembrará de sua experiência que justifique essa classificação.

Mas para o que essa classificação aponta? Bem, se você examinar o primeiro tipo de sonho, estudando um pouco o tipo especial de figuras, vai descobrir que experiências externas muito diferentes podem representar o mesmo sonho; novamente, essa mesma experiência seria descrita por pessoas e sonhos diferentes. Tome o caso de um homem que sonha que está se aproximando de uma montanha. Existe uma abertura, como a de uma caverna, pela qual o Sol brilha. Ele sonha que está entrando. Logo começa a escurecer e, em seguida, fica em completa escuridão. Ele tateia em busca do caminho à frente, encontra um obstáculo e sente que há um pequeno lago à frente. Ele está em grande perigo e o sonho toma um curso dramático. Um sonho como esse representaria experiências externas muito distintas. Pode referir-se a um acidente ferroviário no qual a pessoa que sonha já esteve envolvida; os quadros são bem diferentes do que ele passou. Ou, então, poderia ser um náufrago, ou um amigo poderia ter sido desleal, e assim por diante. Se você comparar o sonho com a experiência real, descobrirá que o conteúdo do sonho não tem grande importância... A *seqüência dramática* é o que realmente importa: se havia um sentimento de expectativa, aliviava-se ou levava a uma crise. Alguém poderia dizer que todo o complexo dos sentimentos é traduzido na vida do sonho.

Se partirmos daqui e examinarmos os sonhos do primeiro tipo, descobriremos que os quadros retiram suas características principalmente da natureza da própria pessoa, a partir da individualidade de seu *ego*... Se compreendermos os sonhos (não se trata de interpretação de sonhos), podemos aprender a conhecer melhor um homem do que se observarmos sua vida externa. Se estudarmos tudo o que a natureza do homem engloba nesses sonhos, sempre voltaremos à experiência do ego no mundo externo.

Por outro lado, ao estudarmos o segundo tipo de sonho, descobrimos que o que ele conjura diante da alma somente pode ser experimentado no sonho... Na consciência diurna comum, o homem experimenta muito pouco, ou quase nada, de seu organismo interno. O segundo tipo de sonho, fundamentalmente, coloca todo o seu organismo diante do homem em quadros, por meio de figuras transformadas.

Se estudarmos a vida de um homem, veremos que ela é mais ou menos governada por seu ego, de acordo com a força de vontade e caráter. Porém, a atividade do ego na vida é muito parecida com a experiência do primeiro tipo de sonho. Tente avaliar de perto se os sonhos de uma pessoa são, em suas experiências, muito ou violentamente alterados. Em qualquer pessoa que tenha esses sonhos, você encontrará um homem com natureza forte. Por outro lado, quem sonha sobre sua vida quase exatamente como ela é, sem alterá-la, será descoberto um homem fraco. Portanto, você vê a ação do ego na vida de um homem, expressa na forma como ele delineia seus sonhos... Durante o sono, o ego e o corpo astral estão fora dos corpos físico e etéreo. O ego, no sonho, encarrega-se dos quadros da vida desperta, quadros que ele utiliza em uma realidade comum, por meio dos corpos físico e etéreo. O primeiro tipo de sonho é uma atividade do ego fora dos corpos físico e etéreo.

Qual é, então, o segundo tipo de sonho? É claro que ele também deve ter algo a ver com o que está fora dos corpos físico e etéreo durante o sono; e também não pode ser o ego, pois este nada sabe sobre as formas simbólicas dos órgãos apresentadas pelo sonho. Uma pessoa é forçada a ver que o *corpo astral* dá forma a essas figuras simbólicas dos órgãos internos durante o sonho, enquanto o ego dá aparência às figuras da experiência externa. Portanto, os dois tipos de sonho apontam para uma atividade do ego e do corpo astral entre o adormecer e o despertar...

> O homem possui duas forças.
> Uma corrente de força vai para dentro,
> E dá forma e raiz interior ao ser.
> Uma corrente de força vai para fora,
> E traz bem-estar e uma luz radiante à vida.
> Se as forças do homem de corpo pesado o atormentam,
> Pense em si mesmo como um alegre homem de luz.

III

DA MORTE AO RENASCIMENTO

1. LENDO PARA OS MORTOS

Uma pessoa que morre, durante sua vida terrena, pode não ter conhecido a Antroposofia, porém seu irmão, sua esposa ou um amigo próximo talvez seja um antropósofo. A pessoa que morreu e recusou-se, em vida, a ter qualquer coisa a ver com a Antroposofia pode ter abusado dela. Então, ela passa pelo portal da morte e pode se aproximar da Antroposofia por outras pessoas na Terra; porém, nesse caso, deve haver alguém na Terra que dê amor ao outro, de modo que a conexão com a Terra seja preservada. Aí está o que chamei "leitura para os mortos". Podemos lhes prestar um grande serviço fazendo isso, mesmo se, anteriormente, eles não desejassem saber nada sobre o mundo espiritual. Podemos fazer isso na forma de pensamento, instruindo os mortos, ou podemos tomar um livro antroposófico ou algo similar, descrever aqueles que faleceram e ler para eles. Os mortos poderão perceber... Pode-se, também, passar pela experiência que experimentei recentemente: perguntaram-me sobre alguém que havia falecido, pois ele se fazia presente por toda sorte de sinais, principalmente durante a noite, inquieto na sala, dando pancadas, etc. A partir daí, pode-se concluir, freqüentemente, que quem faleceu deseja algo. Nesse caso, foi descoberto que o falecido *estava* esperando por algo. Em vida, ele havia sido um homem culto, porém rejeitava tudo o que lhe chegava do mundo espiritual. Havia percebido que algo poderia ser feito se um curso completo fosse lido para ele, pois as coisas que lhe interessavam estavam nesse curso. Dessa forma extremamente importante, um remédio que se estende além da morte pode ser providenciado para algo que foi negligenciado na Terra.

Tais experiências nos trazem uma grande e importante missão, na qual a Antroposofia será uma ponte entre os vivos e os mortos; dessa forma, quando as pessoas morrerem, não será como se elas se afastassem de nós; então, devemos nos manter unidos a elas e ser capazes de fazer algo por elas. Se alguém questionar se sempre sabemos se o falecido pode nos ouvir, deve-se responder que aqueles que fazem isso devotadamente notarão, após algum tempo, que a forma com que os pensamentos são lidos para os mortos vive em sua alma e os falecidos podem ouvir. Esse, entretanto, é um sentimento que só pode ser percebido por almas sensíveis. A pior coisa que aconteceria nesse caso, e que pode ser um grande trabalho de amor, é não ser ouvido. O ato foi feito sem esperar nada em troca, mas, talvez, teve outro significado na ordem do mundo. Ninguém deve se incomodar tanto com a falta de sucesso, pois, com freqüência, ocorre de algo ser lido aqui para diversas pessoas e nenhuma delas ouvir!

Devemos enfatizar continuamente o fato de que a forma como devemos viver no mundo espiritual após a morte dependerá inteiramente da maneira como vivemos sobre a Terra. A vida social com outros seres humanos no mundo espiritual também dependerá do tipo de relação que tentamos formar aqui. No outro mundo, não podemos, sem mais nem menos, nos unir a uma pessoa com quem não tínhamos relação alguma aqui. A possibilidade de se aproximar dela, de estar com ela no mundo espiritual, é adquirida como uma regra pelas conexões feitas na Terra, e não meramente por aquelas ligações da última encarnação, mas também nas anteriores. Resumindo, as relações pessoais e verdadeiras que tivemos na Terra determinam nossa vida entre a morte e o renascimento...

Que o amor dos corações alcance o amor das almas,
Que o calor do amor brilhe com a luz do espírito.
Mesmo assim, ficaremos perto de você,
Pensando com você os pensamentos do espírito,
Sentindo em você o amor dos mundos,
Conscientemente com você,
Desejando em um ser silencioso.

2. CONVERSA COM OS MORTOS

A vida que levamos no mundo espiritual entre a morte e o renascimento é muito diferente do que passamos aqui, entre o nascimento e a morte. Conseqüentemente, as figuras desenhadas a partir da vida terrena, não importa como, sempre serão inadequadas para caracterizar a vida espiritual real do homem. Somente lenta e gradualmente, podemos ser guiados para um entendimento do que é a realidade nos mundos espirituais.

Suponha, por exemplo, que uma pessoa deixe o corpo terreno e, com sua vida de alma espiritual, entre no mundo da alma e do espírito. Imagine, também, que alguém aqui na Terra alcançou o conhecimento da iniciação em um sentido mais íntimo e possa observar as almas além, em sua vida após a morte. É necessário muito preparo para isso; um certo destino conectando a pessoa na Terra com o falecido também é essencial. É uma questão de obter alguns meios de entendimento mútuo com aquele que faleceu. Estou falando aqui de experiências espirituais extremamente difíceis; pois, em geral, é mais fácil descrever o Universo em seu aspecto espiritual do que chegar perto de alguém que faleceu, embora as pessoas acreditem facilmente que não seja assim.

Para começar, só podemos nos comunicar com os mortos entrando em sua capacidade de memórias do mundo físico. Elas ainda retêm um eco da fala humana, até mesmo da linguagem específica que lhe pertencia na Terra, mas sua relação com a linguagem muda. Por exemplo, ao conversar com alguém que faleceu, logo notamos que eles não possuem entendimento sobre pronomes e substantivos. Os vivos podem dizer essas palavras a eles; os mortos, se posso utilizar essa expressão, simplesmente não as ouvem. Os verbos, por outro lado, palavras expressando ação, são compreendidos por eles há muito tempo.

Via de regra, você só será capaz de conversar com os mortos se souber como fazer as perguntas. Normalmente, deve-se proceder como a seguir. Um dia, você se concentra na pessoa o mais silenciosamente que puder, tenta viver com ela em algo realmente definido, pois, após a morte, ela possui em sua alma quadros que não passam de noções abstratas. Portanto, você deve se concentrar em alguma experiência real, que a pessoa tinha prazer de experimentar na vida terrena; então, gradualmente, você se aproxima dela. Nem sempre obterá resposta imediata; geralmente, você sonhará com ela, talvez muitas vezes; após alguns dias, obterá a resposta. Porém, não obterá uma resposta se perguntar com substantivos. Você deverá fazer um grande esforço para deixar todos os substantivos com forma verbal; tal preparo é indispensável. Ela irá compreender, quase instantaneamente, os verbos, principalmente se você utilizá-los de forma pictórica e vívida. Os mortos nunca irão compreender, por exemplo, a palavra "mesa"; porém, se você imaginar vividamente quanto é emocionante uma mesa sendo posta – um processo de transformação – gradualmente se fará entender; então, compreenderão sua pergunta e você obterá uma resposta, a qual também virá em forma verbal, ou talvez nem isso; ela pode consistir apenas do que nós, aqui na Terra, chamamos de interjeições, exclamações.

Acima de tudo, os mortos emitem sons, sons do alfabeto e combinações de sons. Quanto mais tempo a alma tiver vivido no mundo espiritual após a morte, mais ela falará em uma espécie de linguagem a qual só se pode compreender cultivando o sentimento verdadeiro de diferenciação da fala terrena, não mais insistindo no significado abstrato das palavras, mas entrando em um conteúdo de sentimentos. Com o som do "a" (como em pai), experimentamos algo como surpresa e espanto. Quando dizemos não apenas "a", mas "ah" (como em Bach), levamos o sentimento de espanto para o fundo da alma; "ah" significa: "a", estou espantado; "h", o sentido de espanto recai bem em cima de mim. Se eu colocar um "m" antes, e disser "mah" (como *make*, em inglês), sigo o que desperta o espanto em mim como se ele se aproximasse passo a passo; "mmm", até que eu esteja completamente imerso nele. É com esse *tipo* de sentido, que deriva dos próprios sons, que as respostas dos mortos virão normalmente.[4] Os mortos não falam português, alemão ou russo; sua fala só pode ser compreendida pelo coração e pela alma – se eles possuírem ouvidos que escutem.

Anteriormente, eu disse que o coração humano é maior e mais majestoso que o Sol. Do aspecto terreno, é verdade que o coração está em algum lugar dentro de nós, e não seria uma visão muito agradável se o excluíssemos anatomicamente. Ainda, o coração real está presente no ser humano, permeando todos os órgãos; então, ele também está no ouvido. Devemos nos acostumar com a linguagem do coração dos mortos, se é que posso descrevê-la dessa forma. Fazemos isso aprendendo, gradualmente, a excluir todas as formas nominais, e a viver com os verbos. São palavras de ação e transformação que os mortos ainda compreendem por um longo tempo após a morte. Em um estágio mais avançado, eles compreendem algo que não é mais a linguagem no sentido comum da palavra, e o que recebemos deles, neste momento, deve ser primeiro retraduzido para uma linguagem terrena.

3. REENCARNAÇÃO E DARWINISMO

Não posso compreender a alma de Newton se não a conceber como advinda de outra alma. Essa alma nunca pode, em qualquer ocasião, ser buscada em ancestrais físicos; pois, se tentar procurar lá, viraria todo o espírito da ciência natural para sua cabeça. Como um cientista poderia concordar que uma espécie animal se desenvolveu a partir de outra, se esta

---

4. Detalhes podem ser encontrados em *Eurythmy as Visible Speech*.

última não era similar à primeira, como Newton era, em alma, aos seus ancestrais? Supomos que uma espécie evolui a partir de outra, similar, que está apenas um estágio abaixo. Então, a alma de Newton deve ter vindo de outra similar, porém, como alma, somente um estágio abaixo. O elemento-alma de Newton é expresso por mim em sua biografia. Reconheço Newton por sua biografia, assim como distingo um leão pela descrição de sua espécie. Compreendo a espécie do leão quando imagino que ela evoluiu a partir de outra de nível mais baixo. Portanto, compreendo o que retiro da biografia de Newton quando penso que ela evoluiu de uma biografia similar e relacionada a ela como alma. Então, a alma de Newton já existia, de outra forma, assim como a espécie do leão já existia, também de outra forma.

Para o pensamento claro, não há como escapar desse ponto de vista. Como a opinião científica atual não tem coragem de manter esses pensamentos até o final, ela não chega a essa conclusão. Porém, é pelo reaparecimento do ser que uma pessoa resgata por meio de sua biografia que a conclusão é assegurada. Ou se abandona toda a teoria científica da evolução ou se aceita que ela deve ser estendida à evolução da alma. Existem apenas duas opções: ou cada alma é criada por um milagre, já que as espécies animais não evoluem a partir de outra; ou a alma evoluiu e estava presente, anteriormente, em outra forma, assim como a espécie animal tinha outra aparência...

Condições posteriores são conseqüência das anteriores – de fato, as condições físicas posteriores são resultado das anteriores, assim como as condições posteriores da alma são resultado de suas condições anteriores. Esse é o conteúdo da *lei do carma*, que diz: tudo o que posso fazer e faço na minha vida atual não existe por milagre, mas está conectado, com efeito, às formas anteriores de existência de minha alma e serve de causa para uma alma subseqüente. Aqueles que vêem a vida humana com um olho espiritual aberto e não conhecem essa lei permanecem, continuamente, diante dos enigmas da vida...

Somente aquele que reconhece a evolução no domínio do espírito da alma tem o direito de falar dessa evolução no âmbito da natureza exterior. Está claro que esse reconhecimento, essa extensão do conhecimento da natureza além da natureza, é mais do que mera cognição. Ele transforma conhecimento em *vida*; não apenas enriquece o conhecimento do homem, mas lhe dá força para trilhar seu caminho na vida. Ele mostra-lhe de onde ele veio e para onde está indo. "De onde" e "para onde" apontam para fora, além do nascimento e da morte, se ele seguir consistentemente a direção que o conhecimento lhe aponta. Ele sabe que tudo o que faz está incorporado em um regato fluindo da eternidade para a eternidade. O ponto de vista pelo qual ele regula sua vida se torna cada vez mais alto. O homem está como que inserido em uma nuvem escura antes de se convencer, pois nada sabe sobre seu ser verdadeiro, sua origem ou seus objetivos. Ele segue os impulsos de sua natureza, sem discernimento desses impulsos. Deve dizer a si mesmo que talvez devesse seguir outros impulsos, se seu caminho fosse iluminado pela luz do conhecimento. O sentimento de responsabilidade pela vida cresce cada vez mais sob a influência de tal convicção. Entretanto, se um homem não cultivar esse sentimento de responsabilidade em si, em um sentido maior, estará negando sua humanidade. Conhecimento sem o objetivo do enobrecimento da raça humana é a mera satisfação de desejos mais elevados. Elevar o conhecimento à altura do espírito, para que ele se torne força para a vida, está em um maior sentimento de dever. Portanto, é dever de cada homem buscar mais o "de onde" e o "para onde" da alma.

4. ENTRE A MORTE E O RENASCIMENTO

No mundo espiritual entre a morte e o renascimento, estamos no meio de seres puramente espirituais. Em parte com aqueles cuja existência inteira está no mundo espiritual, que nunca incorporaram em substância terrena; entre eles, estão os que pertencem a hierarquias mais altas — anjos, espíritos da forma, serafins e querubins...[5] E, em parte, com as almas dos homens que foram tirados de seus corpos terrestres e assumiram o corpo espiritual; ou com aquelas almas que aguardam sua reentrada na Terra. Isso depende se formamos um laço com essas almas na vida terrena, pois as pessoas com quem não tivemos contato na Terra pouco têm a ver conosco no mundo espiritual. Então, um homem mantém relação com outros seres que não incorporaram tão diretamente na vida terrena quanto ele, pois estão em um estágio abaixo e não atingem a forma humana. Estes são os seres básicos que vivem no reino da natureza. Então, entre a morte e o renascimento, um homem cresce junto com seu mundo preenchido por espíritos...

Imagine nitidamente: na vida entre a morte e um novo nascimento, um homem é ativo. Por meio de sua atividade, toda ação pela alma, todo entendimento e, alguém diria, todo toque, imediatamente se transforma em pensamento cósmico; portanto, ao fazermos qualquer coisa, nós a realizamos também no mundo espiritual. Por todos os lados, uma resposta chega do Cosmos: por meio do que fazemos, há uma resposta do Cosmos, e esse veredicto cósmico permanece.

Mas isso não é tudo. Nessa visão do mundo cósmico do pensamento, algo mais reflete, outros pensamentos, os quais não podemos dizer se são originados no Cosmos. Então, encontramos pensamentos brilhantes permeados por toda sorte de idéias obscuras, refletindo ao nosso redor. Enquanto os pensamentos brilhantes do Cosmos nos preenchem com um profundo sentimento de prazer, os reflexivos, muito freqüentemente, embora nem sempre, carregam em si algo extraordinariamente inquietante, pois se trata de pensa-

---

5. Rudolf Steiner adere à nomenclatura tradicional cristã derivada de Dionísio Areopagita, na Escola de São Paulo.

mentos que ainda resultam de nossa vida na Terra. Se tivermos cultivado bons pensamentos, eles refletem o radiante ambiente cósmico; se tivermos cultivado maus pensamentos, eles refletem em nossa direção pensamentos brilhantes do veredicto cósmico. Dessa forma, observamos tanto o que o Cosmos está nos dizendo quanto o que nós mesmos trazemos para o Cosmos. Esse não é um mundo que se destaca de uma pessoa; ele permanece intimamente ligado a ela. Após a morte, ela carrega a existência cósmica e, como uma lembrança, sua última existência na Terra.

Enquanto permanecermos naquela região da experiência espiritual, a qual, em meu livro *Teosofia*, chamei de mundo da alma, estaremos sempre preocupados com as conseqüências de refletir pensamentos terrenos, modos de vida terrenos, aptidões terrenas. Por causa disso, transformamos o que cremos serem belas formas cósmicas em grotescas; e continuamos assim durante nossa passagem pelo mundo da alma sob a liderança dessas formas cósmicas distorcidas, desconfortavelmente ajustando e sendo ajustados, vagamos pelo Cosmos até sermos libertos de tudo o que nos une à Terra...

A existência no mundo da alma é essencialmente uma vida passada através de tudo o que vivenciamos no imaginário inconsciente durante nossas noites na Terra. Portanto, um terço da duração da vida terrena de um homem é passado privando-o daquilo que seus pensamentos reflexivos carregam em seus pensamentos do Cosmos. Durante esse tempo, ele experimenta sua vinda em relação ao mundo das estrelas e, especialmente, com a Lua... A razão pela qual nós simplesmente não orbitamos ao redor da Lua, mas nos movemos adiante para nos aproximarmos de outro estado da existência, é parcialmente a força progressiva dos seres de Mercúrio. Esses seres são muito mais fortes que os de Vênus. A existência é encorajada pelos seres de Mercúrio, enquanto, nos seres de Vênus, ela é desencorajada, dada a completude. Então, o curso essencial da passagem de um homem pelo mundo da alma é tal que ele se sente absorvido pela atividade da Lua, de Mercúrio e de Vênus.

Devemos elaborar um quadro claro dessa forma de existência... Após a morte, dizemos: "Como homem, sou constituído daquilo que vem dos espíritos da Lua" – isso corresponde com nosso dizer na Terra: "Tenho uma cabeça". Enquanto, na Terra, dizemos: "Tenho um coração em meu peito", que cobre todo o sistema circulatório e respiratório; no mundo da alma, dizemos: "Tenho em mim as forças de Vênus". Novamente, enquanto, na Terra, dizemos: "Tenho um sistema metabólico com todos os seus órgãos", no qual o principal é o sistema dos rins; após a morte, devemos dizer: "As forças dos seres de Mercúrio habitam em mim". Enquanto, na Terra, dizemos: "Como homem, sou cabeça, tronco e membros"; após a morte, dizemos: "Como homem, sou Lua, Vênus, Mercúrio"...

Quando um homem completa a primeira revolução no âmbito da Lua, ele alcança o domínio do Sol, e o Sol espiritual permanece na mesma relação com ele, assim como acontecia com a Lua. Agora ele deve, ao entrar no que, em meu livro *Teosofia*, chamei terra do espírito, transformar sua existência e tornar-se um ser diferente... Ao entrar nesse âmbito, descobrimos que o Sol não é mais um lugar definido; ele está em toda a parte. Um homem está, portanto, dentro do Sol. O Sol brilha perifericamente sobre o homem e é, de fato, a cobertura espiritual do que ele se tornou. Além disso, ele possui o que, novamente, é descrito como os órgãos, que devemos atribuir a Marte, Júpiter e Saturno. Esses novos órgãos, que não estão completamente formados ao entrarmos no mundo espiritual do mundo da alma, devem ser gradualmente desenvolvidos. Para tanto, não descrevemos apenas uma revolução, mas três, nas quais os órgãos de Marte, Júpiter e Saturno são desenvolvidos. Estes são cruzados aproximadamente 12 vezes mais lentamente do que o círculo da Lua. Assim como somos ativos na Terra com as forças da natureza, lá somos ativos com os seres das altas hierarquias, cujas manifestações físicas, como o Sol e a Lua, nos céus estrelados, são apenas reflexo externo...

É por meio da hierarquia dos anjos, arcanjos e archai que um homem é essencialmente envolvido durante sua existência lunar após a morte, enquanto as altas hierarquias ainda estão além de seu conhecimento. Os julgamentos dos anjos são especialmente importantes para os feitos individuais dos homens, e é com os anjos que estes aprendem o valor que seus feitos têm no Cosmos como um todo. Com os arcanjos, o homem aprende mais sobre o valor do que fez em conexão com a língua que fala, com os povos aos quais pertence e, a partir dessa fonte, também vêm impulsos que servem para seu destino. Com os archai, ele aprende qual valor suas ações, durante um período de tempo na Terra, terão quando tiver de descer, uma vez mais, à existência terrena.

Por meio de tudo isso, o homem pode adquirir em seu caminho se – peço que se lembrem disto – ele houver se preparado corretamente para a vida após a morte, por meio de todos os impulsos que é capaz de receber na Terra e, especialmente, da sua atitude com relação aos grandes líderes da humanidade, ele pode encontrar o caminho da esfera da Lua para a do Sol... Na esfera da Lua, ele passa a saber que está destinado a estar nessa próxima existência terrena, embora as verdadeiras preparações não possam ser feitas nesse estágio. Por isso, ele deve se elevar à esfera do Sol...

Ao entrar na vasta esfera do Sol, na qual nossos interesses são substancialmente ampliados, somos capazes de trabalhar com os espíritos da forma, postedades e dominações, preparando a origem do espírito de um corpo físico que poderá nascer com pais adequados... Nosso trabalho essencial – um trabalho muito maior e mais compreensivo do que qualquer outra coisa alcançada durante nossa curta vida na Terra — é nos preocuparmos, juntos, com os seres em um grau mais elevado e com tudo o que acontece entre esses seres em eventos espirituais, assim como os eventos naturais da Terra; com tudo o que os implica como arte do espírito, assim como temos a arte da natureza na Terra. Finalmente, tudo isso possibilita que unamos o que foi trabalhado em um grande quadro espiritual e arquétipo, que é a origem do espírito, o prenúncio do que, a seguir, nascerá na Terra como nosso corpo físico...

Essa origem do espírito é, inicialmente, majestosa e grande como o próprio Cosmos. Enquanto um homem faz a viagem de volta ao mundo físico, observando as gerações das quais seus pais descendem, e enquanto, do mundo espiritual, ele participa dessa seqüência de gerações, a origem torna-se cada vez menor... Quando ela é finalmente enviada aos pais, ao final de sua longa jornada pelo mundo espiritual, o próprio homem, ainda no mundo espiritual, busca substância etérea ao redor, de forma que, durante um tempo, ele se transforme em um ser de ego, corpo astral e etéreo, sendo que o etéreo foi reunido em todo o mundo etéreo. Somente no período embrionário, durante a terceira ou quarta semana após a concepção, o homem se une ao organismo formado pela combinação da origem do espírito e a origem física, e concede a ele o corpo etéreo, tomado do mundo etéreo. O homem torna-se um ser composto de um corpo físico e um corpo etéreo, unidos nos últimos estágios de sua existência cósmica, e de um corpo astral e um ego, que passaram pela vida entre a morte e o renascimento. Portanto, após experimentar o puramente espiritual, um homem desce para outra existência no mundo físico.

Se, ao espírito do ser cósmico
Você se esforçar para voltar sua atenção,
Você encontrará a si mesmo
Como um homem livre, no âmbito do destino.
Porém, se você se desviar,
E mantiver sua mente direcionada
À natureza cotidiana,
Você irá, como imagem do homem,
Perder-se no jogo do destino.

5. A VALORIZAÇÃO DA HISTÓRIA

Quando voltamos pela evolução histórica da raça humana, na qual um evento segue o outro com o passar das eras, estamos acostumados a observar esses acontecimentos como se pudéssemos encontrar, em épocas mais recentes, os efeitos e resultados das épocas mais antigas; como se falássemos de causa e efeito na história da mesma forma como fazemos em conexão com o mundo físico externo. No entanto, devemos admitir que, quando observamos a história dessa forma, ela fica quase completamente sem explicação. Não devemos, por exemplo, ter sucesso ao explicar a Grande Guerra simplesmente como o efeito dos eventos que ocorreram desde o início do século até o ano de 1914. Também não devemos ter sucesso ao explicar a Revolução Francesa, no final do século XVIII, a partir dos eventos que a precederam. Muitas teorias da história são passadas adiante, porém elas não nos levam muito longe e, na última parada, somente podemos considerá-las superficiais.

Os eventos na história humana somente se tornam capazes de receber uma explicação quando observamos as personalidades que desempenham um papel decisivo nesses eventos, a respeito de suas repetidas vidas na Terra. Somente quando observamos o problema durante muito tempo, o carma de tais personagens históricos, como provado pelo curso de suas vidas na Terra, devemos adquirir o estado correto de alma para investigar nosso próprio carma. Estudemos, hoje, o carma, um pouco da forma como ele se mostra na história. Tomaremos alguns personagens históricos que tenham feito algo, ou nossos conhecidos, e veremos como aquilo que sabemos pode ser traçado a partir do que está escrito em seu carma provindo de encarnações anteriores.

Dessa forma, tornar-se-á claro para nós que os eventos de uma época histórica já foram vividos pelos seres humanos em outros períodos. Conforme aprendemos a levar mais a sério – geralmente, é considerada mera teoria – tudo o que é dito sobre carma e vidas repetidas na Terra; quando colocamos isso diante de nós em detalhes precisos e concretos, devemos ser capazes de dizer: Todos estivemos na Terra muitas vezes antes e trazemos para a vida terrena atual os frutos de outras vidas terrenas. Somente quando aprendemos a ser cuidadosos com relação a isso, temos qualquer direito de falar sobre a percepção do carma como algo que *conhecemos*. A única maneira de aprender a perceber o carma é pegar seus conceitos e colocá-los como grandes questões à história do homem. Então, não podemos mais dizer: o que aconteceu em 1914 foi resultado do que aconteceu em 1910; e o que aconteceu em 1910 foi conseqüência do que aconteceu em 1900; e assim por diante. Então, não devemos tentar compreender como as personalidades que aparecem na vida trazem, de outras épocas, o que pode ser apresentado em um momento posterior. Somente por esse caminho chegaremos a um estudo verdadeiro e genuíno da história, observando os eventos externos que encontramos por trás dos destinos humanos.

A história nos prega diversas peças! Porém, um mistério pode ser solucionado se estudarmos da forma descrita. Às vezes, as pessoas aparecem, na história, tão de repente como meteoros; e ficamos impressionados porque elas surgem em determinado momento. Investigamos sua educação e sua criação – não há explicação por que elas aparecem dessa forma. Investigamos a era à qual elas pertencem – novamente, não conseguimos descobrir o porquê dessa aparição. As conexões cármicas são a explicação.

IV

DESTINO E REALIDADE OCULTA

1. TRABALHOS PRÁTICOS DO CARMA

Quando você se lembra da sua infância, certamente tem de admitir que houve muitas mudanças no caráter desde então. Porém, ao mesmo tempo, perceberá que a observação de suas características e aprender como mudá-las são processos inter-relacionados, assim como os ponteiros de hora e minuto em um relógio... Qualquer coisa que se ilumine em nós temporariamente e, em seguida, desapareça, tem seu papel no corpo astral. Porém, o que se torna um estoque permanente na vida de um homem, a ponto de tornar-se uma expressão da alma, tudo o que se torna um hábito que pode ser notado em alguém por um longo tempo – talvez sempre – em sua vida, tudo o que tem a ver com o temperamento, está situado no corpo etéreo, que é mais denso que o astral... Quando uma pessoa aceita um princípio moral, mas é obrigada a dizer para si mesma, repetidamente: "O princípio existe, por isso o obedeço", este está enraizado somente no corpo astral. Porém, se isso o afeta de forma que não possa fazer outra coisa, está estabelecido no corpo etéreo. A transição do corpo astral para o etéreo acontece lenta e gradualmente na vida.

O que ocorre durante a mesma vida na Terra, porém mais lentamente, ou seja, a transição de algo que inicialmente permanecia apenas no corpo astral, para o corpo etéreo, acontece carmicamente de uma encarnação para outra da seguinte maneira: quem quer que tenha tentado julgar as coisas corretamente, de acordo com a moral, e aquele que, ao fazê-lo, talvez tenha sido surpreendido por outras considerações e encontra os frutos desse esforço na próxima vida como uma qualidade básica desse corpo etéreo, como uma espécie de hábito, como uma qualidade do caráter... Propensões e *hábitos* derivam de idéias, pensamentos e conceitos formados nas vidas anteriores. Se você prestar atenção nisso, pode fazer uma provisão para a próxima encarnação, construindo a base de uma organização definida do corpo etéreo. Você pode dizer a si mesmo: devo tentar, nesta vida, dizer a mim mesmo, repetidamente, que isso ou aquilo é correto e bom. Então, o corpo etéreo irá lhe mostrar, no final das contas, que isso é bom e correto na natureza das coisas, para seguir o princípio envolvido.

Um conceito que pode ser explicado sob a luz do carma é importante: é o da *consciência*. O que aparece da consciência de um homem é, igualmente, algo que foi adquirido. Ele possui uma consciência, um instinto para o que é bom, correto e verdadeiro, somente porque, em vidas passadas, em experiências durante a vida, em seus princípios morais, construiu essa consciência. Você pode contribuir para o fortalecimento e a melhora da consciência se for responsável por aprofundar, todos os dias, suas concepções morais. Estas se tornam consciência na próxima vida e nas subseqüentes. Então, você pode ver que o que o ponteiro dos minutos da vida nos mostra torna-se o ponteiro das horas na próxima vida. Só é necessário que haja uma certa repetição dos princípios morais e idéias em uma existência, então eles podem ser consolidados na próxima vida.

O que é estabelecido no corpo etéreo de uma vida faz maturar os frutos do *corpo físico* da próxima vida. Bons hábitos, boas inclinações, bons traços de caráter propiciam uma proficiência física saudável, força física, conseqüentemente, um corpo físico saudável para a próxima vida. Um corpo físico saudável em uma vida indica que uma pessoa preparou isso anteriormente, por meio de hábitos adquiridos e qualidade de caráter. Há ligação particularmente forte entre uma memória bem desenvolvida em uma vida e o corpo físico da próxima vida... Quem desenvolver sua memória conscientemente irá renascer com resistência física, com membros que podem ser realmente úteis para efetivar o que sua alma deseja intimamente. Um corpo que não consegue atingir esses níveis em uma vida anterior, durante a qual nenhuma atenção foi dedicada ao desenvolvimento de uma memória boa e saudável, mas por meio da negligência, cairá no esquecimento.

Atualmente, falamos somente de fenômenos isolados, mas você pode perceber a magnitude de todo o domínio de que estamos tratando... O que estou colocando diante de você não são teorias, mas casos definidos que foram testados; eles são baseados em resultados específicos de pesquisa... Fatos isolados estão sendo apresentados...

Um indivíduo cuja vida passada foi repleta de qualidades de caráter corrompidas possui, nesta vida, um organismo mais suscetível a *doenças*. Uma pessoa que possui características saudáveis e temperamento são renascerá com um corpo que possa ser exposto a todos os tipos de epidemias sem ser infectado. No entanto, podemos observar que as coisas no mundo estão, de forma complexa, sujeitas à lei de causa e efeito. Por exemplo, a seguir, um caso baseado em resultados concretos de investigação. Uma pessoa tinha necessidade totalmente egoísta de possuir, uma verdadeira avidez por riqueza externa. Não era um caso de esforço saudável pelas riquezas, que poderia nascer de um objetivo altruísta de ser útil e esforçar-se de forma altruísta com relação ao mundo – isso é algo diferente –, porém uma espera egoísta e anormal de possuir, por causa de uma constituição específica do corpo etéreo. Tal pessoa sempre renascerá com um corpo físico tendendo a doenças infecciosas. Em inúmeros casos, foi estabelecido, por meio de pesquisas espirituais, que as pessoas propensas a infecções por epidemias na vida atual possuíam um sentido patológico para sua aquisição na vida anterior.

Outros exemplos poderiam ser citados. Portanto, existem duas características que possuem influência claramente reconhecível na formação cármica da vida seguinte. Devemos falar, primeiro, da forte influência exercida por uma atitude amável, benevolente, em relação ao semelhante. Em muitos casos, isso se estende muito além da gentileza humana com relação ao amor pela natureza e por todo o mundo. Esse amor envolvente, e cada vez mais forte, desenvolveu-se e tornou-se habitante da alma, por conseguinte, enraizado no corpo etéreo, e torna mais forte a capacidade de reter as qualidades da juventude por longo período em uma encarnação subseqüente. Um corpo que mostra os sinais da idade em uma idade física pouco avançada vem de uma vida de críticas perversas, de aversão e más intenções. Então, vemos que a vida pode ser influenciada por uma intervenção consciente do carma...

Aquele que alcança o desenvolvimento oculto aprende como influenciar não apenas o corpo astral, mas também os corpos etéreo e físico. Por meio da transformação do comportamento habitual, um indivíduo irascível pode tornar-se gentil; uma pessoa altamente emotiva torna-se uniforme, harmoniosa. Um esotérico deve mudar seus hábitos em um tempo relativamente curto. O desenvolvimento genuíno pressupõe que aquilo que um homem aprende não permanece mero aprendizado, mas penetra no corpo etéreo. Um processo que, na vida comum, é distribuído entre muitas encarnações e é encurtado: o próprio processo do carma é encurtado...

O sofrimento na vida anterior – sofrimento físico e também da alma – torna-se *beleza* na vida subseqüente; beleza do corpo físico. Aqui, é permitido utilizar uma analogia: como uma bela pérola se desenvolve dentro de uma ostra? Na verdade, ela é a conseqüência de uma doença. Fazendo uma aproximação, existe um processo cármico que representa a conexão entre doença, sofrimento e beleza. Essa beleza geralmente é obtida à custa de doença e sofrimento. A sabedoria também é, sob diversos aspectos, conseguida à custa de dor. Não é por falta de interesse que a investigação atual confirma o que os ocultistas dizem há milhares de anos, isto é, que a sabedoria está ligada à dor e ao sofrimento, a uma vida de seriedade e renúncia na vida precedente...

Devemos diferenciar tudo o que um homem conquista, como seus próprios feitos, que vêm de seu interior; e aqueles que foram impostos por sua raça, família e profissão. Dois vereadores devem agir da mesma forma por serem vereadores, mas esse não é o ponto. Eles devem ter atitudes diferentes, pois são pessoas distintas; e é isso o que nos preocupa. Atitudes que vêm da personalidade de um homem, o que o faz encontrar-se com seu *destino* exterior na próxima encarnação. Se alguém se encontrar em circunstâncias felizes na vida, se goza de um destino favorável, isso leva a atitudes justas, ingênuas e boas de uma vida passada. Se as circunstâncias de vida de um homem são desfavoráveis, se ele possui muitas falhas e é rodeado por condições adversas – circunstâncias externas são abstratas, não qualidades do corpo físico –, isso também leva a atitudes da vida anterior. O que uma pessoa conquistou, como resultado de sua vocação e das circunstâncias familiares, está em seu temperamento e no caráter. Portanto, o destino de um homem é determinado por suas atitudes. Por meio de atitudes boas, inteligentes e corretas, ele pode criar um destino favorável na próxima encarnação.

Um indivíduo que entra em contato com personalidades específicas criou as condições para tanto em uma vida passada. Ele tinha algo a ver com elas, e as levou para esse ambiente. Eis um exemplo da época dos tribunais da Santa Vingança.[6] Tal tribunal significava uma execução. A vítima era colocada diante de juízes mascarados, que davam o veredicto imediatamente. É o caso de um homem que foi condenado e executado. A investigação de seus destinos em encarnações anteriores mostrou que o indivíduo, executado pelos cinco juízes, havia, em sua condição de líder, permitido que essas cinco pessoas fossem mortas. Seu feito havia trazido esses homens novamente, como que por atração magnética, para sua vida, e eles reclamaram vingança. Esse é um caso radical, mas baseado em uma lei universal. Você não pode entrar em contato com uma pessoa que tenha um impacto em sua vida se não a tiver trazido para seu ambiente em relacionamentos anteriores. É claro que também pode ocorrer que, por meio de condições gerais, vocação ou família, um homem seja levado a ter contato com indivíduos que nunca conheceu; porém, por sua conduta mútua, é for-

---

6. Um sistema implantado na Westfália nos séculos XIV e XV.

mada a base para um encontro na próxima encarnação, ligado às vidas e destinos dos indivíduos envolvidos. Você perceberá que essas ilustrações do carma são, sob muitos aspectos, complicadas e difíceis de explicar. É importante estudar esses exemplos individualmente, pois somente assim poderemos realmente compreender a vida.

Deve-se enfatizar, repetidamente, que a idéia do carma, se corretamente compreendida, nunca deve pensar em contradizer os ensinamentos da redenção a ser encontrada na Cristandade... O carma é uma espécie de contabilidade da vida, que deve ser comparada à escrituração de um comerciante. De um lado há os débitos e, de outro, os créditos. Eles são somados e é feito um balanço... Assim como em cada momento da vida de um comerciante uma transação pode ser feita, a cada momento, por meio de uma atitude, o carma pode ser criado. Se alguém disser que um homem, sozinho, produziu seu sofrimento, ele o merecia; portanto, não é possível ajudá-lo. Isso não faz sentido. É como se alguém dissesse a um comerciante falido: "Cinco mil reais o ajudariam, porém, se eu fosse lhe emprestar, não seria bom para sua contabilidade: seria apenas algo a mais nas contas". O mesmo ocorre com a vida. O carma não significa compensação pessoal, mas compensação por meio de uma atitude. Suponha que seja rico e poderoso, e possa ajudar não apenas uma pessoa, mas duas. Só pelo fato de o carma existir, você pode intervir no carma e na contabilidade delas. Há indivíduos que podem ajudar três, quatro, cinco pessoas, até mesmo centenas.

Essa ajuda pode ser concedida por um ser mais poderoso que, uma vez, apareceu no mundo, para aqueles que se dizem Seus seguidores. Ele é Jesus Cristo. O fato de que a redenção tenha sido criada por certas formas do mal não vai de encontro à lei do carma. A redenção por meio de Jesus Cristo é totalmente compatível com a lei do carma, assim como a ajuda oferecida por um homem rico a um comerciante falido. É, precisamente, pela natureza intrínseca e pela importância da atitude de apenas um ser que a continuação da lei do carma é garantida.[7] Quando, no futuro, esses pontos forem compreendidos corretamente, ficará evidente, em primeiro lugar, que a Antroposofia não é um oponente para qualquer confissão que possua base genuína, muito menos leva a uma verdadeira compreensão.

Se você discerniu a lei do carma em um certo número de casos, vai ver que percebeu uma necessidade profunda de vida espiritual. A lei do carma é corretamente compreendida somente pelas pessoas para quem não se trata de mero conhecimento, mas para aquelas que fizerem dessa lei parte do mundo do sentimento e da percepção. A segurança e a harmonia interior penetram o todo da vida... Viver de acordo com a lei do carma significa infundir coragem e esperança à alma.

---

7. Veja também o Capítulo 6.3 — O Senhor do Carma.

A lei do carma deve, acima de tudo, iluminar nosso futuro. Devemos pensar menos no passado e mais no futuro. Foi mostrado, de muitas formas, que um homem pode produzir efeitos no futuro conforme a lei do carma, preparando em seu corpo astral a configuração futura do corpo etéreo, e no curso do progresso a base futura do corpo físico. Quando compreender as implicações disso, perceberá a tremenda importância dessas conexões.

As alegrias são presentes do destino
Que revelam seu valor no presente,
Porém os sofrimentos são fonte de sabedoria
Cujo sentido se mostra no futuro.

2. O ESTRANHO QUE NOS ACOMPANHA

Quando temos nossa vida interior em mente, podemos distinguir dois grupos de experiências: em uma, estamos cientes das causas de nossos sucessos e falhas; em outra, não somos capazes de detectar tal ligação e parecerá algo do acaso falharmos em uma ocasião e termos sucesso em outra. Ou, se tivermos mais em mente nosso destino na vida exterior, encontramos casos em que é secretamente claro para nós que, em conexão com os eventos que nos ocorrem – não aqueles que iniciamos –, fizemos determinadas coisas e somos responsáveis pelo que aconteceu; em outros casos, não vemos qualquer conexão com nossas intenções e, geralmente, diz-se que os acontecimentos ocorreram em nossa vida por acaso...

Uma espécie de teste que pode ser feito com esses dois grupos é perguntarmos a nós mesmos: "Como seria se tivéssemos de construir, em pensamento, uma espécie de pessoa imaginária, atribuindo a ela apenas aquilo em que não podemos ver uma conexão com nossas próprias faculdades? Favorecemos esse homem imaginário com as qualidades e faculdades que nos levaram a esses acontecimentos, incompreensíveis para nós. Imaginamos um homem que possua faculdades em que ele, inevitavelmente, obtenha sucesso ou falhe em aspectos sobre os quais não sabemos falar; alguém que, deliberadamente, criou esses eventos, que parecem ter aparecido em nossa vida por acaso. Podem-se tomar exemplos simples como ponto de partida. Suponhamos que uma telha tenha caído de um telhado e ferido nosso ombro. Tendemos a atribuir esse fato ao acaso. Porém, como experiência, imaginamos um homem que age da seguinte forma: ele sobe no telhado, solta a telha e desce rapidamente para que a telha que está solta caia sobre nosso ombro! O mesmo pode ser atribuído a todos os eventos que parecem ocorrer por acaso em nossa vida. Criamos um homem imaginário que é culpado por criar todos estes eventos que, em nossa vida cotidiana, não somos capazes de relacionar conosco.

Inicialmente, fazer isso parece não passar de uma brincadeira. Nenhuma obrigação está implícita. Porém, esse homem nos deixa uma surpreendente impressão. Não podemos nos livrar do quadro que criamos; embora pareça tão artificial, ele nos fascina, dá-nos a impressão de que tem algo a ver conosco. O sentimento que temos por esse homem imaginário assegura isso. Se nos colocarmos no quadro, ele não nos deixará livres. Um processo impressionante ocorre, então, em nossos sentimentos. Devemos comparar isso com algo que ocorre com freqüência: suponha que devamos nos lembrar de algo e utilizamos todo tipo de meios artificiais para tanto. Tente perceber quantas vezes pensamentos auxiliares devem ser utilizados e descartados para chegarmos ao que precisamos lembrar. O objetivo desse pensamento auxiliar é abrir o caminho para a recordação daquilo que precisamos. Da mesma forma, porém, muito mais compreensível, o homem no imaginário descrito representa um "processo auxiliar". Ele nunca nos abandona; trabalha de tal forma que percebemos que habita dentro de nós como um pensamento, como algo que continua trabalhando e que é, na verdade, transformado, dentro de nós, na idéia, no pensamento que surge de repente, assim como no processo comum da recordação; ele transborda em nós.

É como se algo nos dissesse: "Esse ser não pode permanecer como está. Ele se transforma dentro de você, torna-se vivo, modifica-se!". Essa própria força age sobre nós de forma que (experimente!) nos sussurre: "Isso tem a ver com uma existência terrena que não essa". Uma espécie de ciência de outra encarnação – *aquele* pensamento definitivamente desperta. É mais um sentimento do que um pensamento, uma experiência consciente; porém, é como sentirmos aquilo que desperta na mente dos sentidos para ser o que fomos em uma encarnação terrena anterior...

Novamente, nossas experiências de vida podem ser divididas em grupos de diferentes formas. Um deles pode conter os sofrimentos, mágoas e obstáculos que encontramos, enquanto o outro inclui as alegrias, felicidades e vantagens em nossa vida. Sendo o que somos, nesta encarnação, nossas mágoas e sofrimentos são desgraças que evitaríamos com prazer. Porém, a título de experiência, deixemos essa atitude de lado e presumamos que, por uma determinada razão, nós mesmos criamos essas mágoas, sofrimentos e obstáculos, percebendo que isso se deve às nossas vidas passadas – se é que realmente existiram — e nos tornamos, de certa forma, mais imperfeitos por causa do que fizemos. Afinal de contas, não nos tornamos mais perfeitos ao longo de encarnações sucessivas; quando ofendemos ou prejudicamos alguém, não ficamos mais imperfeitos do que antes? Não apenas do ofendido, mas também tiramos algo de nós mesmos; como em nossa personalidade, nosso valor seria maior se não o tivéssemos feito. Tais ações são marcadas em nosso "placar" e as nossas imperfeições permanecem por causa dessas ações. Se desejarmos reconquistar nosso valor, o que deve acontecer? Devemos compensar a ofensa, colocar no mundo um feito que sirva de contrabalanço, descobrir meios de nos impelir a superar algo. Se pensarmos dessa forma, podemos dizer: "Esses sofrimentos e mágoas, se nós os superarmos, darão forças para superar nossas imperfeições". Podemos progredir por meio do sofrimento.

Na vida normal, não pensamos dessa forma. Viramos as costas ao sofrimento. Porém, também podemos dizer que cada mágoa, cada sofrimento, cada obstáculo da vida deve ser a indicação do fato de termos dentro de nós um homem mais inteligente. Por intermédio de nossa consciência comum, resistimos às mágoas e aos sofrimentos; porém, o homem mais inteligente nos leva em direção a esses sofrimentos, em desafio à nossa consciência, pois, ao superá-los, podemos nos livrar de algo. Inicialmente, esse pode ser um pensamento opressivo, mas que não possui obrigações; se desejarmos, podemos utilizá-lo somente uma vez, como um teste. Dessa forma, seremos levados ao resultado que muitos acreditam ser perturbador, isto é, que esse homem mais inteligente sempre nos guia para aquilo de que não gostamos. Suponhamos: há, dentro de nós, um homem mais inteligente que nos guia para aquilo de que não gostamos para que possamos progredir.

Vamos fazer algo mais. Tomemos nossas alegrias, vantagens e felicidades e digamos a nós mesmos, novamente, como um teste: "Como seria se você devesse conceber a idéia – desprezando, em determinado aspecto, como ela concorda com a realidade – de que simplesmente não mereceu toda essa felicidade, todas essas vantagens; que elas chegaram até você pela graça de poderes espirituais elevados"... Esse pensamento também pode ser um remédio amargo de engolir; porém, se um homem é capaz de formar tal pensamento em sua mente de sentimentos com toda intensidade, este o leva ao sentimento básico (novamente, ele se modifica a ponto de se corrigir se estiver incorreto). Habita, dentro de você, algo mais profundo do que tudo o que, conscientemente, já experimentou; um homem mais inteligente que se volta aos poderes espirituais divinos e eternos, que permeiam o mundo. Então, torna-se uma certeza interna que, por trás do exterior, há uma individualidade interior mais elevada. Por meio desses exercícios de pensamento, tornamo-nos conscientes do centro eterno e espiritual de nosso ser. Isso é de extrema importância. Temos, novamente, algo que somos capazes de continuar.

Em todos os aspectos, a Antroposofia pode ser um guia, não apenas em direção ao conhecimento da existência de outro mundo, mas também com relação a sentir-se um cidadão do outro mundo, com uma individualidade que passa por sucessivas encarnações.

Desejos da alma germinam,
Os feitos do desejo são prósperos,
Os frutos da vida amadurecem.

Sinto meu destino: meu destino me encontra,
Sinto minha estrela: minha estrela me encontra,
Sinto meus objetivos: meus objetivos me encontram.

Minha alma e o mundo são um só,

A vida torna-se mais radiante,
A vida torna-se mais árdua para mim,
A vida torna-se mais rica em mim.

3. O GUARDIÃO DO PORTAL

As importantes experiências que marcam a ascensão de um estudante a mundos mais elevados incluem seu encontro com o guardião do portal. No sentido exato, não há apenas um, mas dois: um "menor" e um "maior". Encontra-se o menor quando os fios que ligam vontade, pensamento e sentimento começam a se soltar dos corpos mais refinados (o astral e o etéreo). Encontra-se o maior guardião do portal quando o rompimento da conexão se estende às partes físicas do corpo, em primeiro lugar, ao cérebro. O menor guardião é um ser independente. Ele não se torna presente para uma pessoa até que ela tenha alcançado o nível correspondente de desenvolvimento. Somente algumas de suas características mais importantes podem ser indicadas nessa fase.

Agora, será feita uma tentativa para descrever, de forma narrativa, o encontro do estudante esotérico com o guardião do portal. Por meio disso, ele, inicialmente, ficará ciente de que o pensamento, o sentimento e a vontade libertaram-se de sua conexão inerente. Um ser espectral realmente terrível postase diante do estudante. Ele precisa de toda presença de mente e confiança na segurança de seu caminho do conhecimento, a qual pôde adquirir, de forma suficiente, no decorrer de seu treinamento. O guardião proclama seu significado mais ou menos como a seguir:

"Até aqui, poderes invisíveis o dominaram, asseguraram o curso de sua vida, cada uma de suas boas ações teve a recompensa, e cada uma de suas más ações teve os maus resultados. Por meio de sua influência, seu caráter foi formado pelas experiências de vida e por seus pensamentos. Eles criaram seu destino. Eles determinaram a quantidade de alegria e de dor distribuídas a você em uma de suas encarnações, de acordo com sua conduta em vidas anteriores. Eles o governaram como a lei do carma que abrange a todos. Esses poderes, agora, irão libertá-lo de uma parte de suas limitações. Você mesmo deve tomar para si o trabalho que lhe foi feito até aqui. Muitas vezes, um forte golpe do destino o fez ficar preso ao passado. Você não sabia por quê. Cada elemento foi o resultado de uma ação prejudicial no decorrer de uma de suas vidas passadas. Você encontrou a alegria e a satisfação e as aceitou da forma como vieram. Elas também eram frutos de feitos anteriores. Você criou ambas por meio de experiências e pensamentos anteriores. Elas eram, até agora, desconhecidas; somente seus efeitos se manifestavam. Entretanto, os poderes cármicos observaram todos os seus feitos em vidas anteriores, assim como os seus pensamentos e sentimentos mais secretos. Eles foram determinados de acordo com o que você deveria ser e como vive agora.

"Porém, agora, o lado bom e o lado ruim de suas vidas passadas devem ser-lhe revelados. Até agora, eles estavam entrelaçados com seu próprio ser; estavam em você e você não podia vê-los, assim como não pode ver seu cérebro fisicamente. Agora, eles se separaram de você, destacaram-se de sua personalidade. Assumem uma forma independente que você pode ver, assim como as pedras e as plantas no mundo exterior. Eu mesmo sou o ser que criou um corpo a partir de suas ações nobres e más. Minha forma espectral é tecida a partir de seu livro de contas.[8] Até agora, você me fez nascer invisivelmente dentro de si. Mas foi bom para você ter sido dessa forma. Pois a sabedoria de seu destino oculto também trabalhou em seu interior até agora no esquecimento das falhas imperdoáveis de minha forma. Agora que me apresento diante de você, aquela sabedoria oculta também o deixou. Ela não vai mais tomar conta de você. Ela vai deixar o trabalho somente em suas mãos. Devo tornar-me um ser perfeito e glorioso para que não me transforme em uma presa da corrupção. Se isso ocorrer, eu o levarei para um mundo escuro e corrompido. Agora, sua própria sabedoria deve, se deseja evitar isso, ser tão grande que possa responsabilizar-se pela tarefa daquela sabedoria oculta que se separou de você. Quando cruzar meu portal, nunca mais sairei do seu lado como forma visível. E, no futuro, quando pensar ou agir de forma incorreta, perceberá sua culpa como uma distorção imperdoável e demoníaca de minha forma. Somente quando você tiver corrigido todas as suas más ações e, conseqüentemente, estiver tão purificado que esse mal se tornará praticamente impossível, meu ser será transformado em beleza radiante. Então, eu também serei capaz, novamente, de me reunir com você como um único ser, para o bem de suas atividades futuras. Meu portal está emoldurado por todo sentimento de medo que permanece em você e por toda falta de força de vontade para assumir todos os seus pensamentos e ações. Também há em você um traço de medo de tornar-se o guia de seu destino, na mesma proporção em que falta ao portal o que nele deve ser construído. Assim como uma simples pedra que falta, você deverá permanecer nesse portal silenciosamente; ou ainda, falhando. Procure não cruzar esse portal até se sentir totalmente livre do medo e pronto para uma responsabilidade maior.

---

8. Em *Ciência Oculta*, Steiner diz que o duplo pode ser chamado corretamente de guardião do portal.

"Até aqui, apenas emergi de sua própria personalidade quando a morte lhe fez lembrar de uma vida passada. Mesmo assim, minha forma era velada. Somente os poderes do destino que o governavam podiam me observar; e os intervalos entre a morte e um novo nascimento poderiam construir em você, e de acordo com minha aparência, a força e a capacidade com as quais poderia trabalhar em uma nova vida terrena no embelezamento de minha forma, por seu benefício e progresso. Também era eu, cuja imperfeição sempre forçava os poderes do destino a levá-lo a uma nova encarnação na Terra. Estava presente em sua morte e foi sob minha ordem que os senhores do carma solicitaram seu renascimento. Somente se, por meio de vidas terrenas recorrentes, houvesse, inconscientemente, me transformado em completa perfeição, você não cairia nos poderes da morte, e teria se unificado totalmente comigo e passado à imortalidade comigo.

Esse reino que agora você adentra fará com que conheça seres de uma natureza supersensível. A felicidade será plena. Porém, eu devo ser seu primeiro conhecido nesse mundo, e eu sou sua própria criação. Anteriormente, eu vivia sob sua vida, mas agora, por seu intermédio, despertei para uma existência distinta; dessa forma, posto-me diante de você como o padrão visível de seus feitos futuros. Talvez até mesmo como sua repreensão. Você poderia ter me criado, porém, ao fazê-lo, teria a responsabilidade de me transformar."

O que foi indicado aqui, de forma narrativa, não deve ser entendido como uma alegoria, mas como uma experiência da mais alta realidade possível para um estudante esotérico.[9] O guardião deve alertá-lo para não dar um passo adiante, a não ser que ele sinta em si a força para cumprir as demandas contidas no discurso anterior. Entretanto, a forma assustadora assumida pelo guardião é apenas o efeito da própria vida passada do estudante, seu próprio caráter desperto para uma existência independente. Esse despertar ocorre pela separação da vontade, do pensamento e do sentimento. Sentir, pela primeira vez, que uma pessoa, por si só, chamou à existência um ser espiritual é uma experiência com muito significado. A preparação do estudante esotérico deve ter seu objetivo em habilitá-lo a enfrentar a terrível visão sem um traço de timidez e, no momento do encontro, sentir toda a sua força tão aumentada que ele pode tomar para si o fardo de embelezar o guardião com total conhecimento.

---

9. N. A.: Será compreendido que o "guardião do portal" é uma figura astral, que se manifesta aos estudantes esotéricos despertos e com visão avançada. A ciência espiritual leva a esse encontro. É uma prática de magia inferior fazer com que o guardião também seja visível aos sentidos físicos. Tais fenômenos físicos não são mais necessários para alguém suficientemente preparado para uma visão mais elevada. Além disso, qualquer um que, sem preparação adequada, visse esse carma não resgatado como uma criatura fisicamente viva correria o risco de desviar para atalhos do mal. *Zanoni*, de Bulwer Lytton, contém, na forma de romance, uma descrição do guardião do portal.

Se tiver sucesso, esse encontro com o guardião resulta na próxima morte física do estudante sendo totalmente diferente da que ele já conhecia. Ele experimenta a morte de forma consciente, deixando de lado o corpo físico, como um enfeite jogado fora ou talvez que tenha se tornado inútil após um repentino aluguel. Portanto, sua morte física é de extrema importância somente para aqueles que viviam com ele e cuja percepção ainda está restrita ao mundo dos sentidos. Para os outros, o estudante "morre", mas, para ele, nada importante muda em todo esse ambiente. Todo o mundo supersensível no qual entrou estivera aberto para ele antes de sua morte; e esse mesmo mundo o confronta após a morte.

4. DO PRIMEIRO DRAMA DE MISTÉRIO
O PORTAL DA INICIAÇÃO – CENA 2

Um lugar no campo; pedras e riachos. Toda a redondeza deve ser pensada como o interior de Johannes Thomasius; o que se segue é o conteúdo de sua meditação.

Os sons dos riachos e das rochas:
"Ó Homem, conhece-te a ti mesmo!"

JOHANNES
Ouvi, durante muitos anos,
essas palavras de sentido pesado.
Elas chegam a mim pelo ar e pela água
e ressoam pelas fundações da Terra.
E, como em seu pequeno fruto
está secretamente escondida a estrutura do poderoso carvalho,
assim como está contido no poder *dessas* palavras
todo o meu pensamento pode compreender
sobre a natureza dos elementos,
almas e espíritos, tempo e eternidade.
O mundo e meu próprio ser
vivem nas palavras
"Ó Homem, conhece-te a ti mesmo".
(*Os sons dos riachos e das rochas:*
"Ó Homem, conhece-te a ti mesmo!")
E agora, o que há em mim
torna-se assustadoramente vivo.
Ao meu redor trança-se a escuridão,
dentro de mim boceja a noite,
da escuridão da noite ressoam,
da escuridão da alma ressoam,
"Ó Homem, conhece-te a ti mesmo!"

(*Os sons dos riachos e das rochas:*
"Ó Homem, conhece-te a ti mesmo!")
Fico sem ser
Me altero com as horas do dia
e me transformo à noite.
A Terra persigo em seu curso cósmico.
Retumbo no trovão –
Brilho dentro do relâmpago –
Eu sou – assim, oh! eu me sinto
já sendo separado.
Vejo a casca de meu corpo,
é um ser estrangeiro no exterior,
remoto para mim.
Outro corpo flutua próximo;
e devo falar com sua boca:
"Ele me trouxe uma miséria amarga.
Depositei nele toda a minha confiança.
Ele me deixou sofrendo sozinho,
roubou-me do calor da vida
e me empurrou em direção à terra fria".
Ela, a quem deixei, pobre alma,
Agora, eu era ela.
Deveria passar por suas provas.
O conhecimento me emprestou poder
para ser eu mesmo em outro ser.
Ó mundo cruel!
Sua luz apagada por sua própria força –
"Ó Homem, conhece-te a ti mesmo!"
(*Os sons dos riachos e das rochas:*
"Ó Homem, conhece-te a ti mesmo!")
Você me leva de volta
ao círculo de meu ser.
Mas como vejo a mim mesmo?
A forma humana se perdeu para mim,
Vejo a mim mesmo como um dragão estendido
criado a partir da cobiça e da ambição.
Claramente, posso sentir
como uma forma nevoenta de ilusão
escondeu-se de mim até agora,
minha própria forma grotesca.
A fúria de meu ser deve me devorar.
Correndo como fogo
pelas minhas veias, sinto aquelas palavras

que, até aqui, com poder primário
revelaram as verdades das terras e sóis.
Elas vivem em meu pulsar,
batem em meu coração,
e, mesmo em meus pensamentos, sinto
os mundos alienígenas se acenderem como campos indistintos.
Esta é a colheita das palavras
"Ó Homem, conhece-te a ti mesmo".
(Os sons dos riachos e das rochas:
"Ó Homem, conhece-te a ti mesmo!")
Do abismo escuro
que criatura me observa?
Sinto as correntes
que me mantêm preso a você.
Prometeu não foi atado
à pedra do Cáucaso tão rápido
como estou atado a você.
Quem é você, ameaçadora criatura?
(Os sons dos riachos e das rochas:
"Ó Homem, conhece-te a ti mesmo!")
Ó, posso conhecê-lo agora.
Sou eu mesmo.
O conhecimento me une a você, *monstro mortífero,*
(Maria entra, inicialmente, sem que Johannes perceba)
Eu, o *monstro mortífero!*
Eu tentei escapar de você,
e os mundos me cegaram
para onde fugi estupidamente
para me libertar de mim mesmo.
Cego estou, na alma cega, novamente.
"Ó Homem, conhece-te a ti mesmo!"
(Os sons dos riachos e das rochas:
"Ó Homem, conhece-te a ti mesmo!")
(JOHANNES, como se indo em direção a si mesmo, vê Maria...)

V

EXPERIÊNCIAS DE CRISTO

1. UMA PRIMEIRA EXPERIÊNCIA DE RESSURREIÇÃO

Antes de descermos à Terra, vivemos uma vida de alma e espírito. Mas, daquela vida em total realidade de alma e espírito da preexistência, temos, aqui na Terra, somente nossos pensamentos, conceitos e imagens mentais. Eles estão em nossa alma, porém, de que forma?... Quando, por meio da visão da iniciação, olhamos para nossa própria alma, observamos os pensamentos que, hoje, temos entre o nascimento e a morte, os pensamentos da ciência moderna, sabedoria moderna, e os reconhecemos – esses pensamentos são o corpo do que fomos antes de descer à Terra. Assim como o corpo morto é, para o ser humano, na completude da vida, também são nossos pensamentos sobre o que fomos em alma e espírito antes de virmos para a Terra. Isso é o que o iniciado pode experimentar, é um fato; não é algo expresso por sentimentos, e sim que vem antes da alma, que está ativa, com grande intensidade, no conhecimento. Não se trata do que o sonhador místico e sentimental diz, aquele que busca a experiência nas profundezas escuras e místicas de seu ser.

Aqueles que passam pelos portais da iniciação descobrem esses pensamentos em sua alma, e o fato de não estarem vivos torna sua liberdade possível; eles formam toda a base da liberdade humana, pois não têm poder de forçar, estão mortos. O homem pode se tornar um ser livre em nossos tempos porque ele não tem de lidar com os pensamentos vivos, e sim com os mortos. Porém, é por meio de toda tragédia dos mundos que experimentamos esses pensamentos como o corpo da alma. Antes de a alma descer à Terra, tudo o que hoje é um corpo era vivo e cheio de movimento. Nos mundos espirituais supersensíveis, moviam-se as almas humanas que haviam passado pela morte e agora viviam no mundo espiritual, ou as que ainda não haviam descido à Terra, bem como os seres da divina hierarquia que estão acima da humanidade e os seres eternos que sustentam a natureza. Lá, tudo na alma era vivo, enquanto aqui a alma possui sua herança dos mundos espirituais e o pensamento está morto.

Assim, se como alunos modernos da iniciação nos permearmos com Cristo, que manifestou Sua vida no mistério do Gólgota, se compreendermos profundamente, em sua essência, as palavras de São Paulo: "Não eu, mas Cristo em mim", então Cristo nos guiará até mesmo pela sua morte. Então, penetramos na natureza com nossos pensamentos e, conforme o fazemos, Cristo nos acompanha em espírito. Ele afunda nossos pensamentos na sepultura da natureza — pois, à medida que nossos pensamentos morrem, a natureza realmente se torna sepultura. Se, com esses pensamentos mortos, nos aproximarmos dos minerais, dos animais, do mundo das estrelas, das nuvens, das montanhas e dos lagos, acompanhados por Cristo, de acordo com a sentença "Não eu, mas Cristo em mim", experimentaremos uma iniciação moderna, quando mergulharemos no cristal de quartzo e o pensamento morto elevar-se-á, novamente, como se estivesse vivo pelo cristal de quartzo, por toda a natureza. A partir de seu túmulo mineral, o pensamento irá ressurgir como algo vivo. O mundo mineral permite que o espírito renasça em nós. E, assim como Cristo nos guiou pelo mundo vegetal por todas as partes, onde somente nossos pensamentos mortos poderiam vagar, os pensamentos vivos surgem.[10]

Na verdade, deveríamos nos sentir doentes quando saímos na natureza ou ao observarmos o Universo estrelado com a mera visão calculista do astrônomo e afundarmos nossos pensamentos mortos no mundo; seria uma doença mortífera. Porém, se deixarmos que Cristo seja nossa companhia, se formos acompanhados por Ele, levaremos nossos pensamentos mortos para o mundo das estrelas, do Sol, da Lua, das nuvens, das montanhas e dos rios, dos minerais, das plantas e dos animais e todo o mundo físico do homem; então, em nossa visão da natureza, tudo se torna vivo e surge, de toda a criação, como se saindo de um túmulo, o espírito vivo e curativo que nos acorda da morte, o Espírito Santo. Sentimo-nos acompanhados por Cristo com tudo aquilo que experimentamos até aqui como a morte ressuscitada. Sentimos o Espírito vivo e curativo falando conosco por todas as criaturas do mundo.

---

10. Veja também o Capítulo 8.1 – O Ato de Saber – e o Capítulo 9.3 – O Pensamento Orgânico como Percepção Supersensível.

Esses elementos devem ser reconquistados em reconhecimento espiritual na nova ciência da iniciação. Em seguida, devemos tomar o mistério do Gólgota como o significado de toda existência na Terra; precisamos saber como, nesta era, quando a liberdade humana deve evoluir por meio dos pensamentos mortos, necessitamos ser guiados por Cristo para o conhecimento da Natureza. Devemos saber como Cristo não apenas colocou Seu destino sobre a Terra, em Sua morte, que formou parte do mistério do Gólgota, mas também como Ele deu à Terra a poderosa liberação do Pentecoste, no qual Ele prometeu à humanidade da Terra o espírito vivo que, com Sua ajuda, pode surgir de todas as coisas na Terra. Nosso conhecimento permanece morto – de fato, é um pecado – até que sejamos despertos por Cristo a ponto de que, de toda a natureza e toda a existência no Cosmos, o Espírito vivo fale conosco novamente.

Não se trata de uma fórmula criada pela inteligência humana, a trindade do Pai, do Filho e do Espírito Santo. Trata-se de uma realidade, profundamente ligada com toda a evolução do Cosmos; ela se torna, para nós, um conhecimento vivo, e não morto, quando trazemos à vida, dentro de nós, o Cristo que, como o Renascido, é o portador do Espírito Santo.

Então, entendemos como é uma doença se não podermos ver o divino onde nascemos; o homem deve estar implicitamente doente por ser ateu, pois ele só é saudável se toda a sua natureza física está focada para que sinta, dentro de si, *Ex Deo Nascimur* (nascemos de Deus) como a síntese de sua própria existência. É um golpe do destino se, nesta vida terrena, o homem não encontra Cristo, que pode guiá-lo pelos mortos, que ficam no fim do caminho da vida, e pelo conhecimento. Porém, se sentimos *In Christo Morimur* (morremos em Cristo), também sentimos o que procura nos aproximar por meio da liderança de Cristo. Sentimos como o Espírito vivo ressuscita em todas as coisas, até mesmo nesta vida terrena. Sentimo-nos vivos novamente nesta vida na Terra e olhamos pelo portal da morte, pelo qual Cristo nos guia; observamos a vida além da morte e sabemos por que Cristo nos enviou o Espírito Santo. Pois podemos nos reunir ao Espírito Santo ainda na Terra se nos permitirmos ser guiados por Cristo; devemos dizer, com certeza: "Morremos em Cristo" quando passamos pelo portão da morte.

Nossa experiência aqui na Terra, com o conhecimento do mundo natural, é de fato uma profetização do futuro. O que seria uma ciência morta será ressuscitada pelo Espírito vivo. Portanto, podemos dizer também, quando a morte do conhecimento é substituída pela morte real, que leva nosso corpo: tendo compreendido "Nascemos de Deus, Pai" e "Morremos em Cristo", podemos dizer ao observar o portão da morte: "Somos despertos pelo Espírito Santo": *Per Spiritum Sanctum Reviviscimus*.

Tanto quanto você sente a dor
Da qual sou poupado,
Cristo é desconhecido
Trabalhando no mundo.
Pois o espírito ainda é fraco,
Enquanto cada um somente pode sofrer
Pelo seu próprio corpo.

2. SE NÃO VOS CONVERTERDES...

A passagem de um indivíduo por sucessivas encarnações é importante para a evolução coletiva da humanidade. Isso tem avançado ao longo de sucessivas vidas no passado e continua ocorrendo; paralelamente, a Terra também se move para a frente em sua evolução. Chegará um dia em que a Terra alcançará o fim de seu curso. Então, o planeta terreno deverá se transformar em entidade física a partir da totalidade das almas humanas, assim como o corpo humano se torna espírito após a morte, quando a alma, para continuar vivendo, adentra o reino espiritual que lhe servirá entre a morte e o renascimento. Quando tudo isso é percebido, deverá parecer o mais alto ideal do homem, de ter progredido o suficiente na morte da Terra para ser capaz de colher todos os benefícios possíveis que podem ser obtidos pela vida na Terra.

Agora, as forças saem do organismo da Terra porque o homem não pode suportar as forças que trabalham sobre si em sua infância. Quando essa Terra se distanciar dele, um homem deve ter progredido o suficiente, caso tenha mantido seu objetivo, para ser capaz de dar a si mesmo todos os poderes que agiram sobre si durante a infância. Portanto, o objetivo da evolução ao longo de sucessivas vidas terrenas é, gradualmente, fazer com que todo o indivíduo, incluindo a parte consciente, seja uma expressão dos poderes que o governam sem seu conhecimento sob a influência do mundo espiritual durante seus primeiros anos de vida.

O pensamento que toma conta da alma após tais reflexões deve enchê-la de humildade, e também com uma consciência da dignidade do homem. Esse é o pensamento: o homem não está sozinho. Algo vive dentro dele e faz com que ele prove, constantemente, que pode superar o que já está crescendo dentro dele além de si, e continuará agindo assim vida após vida. Esse pensamento pode assumir uma forma cada vez mais definida; então, responderá por algo extremamente suave e motivador, ao mesmo tempo, preenchendo a alma com a humildade e a modéstia correspondentes. O que o homem possui em si dessa forma? Certamente, um ser humano mais elevado e divino por meio do qual pode sentir-se interpenetrado, dizendo a si mesmo: "Ele é meu guia em mim".

A partir desse ponto de vista, não demora muito para alcançarmos o pensamento com o qual, por todos os meios em nosso poder, devemos nos esforçar para estar em harmonia em nosso ser, que é mais inteligente do que consciente. Devemos ser mencionados do *eu* diretamente consciente para um *eu* estendido, na presença do qual todo orgulho falso e toda presunção serão subjugados e extintos. Esse sentimento evolui para outro, que abre caminho para uma compreensão acurada da forma como o homem é imperfeito atualmente; e esse sentimento leva ao conhecimento de que o homem pode tornar-se perfeito se a espiritualidade que o governa tiver permissão de possuir a mesma relação com sua consciência, como criada em sua infância, e a vida inconsciente de sua alma.

Por isso, é comum acontecer que a memória não retorne até antes dos quatro anos de vida de uma criança. É possível, no entanto, dizer que a influência da esfera espiritual superior no sentido acima permanece nos três primeiros anos de vida. Quando esse período termina, uma criança torna-se capaz de conectar suas impressões do mundo exterior às idéias de seu ego... Pode ser permitido que aqueles poderes elevados que guiam um ser humano em seus primeiros anos de vida operem por três anos; portanto, o homem é organizado de tal forma nessa época, que *somente* por três anos é capaz de receber essas forças...

Suponha, agora, que um organismo humano venha ao mundo e, mais tarde em sua vida, seja libertado de seu ego pela ação de certos poderes cósmicos, recebendo, em troca, o ego que normalmente opera no homem durantes seus três primeiros anos de vida, e que estaria em conexão com os mundos espirituais nos quais o homem existe entre a morte e o renascimento: quanto tempo essa pessoa seria capaz de viver em um corpo terreno? Aproximadamente três anos. Pois, no final desse período, algo ocorreria por meio do carma cósmico e destruiria o organismo humano em questão.

O que se está supondo aqui, no entanto, é um fato histórico. O organismo humano que esteve no rio Jordão, no batismo por João, quando o ego de Jesus de Nazaré deixou os três corpos, após o batismo, em completo desenvolvimento consciente, aquele *eu* mais elevado da humanidade, que geralmente trabalha com sabedoria cósmica em uma criança sem seu conhecimento. Ao mesmo tempo, surgiu a necessidade de esse *eu*, que estava em conexão com o mundo dos espíritos elevados, viver somente por três anos no organismo envolvido. Então, os eventos deveriam ocorrer nesse curto período durante a vida terrena. Os eventos externos na vida de Jesus Cristo devem ser interpretados como absolutamente condicionados pelas causas interiores e apresentados como a expressão exterior dessas causas. Essa é a conexão mais profunda com aquilo que é o guia do homem na vida, passando por nossa infância como o amanhecer e sempre trabalhando sob a superfície de nossa consciência como nossa melhor parte, aquela que, uma vez, adentrou o todo da evolução humana para que ela durasse três anos no corpo humano.

O que é manifestado naquele ego "mais elevado", que está em conexão com as hierarquias espirituais, e adentrou o corpo de Jesus de Nazaré? Essa entrada foi simbolicamente representada pelo espírito descendo em forma de pomba e pelas palavras "este é meu Filho, hoje nós O geramos" (assim eram os dizeres originais). Se fixarmos nosso olhar nessa figura, contemplaremos o maior dos ideais humanos. Ele significa nada menos que a história de Jesus de Nazaré é a confirmação desse ato: Cristo pode ser reconhecido em todo ser humano...

O reconhecimento das forças que trabalham na natureza humana durante a infância é o reconhecimento de Cristo no homem. Surge a seguinte questão: o reconhecimento leva a uma percepção futura do fato de que esse Cristo já tenha vagado pela Terra em um corpo humano? Sem apresentar documento, essa questão pode ser respondida afirmativamente. Pois o conhecimento clarividente genuíno do *eu* leva o homem de hoje em dia a reconhecer que os poderes devem ser descobertos na alma humana que emana de Cristo. Esses poderes estão trabalhando durante os três primeiros anos de vida, sem ação por parte do homem. Mais tarde, eles *podem* ser acionados se Cristo for buscado na alma por meio de meditação. O homem nem sempre foi capaz, como é atualmente, de encontrar Cristo dentro de si. Houve tempos em que a meditação não podia levá-lo a Cristo. Percebemos isso por meio da percepção clarividente. No intervalo entre o passado, quando o homem não era capaz de buscar Cristo dentro de si, e o presente, quando ele pode encontrá-Lo, ocorreu a vida terrena de Cristo. Essa vida é a causa de o homem ser capaz de encontrar Cristo dentro de si da maneira apontada. Portanto, para a percepção clarividente, essa vida terrena de Cristo pode ser provada sem registros históricos.

Alguém pode pensar que Cristo disse: "Serei tal ideal para os seres humanos que, elevado ao nível espiritual, lhes mostrarei o que preenche cada corpo humano". Em sua infância, o homem aprende com o espírito como andar fisicamente, isto é, o espírito mostra o *caminho* ao longo da vida. Com o espírito, ele aprende a falar, isto é, a formar a *verdade*. Em outras palavras, ele desenvolve a essência da verdade a partir do som nos seus três primeiros anos de vida. A própria *vida* que o homem tem na Terra, como um ser egocêntrico, obtém seu órgão vital por meio do que é formado nos primeiros três anos. Portanto, o homem aprende a andar, a encontrar o caminho; ele passa a apresentar a verdade por meio de seu organismo e a criar vida a partir do espírito por meio da expressão de seu corpo. Parece não haver outra reinterpretação mais significativa para as palavras "Se não vos converterdes e não vos fizerdes como crianças, de modo algum entrareis no reino dos céus". Muito importante é o dizer em que o ser egocêntrico de Cristo se expressa: "Eu sou o Caminho, a Verdade e a Vida". Assim como, desconhecidas para a criança, as forças do espírito elevado estão entalhando seu organismo para tornar-se a expressão corpórea do caminho, da verdade e da vida, o espírito do homem, quando permeado pelo Cristo, torna-se gradualmente o veículo *consciente* do caminho, da verdade e da vida. O homem coloca-se no curso de seu desenvolvimento terreno com a força que o equilibra quando, criança, ele é inconscientemente seu veículo.

Esses dizeres sobre o caminho, a verdade e a vida são capazes de abrir as portas da eternidade. Ressoam ao homem das profundezas de sua alma, se seu autoconhecimento for verdadeiro e real.

3. DOIS CAMINHOS PARA CRISTO ATUALMENTE

Aqueles que se esforçam no caminho da ciência espiritual são levados a perguntar: como encontro o verdadeiro caminho para o ser único e divino que pode ser chamado Cristo? Meramente nascendo e vivendo com uma vida da alma que siga o desenvolvimento costumeiro do nascimento à morte, não temos qualquer persuasão para ir ao encontro de Cristo, não importa quão espirituais sejamos...

A iniciativa de tomar o caminho para Cristo, mesmo sendo um impulso que nasce de um sentimento obscuro, deve partir de nós mesmos... Qualquer um que tenha se desenvolvido normal e saudavelmente não pode negar a Deus, pois é um absurdo pensar que o organismo humano saudável possa ter outra origem divina... Porém, essa divindade generalizada que em nossa falsidade interior é chamada de Cristo pelos pastores modernos não é Cristo.

Somente chegamos a Cristo – e, aqui, refiro-me ao presente imediato – se formos além das condições costumeiras de saúde impostas pela Natureza. O mistério do Gólgota foi promulgado na Terra porque a humanidade não teria sido capaz de manter um *status* humano de valor sem ele. Portanto, não devemos meramente descobrir nossa natureza humana entre o nascimento e a morte: precisamos redescobri-la, se devemos ser cristãos no sentido estrito da palavra, capazes de nos postar próximos a Cristo. Devemos nos esforçar para a honestidade interna e dizer: "Desde o mistério de Gólgota, não nascemos livres de preconceito em nosso mundo de pensamento; todos nascemos com alguns preconceitos". A libertação do preconceito, a meu ver, é algo que devo atingir durante a vida. E como posso atingi-la? O único caminho é: em vez de me interessar somente pelo que eu penso e por aquilo que *eu* considero correto, devo desenvolver um interesse altruísta sobre cada opinião que encontrar, não importa quanto ainda acredite que seja incorreta. Quanto mais um homem orgulha-se das opiniões dogmáticas e só se interessa por elas, mais longe ele fica, nesse período da evolução, de Cristo. Quanto mais desenvolve um interesse social sobre as opiniões de outros homens, mesmo que as considere errôneas, mais luz ele recebe em seu próprio pensamento a partir das opiniões dos outros, mais faz para cumprir, em sua alma, um dizer de Cristo que, hoje, deve ser interpretado como a nova linguagem de Cristo.

Cristo disse: "Sempre que o fizestes a um desses meus irmãos, mesmo dos mais pequeninos, a mim o fizestes". Cristo nunca cessa de revelar-Se novamente para os homens – até mesmo em direção ao fim da vida terrena! Portanto, Ele fala, hoje, àqueles que querem ouvir: "O que quer que seus irmãos pensem, você deve reconhecer que penso nele; e adentro seu sentimento sempre que você traz o pensamento de outro em relação ao seu, quando sente um interesse fraternal pelo que se passa na alma do outro. Qualquer que seja a opinião, a forma da vida, descobrirá, no menor de seus irmãos, que está buscando a Mim". Dessa forma, o Cristo, que deseja revelar-Se de uma nova forma aos homens deste século, fala para nosso pensamento... Se não vir a mim mesmo como a fonte de tudo o que penso, mas me reconhecer nas profundezas de minha alma como membro da comunidade humana, então, queridos amigos, um caminho para Cristo estará aberto. Isso deve ser caracterizado como *o caminho para Cristo por meio do pensamento*. Uma autopreparação cuidadosa a fim de ganharmos uma real percepção para estimarmos os pensamentos dos outros e corrigirmos o preconceito em nós – devemos encarar esta como uma das tarefas importantes da vida.

A outra forma é por meio da vontade. Aqui, muitas pessoas estão viciadas em um caminho falso. A juventude ainda mantém um certo idealismo, mas a humanidade está seca e sem imaginação, orgulhosa do que é normalmente chamado de praticidade; porém, trata-se apenas de estreiteza. A humanidade, atualmente, não encontra utilidade nos ideais criados a partir da fonte do espírito. A juventude ainda possui esses ideais. A vida das pessoas mais velhas nunca foi tão diferente da juventude como é hoje. A falta de compreensão entre o ser humano é, por toda parte, uma grande marca de nossos tempos... Devemos tentar compreender a juventude por meio de seu idealismo; tudo está muito bem, mas hoje os esforços são feitos para levar esse idealismo para longe da juventude, privando-a da educação criativa que é trazida pelas lendas e pelos contos de fadas, por tudo aquilo que a distancia das secas percepções externas. Não será tão fácil, da mesma forma, privar a juventude de todo o seu idealismo jovem, natural e original! Mas o que é isso? É algo grande e bonito, mas não deve ser auto-suficiente, pois, de fato, está ligado ao *Ex Deo Nascimur*, com o aspecto divino de Jeová; e é isso que não deve permanecer suficiente, agora que o mistério do Gólgota foi promulgado na Terra.

Algo mais é solicitado: o idealismo deve advir do desenvolvimento interno, da auto-educação. Devemos cuidar para que algo mais seja alcançado; precisamente, um *idealismo alcançado*: não apenas aquele que advém dos instintos e do entusiasmo da juventude, mas que seja nutrido, conquistado pela iniciativa de alguém. A iniciativa auto-adquirida não irá sumir com o passar da juventude; ela abre o caminho para Cristo porque é adquirida durante a vida entre o nascimento e a morte. Sinta a grande diferença entre o idealismo da juventude e o que advém quando alguém se apodera da vida do espírito e pode ser desperto novamente, pois fizemos dele parte de nossa alma, independentemente da existência do corpo. Esse é *o caminho para Cristo por meio da vontade*.

Não pergunte por caminhos abstratos para Cristo; indague por caminhos concretos! Se você cultivar esse idealismo, ou introduzi-lo na educação dos jovens, terá algo que inspira os homens a não apenas fazer o que o mundo externo os compele, mas inspira-os a realizar mais, a agir com o espírito. Então, agimos de acordo com as intenções de Cristo, que não desceu dos mundos superiores à Terra meramente para alcançar objetivos terrenos, mas para realizar os objetivos supraterrenos. Devemos crescer com Ele somente se cultivarmos o idealismo em nós mesmos, para que Cristo, que representa o supraterreno na Terra, possa trabalhar conosco. Somente no idealismo conquistado pode haver a intenção dos dizeres de Paulo sobre Cristo: "Não eu, mas Cristo em mim".

Essas são as duas formas por meio das quais podemos encontrar Cristo. Se as perseguirmos, devemos falar com Cristo como o poder divino ativo em nosso renascimento, enquanto Jeová o é no nascimento. Atualmente, as pessoas devem aprender a fazer essa distinção, pois ela leva ao sentimento social genuíno, ao interesse real por nossos semelhantes. Quem quer que desenvolva um idealismo conquistado em seu interior, também terá amor pela espécie humana... Você pode continuar a pregar o amor, o amor, o amor: isso é mera pregação, simples palavras. Esforce-se para que o homem experimente um renascimento do idealismo, algo que persista pela vida; então, você despertará na alma o amor do homem pelo semelhante e será desprovido do egoísmo com relação a um objetivo que envolva os outros.

Se você seguir esse caminho para a renovação da Cristandade, há uma coisa que certamente experimentará. A partir do pensamento que é internamente tolerante e interessado nos pensamentos dos outros, e pela vontade do renascimento por meio da conquista do idealismo, surge um sentimento engrandecido de responsabilidade por toda ação de uma pessoa... Esse sentimento engrandecido de responsabilidade faz que uma pessoa diga: "Posso justificar isso que faço ou penso não apenas com referências às circunstâncias imediatas e ao ambiente de minha vida, porém sob a luz de minha ciência de pertencer ao mundo espiritual supersensível? Posso justificar, sob a luz de meu conhecimento, que tudo o que faço será inscrito nos registros do espaço com significado eterno, onde funcionará? Oh, torna-se, de forma poderosa, o lar para uns, essa responsabilidade supersensível com relação a todas as coisas! Derruba uma pessoa como um aviso solene, quando alguém procura o caminho de duas vias para Cristo – como se um ser ficasse atrás do outro, olhando por cima de seu ombro e dizendo repetidamente: "Tu não és responsável somente pelo mundo ao teu redor, mas também pelo espiritual-divino, por todos os teus pensamentos e ações".

Mas esse ser que olha por cima de seu ombro, que engrandece e refina nosso senso de responsabilidade e nos coloca em um novo caminho – ele é alguém que nos leva, pela primeira vez, verdadeiramente para Cristo, que passou pelo mistério do Gólgota. Esse caminho de Cristo está intimamente ligado com os impulsos sociais e tarefas mais profundos de nosso tempo.

4. EQUILÍBRIO ENTRE PODERES OPOSTOS

Quando falamos verdadeiramente do espírito? Somos justificados ao falar dele somente quando nos referimos ao espírito como o *criador* do material. O pior tipo de conversa sobre o espírito – mesmo que essa conversa seja, comumente, vista como muito bonita atualmente – é aquela que trata o espírito como em utopia, como se não pudesse ser tocado pelo mundo material. Não; quando falamos do espírito, devemos nos referir àquele que tem o poder de descer diretamente ao material. E, ao falarmos de ciência espiritual, ela deve ser concebida não apenas como estando acima da Natureza, mas como, ao mesmo tempo, uma ciência natural válida. Devemos nos referir ao espírito com o qual o ser humano também possa se unir para capacitar esse espírito, por meio da meditação do homem, a tecer-se até mesmo na vida social. Um espírito de quem alguém fala somente em uma sala de desenho e que gostaria de agradar, por bondade e amor fraterno, um espírito que não possui intenção de se intrometer em nossa vida cotidiana – esse não é o verdadeiro espírito, mas uma abstração humana; e a adoração de tal espírito não é a veneração do espírito real, mas é precisamente a emanação final do materialismo...

Possuímos, na consciência moderna, o sentimento de contraste entre céu e inferno; outros chamam a isso de espírito e matéria. Fundamentalmente, existem diferenças apenas de grau entre o céu e o inferno do camponês e a matéria e o espírito dos filósofos de nossos dias. O real contraste está entre Deus e o Diabo, entre o paraíso e o inferno. As pessoas têm certeza de que o paraíso é bom, e é terrível que os homens o tenham deixado; o paraíso é algo perdido, deve ser buscado novamente; e o diabo é um adversário terrível que se opõe a todos esses poderes relacionados ao conceito de paraíso... As pessoas freqüentemente se vêem dentro desse contraste, sem saber que se esforçar em direção a essa condição de paraíso é tão ruim para o homem, se ele tenciona, logo em seguida, estar lá, quanto seria lutar pelo oposto. Pois, se nosso conceito de estrutura do mundo se parece com aquele descrito por Milton em *Paraíso Perdido*, modificamos o nome de um poder nocivo à humanidade, quando buscado apenas de um lado, para um poder divinamente bom; e o colocamos em contraposição ao que não é o verdadeiro contraste: isto é, o diabo que, na natureza humana, resiste ao bem.

O protesto contra esse ponto de vista deve ser expresso naquele grupo esculpido que deve ser construído na parte leste de nossas construções; um grupo de 9,5 metros de comprimento, em madeira, através do qual, em vez de contrastar Deus e o Diabo, ali é colocado o que deve formar a base da consciência humana no futuro: a trindade, que consiste no luciférico, no que pertence ao Cristo e no arimânico... O homem deve reconhecer que sua verdadeira natureza pode ser expressa somente pela figura do *equilíbrio* — de um lado, ele é tentado a planar além de sua cabeça, isto é, sobre o fantástico, o extático, o falso místico, sobre tudo o que é imaginário: esse é o único poder. O outro é aquele que leva o homem ao materialista, ao prosaico, ao árido e assim por diante. Só compreendemos o homem quando o percebemos, de acordo com sua natureza, esforçando-se pelo equilíbrio entre o luciférico, digamos, de um lado da escala, e o arimânico, do outro lado. O homem deve se esforçar constantemente para estabelecer o equilíbrio entre esses dois poderes: o que gostaria de levá-lo além de si mesmo, e o outro, tendendo a levá-lo abaixo de si mesmo. A civilização espiritual moderna confundiu a qualidade fantástica e extática do luciférico com o divino; de forma que, no que é descrito como o paraíso, é apresentada a descrição do luciférico, e o erro aterrorizante é cometido ao se confundir o luciférico com o divino – pois não é compreendido que o importante é preservar o estado de equilíbrio entre os dois poderes, puxando-nos um em direção ao outro.

Esse fato deve ser, primeiro, esclarecido. Se devemos nos esforçar pelo que é cristão, precisamos saber claramente que esse esforço pode ser feito somente no ponto de equilíbrio entre o luciférico e o arimânico; e que, principalmente, os três ou quatro últimos séculos eliminaram enormemente o conhecimento do ser humano real, tornando esse equilíbrio pouco conhecido. O luciférico foi renomeado como divino em *Paraíso Perdido*, e um contraste é feito entre ele e aquilo que não é mais arimânico, e sim o Diabo moderno, ou matéria, ou algo do gênero.

Portanto, enfaticamente, devemos chamar a atenção ao espírito da civilização moderna, pois é necessário que a humanidade compreenda claramente como chegou a um caminho em declive e pode, novamente, recomeçar a ascender somente por meio do corretivo mais radical. Atualmente, as pessoas gostariam de escapar do ambiente terrestre por meio de uma visão "espiritual". Elas não sabem que, quando o homem foge para um reino espiritual abstrato, ele não encontra o espírito, apenas o reino luciférico. Atualmente, o misticismo, ou Teosofia, é uma busca pela região luciférica. Pelo mero conhecimento do espírito, não se forma a base do esforço atual do homem pelo espiritual...

Essa questão deveria nos preocupar, principalmente, quando direcionamos o olhar aos mundos espirituais: por que nascemos do mundo espiritual para o físico? Porque, aqui na Terra, há coisas a serem aprendidas, a serem experimentadas, que não podem ser suportadas no mundo espiritual. Para podermos experimentar tudo isso, devemos descer ao mundo físico e, a partir daqui, levar aos mundos espirituais o resultado dessa experiência. Para tanto, por causa do mundo espiritual, necessitamos imergir neste mundo físico.

5. A NATUREZA DO AMOR

Suponhamos que trabalhemos, e ganhemos para isso. Também pode ser que nosso esforços não nos traga alegria alguma, pois trabalhamos para pagar nossas dívidas, não pela recompensa. Devemos imaginar que já gastamos o que ganhamos; preferiríamos não ter dívidas, mas devemos trabalhar para pagá-las. Agora, apliquemos essa regra às nossas ações em geral. Em tudo o que fazemos com amor, saldamos dívidas! Visto esotericamente, o que é feito com amor não traz recompensa alguma, mas compensa pelo valor gasto. As únicas ações pelas quais não ganhamos nada no futuro são aquelas que fazemos com puro e genuíno amor. Essa verdade deve ser um choque, e os homens têm sorte de nada saber sobre ela em sua consciência mais elevada. Porém, em seu subconsciente, todos sabem disso, e é por isso que os feitos de amor são tão espontâneos, por isso há tão pouco amor no mundo. O homem sente, instintivamente, que não deve esperar nada no futuro por suas ações de amor. Um estágio avançado de desenvolvimento deve ter sido alcançado antes que a alma possa desfrutar dos feitos de amor, a partir dos quais nada se recebe. O impulso para isso não é forte na humanidade, mas o esoterismo pode ser uma fonte de incentivos poderosos para os feitos de amor.

Nosso egoísmo nada ganha com os feitos de amor, mas o mundo recebe, e muito. O amor é, para o mundo, o que o Sol é para nossa vida exterior. Nenhuma alma poderia viver se o amor partisse do mundo, ele é o Sol moral do mundo. Não seria um absurdo se um homem que adorasse flores desejasse que o Sol fosse embora do mundo? Em termos de vida moral, isso significa que deve ser de nosso interesse que um impulso pelo desenvolvimento do som penetre na humanidade. Para espalhar o amor pela Terra, o máximo possível, para promover o amor – isso é sabedoria.

O que aprendemos com a ciência espiritual? Experimentamos a evolução da Terra, ouvimos sobre o espírito da Terra, sobre as condições da superfície da Terra, sobre o desenvolvimento do corpo humano e assim por diante. Aprendemos a saber, precisamente, sobre as vidas e caminhos na evolução. Quando as pessoas não querem saber nada sobre a ciência espiritual, significa que elas não têm interesse pela realidade; pois, se um homem não deseja saber sobre Saturno Antigo, o Antigo Sol ou a Antiga Lua,[11] então, ele não conhece nada sobre a Terra. Essa falta de interesse no mundo é egoísmo em sua forma mais grotesca. O interesse por toda forma de existência é o dever do homem. Vamos esperar e amar o Sol, com seu poder criativo, seu amor pelo bem-estar da Terra e das almas dos homens! Esse interesse pela evolução da Terra deveria ser a semente espiritual do amor pelo mundo; pois a ciência espiritual sem o amor seria um perigo para

---

11. Veja o Capítulo 2.2 — Níveis de Consciência.

a espécie humana. Mas o amor não deve ser pregado; ele precisa e irá chegar ao mundo por meio da difusão do conhecimento das realidades espirituais.

O amor mediado pelos sentidos é a fonte do poder criativo, daquilo que virá a ser. Sem o amor nato, a matéria não existiria no mundo; sem o amor espiritual, nada espiritual poderia crescer na evolução. Quando praticamos o amor, cultivamos o amor, as *forças criativas* se derramam sobre o mundo. O intelecto fornece razões para isso? As forças criativas devem ter sido derramadas no mundo antes de nossa existência e de nosso intelecto. É verdade que podemos, como seres egoístas, desprover o futuro das forças criativas; porém, não destruiremos os feitos de amor e as forças criativas do passado. A elas devemos nossa existência. A força que temos por causa delas é a medida de nossa dívida com o passado, e qualquer amor que possamos oferecer é o pagamento das dívidas por nossa existência. A partir disso, podemos compreender os feitos de uma pessoa altamente desenvolvida, pois ela ainda tem grandes dívidas. Sua sabedoria está em pagar os débitos com os feitos de amor. O impulso do amor cresce com grande desenvolvimento; somente a sabedoria não é suficiente... Devemos deixar nossos feitos de amor para trás no mundo, onde eles estão inscritos no processo do mundo espiritual. É pelos feitos de um caráter diferente que nos aperfeiçoamos; por nossos feitos de amor, o mundo torna-se mais rico. O amor é o elemento criativo no mundo.

Além do amor, existem duas outras forças no mundo – poder e sabedoria. Podemos falar do mais fraco, do mais forte ou do poder absoluto, da onipotência. O mesmo se aplica à sabedoria... mas o conceito de melhora não pode ser aplicado ao amor. A onipotência é descrita ao ser divino que vive e cresce no mundo? Preconceitos nascidos no sentimento devem ser silenciados: se Deus fosse onipotente, Ele seria responsável por tudo o que acontece, e não haveria liberdade humana! Se o homem pode ser livre, certamente o divino onipotente não está presente. A divindade é onisciente? Como se assemelhar a Deus é o principal objetivo do homem, devemos lutar pela onisciência. Mas, se esse é o tesouro supremo, o vasto abismo deve bocejar a todo momento entre o homem e Deus. O homem deve estar sempre ciente de que se Deus possuísse esse tesouro supremo, Ele o guardaria para o homem. O atributo mais abrangente de Deus não é a onipotência nem a onisciência, é o *amor*, atributo ao qual nenhuma mudança é possível. Deus é amor acima de tudo, amor puro, nascido da própria substância do amor. Deus é amor puro, não sabedoria suprema, não supremo poder. Deus reteve o amor para Si mesmo, mas compartilhou sabedoria com Lúcifer e poder com Ariman, para que o homem pudesse ser livre, para que, sob a influência da sabedoria, ele possa se aperfeiçoar.

O amor é a base de tudo o que é criativo. O progresso é obtido por meio da sabedoria e da força. Vemos, no progresso da humanidade, como o desenvolvimento da sabedoria e da força se modifica, há evolução progressiva. Então, o impulso de Cristo foi derramado de uma vez sobre a humanidade por meio do mistério do Gólgota. O amor não chegou ao mundo gradualmente, ele invadiu a humanidade como um presente da divindade em perfeição completa. Porém, o homem pode receber seu impulso gradualmente... O amor não desperta expectativas no futuro, sejam elas pagamentos de dívidas feitas no passado. Assim foi o mistério do Gólgota na evolução do mundo. A divindade, então, ficou em dívida com a humanidade?

A influência de Lúcifer trouxe um determinado elemento para a humanidade; em conseqüência, algo que o homem possuía foi tirado dele. Esse novo elemento levou a uma descendência contrariada pelo mistério do Gólgota, que tornou possível o pagamento de todas as dívidas. O impulso do Gólgota não chegou para que os pecados que cometêramos durante a evolução pudessem ser perdoados, mas sim para que a humanidade se erguesse contra Lúcifer.

Imaginemos que há um homem que não saiba nada sobre o nome de Jesus Cristo, nada do que é transmitido nos Evangelhos, mas que compreenda a diferença radical entre a natureza da sabedoria, do poder e do amor. Tal homem, embora não conheça nada sobre o mistério do Gólgota, é um cristão no sentido mais verdadeiro...

  Que a graça divina que traz o raio guardião
  Contorne minha alma em expansão,
  Que ela capture
  A força, distribuindo forças por toda a parte.
  Este é seu voto solene:
  Despertar o poder do amor
  Dentro da vida plena,
  Observando o poder de Deus
  Sobre o caminho da vida,
  Trabalhando como Deus trabalharia
  Com tudo o que possui.

VI

PRÓXIMOS EVENTOS

1. MIGUEL E A NOVA CONSCIÊNCIA DE CRISTO

Nos tempos hebreus antigos, que foram uma preparação direta para o mistério do Gólgota, os iniciados hebreus podiam recorrer a Miguel como a revelação exterior de Jeová; portanto, encontramo-nos em posição de recorrer a Miguel – ele, por ser o mensageiro de Jeová, tornou-se o de Cristo – para recebermos dele, durante os próximos séculos, revelações espirituais que nos ajudarão a desvendar cada vez mais o mistério do Gólgota. Aquilo que aconteceu há 2 mil anos e que só foi trazido ao conhecimento por meio das várias denominações cristãs, e as profundezas daquilo que só pôde ser revelado no século XX quando, em vez do conhecimento da ciência espiritual (nosso presente dado por Miguel) vem à tona – isso deveria encher nosso coração dos sentimentos profundos e impenetráveis do nosso tempo. Durante as últimas décadas, uma porta foi aberta para que a compreensão chegasse a nós.

Miguel pode nos trazer uma nova luz espiritual, a qual devemos observar como uma transformação da luz dada por ele na época do mistério do Gólgota. Os homens devem postar-se sob essa luz. Se formos capazes de sentir isso, poderemos compreender o completo significado da nova era que está por vir nos próximos séculos. De fato, como a humanidade tornou-se mais livre do que antigamente, devemos, por nossa própria vontade, ser capazes de progredir a ponto de receber essa revelação.

Devemos nos referir, agora, ao evento no mundo superior que levou a esse estado. Lembramo-nos daquilo que pode ter resultado em nossas almas pelo que ocorreu no batismo de João no rio Jordão, quando Cristo se revelou em forma humana, visível na Terra, entre a humanidade. Vamos preencher nossa alma com o pensamento de como Cristo, naquela época, em sua forma exterior, uniu-se à hierarquia dos anos e, desde então, vive invisivelmente na esfera terrena. Nos mundos invisíveis, não há morte. Cristo, por ter descido ao nosso mundo, passou por uma morte similar à dos homens e, quando Ele se tornou novamente um ser puramente espiritual, ainda reteve a memória de Sua morte. Porém, como um ser da espécie dos anjos, no qual Ele se manifesta mais adiante, Ele podia experimentar somente uma diminuição de consciência.

Por meio do triunfo da ciência a partir do século XVI... os sentimentos materialista e gnóstico de maior intensidade que já chegaram à humanidade. Conforme os homens passavam aos mundos espirituais pelo portão da morte, levavam os resultados de suas idéias materialistas, de forma que, após o século XVI, mais e mais sementes do materialismo terreno eram transportadas e desenvolveram-se de forma especial. O anjo, que era a forma exterior de Cristo desde aquela época, sofreu, durante o século XIX, uma extinção de consciência como resultado de forças materialistas opostas que haviam subido aos mundos espirituais. A entrada da inconsciência nos mundos espirituais, dessa forma, se tornará, no século XX, a ressurreição da consciência de Cristo nas almas da humanidade terrena entre o nascimento e a morte. Portanto, uma pessoa pode prever que, de certa forma, o que foi perdido pela humanidade como consciência, certamente ressurgirá para a visão clarividente a partir do século XX. Inicialmente, somente poucos e, em seguida, um número cada vez maior de pessoas neste século será capaz de perceber a aparência do Cristo etéreo, isto é, o Cristo na forma de um anjo...[12]

Portanto, a consciência de Cristo pode ser unida à da humanidade terrena a partir do século XX, pois a morte da consciência de Cristo na esfera angelical no século XIX significa a ressurreição da consciência *direta* de Cristo na esfera terrena – isto é, a vida de Cristo será sentida como uma experiência pessoal direta na alma dos homens. Assim como os poucos capazes de ler os sinais da época também podiam observar o mistério do Gólgota para perceber que esse ser grandioso e poderoso havia descido para viver na Terra e passar pela morte para que as substâncias de Seu ser

---

12. Steiner menciona, aqui, a "aparição" (epifania). Mais dois estágios mencionados no Novo Testamento devem ser diferenciados: "revelação" (apocalipse) e "vinda" (parusia). A "segunda vinda" é mais gradual do que normalmente é proposta.

fossem incorporadas na Terra, para que *nós* pudéssemos ser capazes de perceber em mundos localizados atrás de nosso próprio mundo uma espécie de morte espiritual, uma suspensão da consciência e, conseqüentemente, uma repetição do mistério do Gólgota ocorreu para que um renascimento da antiga consciência de Cristo pudesse ocorrer na alma dos homens na Terra... Cristo já foi crucificado duas vezes; uma, fisicamente, no mundo, no início da nossa era; e outra no século XIX, espiritualmente, como descrito. Alguém poderia dizer que a humanidade experimentou a ressurreição de Seu corpo naquela época; e irá reviver a ressurreição de Sua *consciência* a partir do século XX.

Aquilo que eu pude descrever em poucas palavras irá, gradualmente, adentrar a alma dos homens, e o mediador, o mensageiro, será Miguel, que é agora o enviado de Cristo. Assim como ele, anteriormente, guiou a alma dos homens ao entendimento da direção de Sua vida do céu para a Terra, está agora preparando a humanidade para ser capaz de direcionar a consciência de Cristo do desconhecido para o conhecido. Assim como a maioria de Seus contemporâneos foi incapaz de acreditar que algo tão poderoso havia ocorrido na evolução da Terra, em nossos dias, aqueles que se esforçam para aumentar o poder do materialismo continuarão considerando o que foi dito hoje como fantasia, sonhos, talvez até tolice. Então, eles também considerarão essa verdade com relação a Miguel, que está começando a revelar Cristo novamente. Todavia, muitas pessoas reconhecerão aquilo que agora se inicia como uma aurora, durante os séculos vindouros derramar-se-á sobre a alma dos homens como o Sol – pois Miguel pode ser sempre comparado ao Sol. Mesmo se muitas pessoas falharem em reconhecer essa nova revelação de Miguel, ela se espalhará pela humanidade...

2. O CRISTO ETÉREO

Na época em que Jesus Cristo viveu na Terra, os eventos iminentes eram corretamente compreendidos por aqueles que vieram ao encontro do seu antecessor, João, e foram batizados por ele da forma como descrita nos Evangelhos. Eles receberam o batismo para que os pecados, isto é, o carma de suas vidas anteriores que haviam terminado, possam ser modificados e para que eles percebam que o impulso mais importante para a evolução terrena desceria em um corpo físico. Porém, a evolução humana continua e, em nossa era, é importante que as pessoas aprendam a aceitar o conhecimento da ciência espiritual gradualmente, para aquecer o que emana de seu *coração* em direção ao cérebro, podendo assim encontrar a Antroposofia com compreensão.

O resultado será que as pessoas serão capazes de receber e compreender aquilo que se iniciou no século XX: é o Cristo etéreo, em contraste com o Cristo físico da Palestina. Pois alcançamos o ponto em que o Cristo etéreo entra na vida terrena e torna-se visível, inicialmente, para poucas pessoas, por meio de uma clarividência natural. Então, no curso dos próximos 3 mil anos, Ele se tornará visível para cada vez mais pessoas. Isso deverá ocorrer; é um evento natural. Aquilo que irá acontecer é tão certo quanto as conquistas da eletricidade ocorreram no século XIX. É verdade que um certo número de pessoas verá o Cristo etéreo e experimentará o evento que ocorreu diante de Damasco; porém, isso dependerá de seu aprendizado para observar o momento em que Cristo se aproxima deles. Em algumas décadas,[13] acontecerá que algumas pessoas, principalmente os jovens – pois já está sendo preparado –, cheguem a um lugar e experimentem determinadas coisas. Então, se ele já aguçou a visão ocupando-se com a Antroposofia, perceberá que alguém está a seu lado, que vem ajudá-lo a chamar sua atenção para isso ou aquilo: esse Cristo se aproxima dele, mas ele acredita ser um homem físico. Então, irá perceber que se trata de um ser supersensível, que desaparece de repente. Muitos irão presenciar, ao se sentarem quietos em sua sala, com o coração triste e oprimido, sem saber qual caminho seguir, a porta se abrindo: o Cristo etéreo aparecerá e dirá palavras reconfortantes. O Cristo se tornará um conforto vivo para os homens. Não importa quão grotesco isso possa parecer hoje, é verdade que, quando as pessoas estiverem perdidas, sem saber o que fazer, e também quando um grande número de pessoas estiver em expectativa, elas verão o Cristo etéreo. Ele mesmo estará lá e irá se unir a elas, irá emprestar Sua voz para suas reuniões. Esses tempos estão chegando. É algo por meio do que um elemento positivo e construtivo adentrará a evolução humana...

3. O SENHOR DO CARMA

Até hoje, existiam apenas duas fontes de conhecimento com relação aos mistérios cristãos para aqueles que não podiam, por meio de treinamento, evoluir para a observação clarividente. Uma eram os Evangelhos, tudo o que vem das comunicações contidas neles ou nas tradições a eles ligadas. A segunda surgiu porque sempre houve indivíduos clarividentes que podiam ver além dos mundos superiores e que, por meio de seu próprio conhecimento, trouxeram os fatos do evento de Cristo; outras pessoas seguiram esses indivíduos, recebendo deles um Evangelho infinito, que chegaria ao mundo continuamente por intermédio dos clarividentes... Agora, a partir do século XX, uma terceira fonte se inicia. Ela cresce porque um número cada vez maior de pessoas experimentará uma extensão, uma melhora nas forças de cognição que *não* é obtida pela meditação, concentração e por outros exercícios. Cada vez mais pessoas serão capazes de renovar, para si mesmas, o evento de Paulo a caminho de Damasco. Por isso, terá início um período que, podemos dizer, nos proverá meios diretos de perceber o significado e o ser de Jesus Cristo...

---

13. Isso foi dito em 1911.

Como devemos dizer que, pelo próprio Cristo, o evento de Gólgota possuiu um significado, e nesse mesmo evento Cristo morreu e Deus superou a morte – o feito não havia ocorrido antes, e é, agora, um fato consumado –, um evento de profundo significado irá ocorrer, entretanto, não no plano físico, mas no mundo etéreo. Pelo fato de esse evento estar ligado ao próprio Cristo, será criada a possibilidade para os homens aprenderem a ver Cristo, considerá-Lo. Que evento é esse?

Esse evento nada mais é que uma certa função no Cosmos, que está ligada à evolução da humanidade e passa por Cristo no século XX, de uma forma mais elaborada do que tem ocorrido até agora. Em nosso tempo, o evento importante ocorre quando Cristo se torna o Senhor do Carma para a evolução humana. Esse é o início daquilo que encontramos, também, no Novo Testamento (Atos 10.42: "Este nos mandou pregar ao povo e testificar que ele é o que por Deus foi constituído juiz dos vivos e dos mortos").[14] Porém, de acordo com a pesquisa esotérica, esse evento não deve ser entendido como algo isolado que ocorre apenas uma vez no plano físico; ele está ligado com toda a evolução da humanidade. Enquanto a evolução cristã, até agora, significa uma espécie de preparação, ocorre o fato significativo de Cristo tornar-se o Senhor do Carma e, no futuro, restará a Ele decidir qual é nossa conta cármica, como terminam nossos créditos e nossos débitos em vida.[15]

O que está sendo dito agora tem sido uma questão de conhecimento geral no Ocultismo ocidental há vários séculos, e negado pelos não-ocultistas que conhecem esses assuntos. Recentemente, eles vêm sendo restabelecidos com extremo cuidado...

Existem muitos homens, tais como os que passaram pela civilização ocidental – esses assuntos não são iguais para todos os povos –, que experimentam um fato bem definido no momento seguinte à separação do corpo etéreo após a morte. Sabemos que, para os homens, a passagem pelo portão da morte é tal que nos separamos do corpo físico. Inicialmente, o indivíduo ainda está conectado, por um tempo, ao corpo etéreo, mas em seguida ele separa o corpo astral e seu ego do corpo etéreo. Ele leva um extrato de seu corpo etéreo, e a parte principal deste último segue por outro caminho; geralmente, torna-se parte do Cosmos ou se dissolve completamente – esse caso ocorre somente em condições imperfeitas – ou que continuam a funcionar como uma forma fechada de conseqüências. Quando o indivíduo se livra do corpo etéreo, ele adentra a região *kamaloka** para o período de purificação no mundo das almas. Porém, antes disso, uma experiência muito especial ocorre... O indivíduo encontra-se com um ser muito definido,

---

14. Também em 2 Timóteo 4:1: "Cristo Jesus, que há de julgar os vivos e os mortos".
15. Veja Capítulo 4.1 – Trabalhos Práticos do Carma.
*N.T.: Na tradição dp ascetismo oriental, fase pela qual passaria a alma do morto até se purificar. Conhecida na Igreja católica como Purgatório.

que se apresenta com a conta cármica; essa individualidade que se manifesta como uma espécie de contador dos poderes cármicos teve, para um grande número de homens, a forma de Moisés. Portanto, a fórmula medieval que deu origem ao Rosacrucianismo: Moisés apresenta o homem, no momento de sua morte – a expressão não é acurada, mas há somente o imaterial –, ao registro de seus pecados e, ao mesmo tempo, aponta para a "lei inflexível". Então, o homem pode reconhecer como ele se distanciou da lei de acordo com a qual deveria ter agido.

Essa função continua em nosso tempo – e esse é o ponto importante – para Jesus Cristo; e o homem, cada vez mais, verá Jesus Cristo como seu juiz, como seu juiz cármico. Esse é o evento supersensível. Exatamente da mesma forma como ocorreu no plano físico, no início de nossa era o evento da Palestina, a transferência da função de juiz cármico para Jesus Cristo ocorre em nossa era no próximo mundo mais elevado. Esse fato funciona no mundo físico e o homem é capaz de se desenvolver com relação ao *sentimento* de que tudo aquilo que faz está causando algo que será levado em conta no julgamento por Cristo. O sentimento, que aparece agora naturalmente ao longo do desenvolvimento humano, será transformado para impregnar a alma com uma luz que, gradualmente, brilhará a partir do próprio indivíduo e *iluminará a forma de Cristo* no mundo etéreo. Quanto mais esse brilho for desenvolvido – um sentimento que terá mais significado do que a consciência abstrata – , mais a forma etérea de Cristo será visível nos séculos vindouros. Devemos caracterizar esse fato com mais exatidão nas palestras a seguir...

Os homens do futuro sentirão cada vez mais: estou passando pelo portão da morte com minha conta cármica. De um lado estão meus feitos e pensamentos bons, inteligentes e belos; do outro lado, está tudo de mau, mal-intencionado, estúpido, tolo e repulsivo. Porém, aquele que, no futuro, pelas encarnações que se seguirão na evolução humana, tem a função de julgar e trazer a ordem para essa conta cármica é Cristo! Devemos imaginar como a seguir.

Após passarmos pelo portão da morte, devemos reencarnar em um período mais adiante. Os eventos deverão ocorrer para que nosso carma possa ser equilibrado, pois cada pessoa deve colher o que plantou. O carma permanece uma lei correta. Porém, o que a lei cármica deve cumprir não serve apenas individualmente para os homens. O carma não apenas equilibra o egoísmo, mas, no caso de cada indivíduo, o equilíbrio deve ocorrer para que a melhor forma da conta cármica seja adequada com os assuntos gerais do mundo todo. Portanto, devemos equilibrar nosso carma para ajudarmos, da melhor forma possível, o progresso de toda a raça humana na Terra. Para isso, necessitamos de esclarecimento, não apenas do conhecimento geral que a conquista do carma por meio de nossos feitos proporciona. A conquista do carma, que pode compensar por um feito, deve ser dessa ou daquela natureza. Mas, como uma forma de conquista pode ser mais útil para o progresso geral da humanidade do que outra, devemos escolher aqueles pensamentos, sentimentos ou sensações que saldam nosso carma e, ao mesmo tempo, servem ao progresso coletivo da humanidade. Recai sobre Cristo, no futuro, a tarefa de trazer o equilíbrio do nosso carma alinhado com o da Terra, com o progresso geral da humanidade. Isso acontece, principalmente, no momento em que vivemos entre a morte e um novo nascimento. Também estará pronto para a época da que nos aproximamos, diante das portas em que nos encontramos, de tal forma que, na ocasião, o homem irá adquirir cada vez mais capacidade para obter experiência especial. Hoje em dia, muito poucos a possuem; porém, continuamente, cada vez mais pessoas irão, desde a metade do século XX e ao longo dos próximos mil anos, obter a experiência a seguir.

A pessoa em questão fez isso ou aquilo. Ela irá refletir sobre si mesma, terá de olhar para o que fez, e algo como um sonho será exibido diante dela e levará uma boa impressão. Ela dirá a si mesma: "Não me lembro de que isso seja uma lembrança de algo que eu tenha feito, ainda que pareça que fui eu quem vivi essa experiência". Como um sonho, a figura permanecerá à sua frente, falando sobre ela, mas não se lembrará o que passou ou o que fez no passado. Se se tratar de um antropósofo, ele entenderá o assunto; do contrário, terá de esperar até que chegue à Antroposofia para poder compreender. O antropósofo saberá: o que você vê ali é conseqüência de seu feito como uma figura do que irá acontecer no futuro; o equilíbrio de seu feito lhe aparece antecipadamente. Está começando a época na qual os homens, no momento em que cometerem um ato, terão uma premonição, um sentimento, talvez até uma imagem clara de como esse feito será equilibrado pelo carma.

Portanto, em uma estreita ligação com a experiência humana, as capacidades melhoradas aparecerão para a humanidade na próxima época. Esses serão incentivos poderosos à moralidade e significarão algo bem diferente da voz da consciência, que tem sido a preparação para esses impulsos. O indivíduo não mais acreditará que aquilo que foi feito é algo que deva morrer com ele. Ele saberá exatamente: o ato não morrerá consigo; como ato, terá conseqüência que viverá além, junto com você. O indivíduo conhecerá muitas outras coisas. O tempo em que os homens fechavam as portas para o mundo espiritual está se aproximando do fim. Os homens devem subir novamente para o mundo espiritual. As capacidades serão distribuídas de forma que o homem faça parte do mundo espiritual.

A clarividência sempre será algo diferente dessa participação. Assim como houve uma antiga clarividência que era como um sonho, existirá uma futura clarividência que não será como um sonho, por meio da qual as pessoas saberão o que fizeram e o significado de seus atos. Algo mais está por vir. O indivíduo saberá: não estou sozinho; por toda a parte há seres espirituais que se relacionam comigo. E o homem aprenderá a se comunicar com esses seres e a viver entre eles. Nos próximos 3 mil anos, os quais podemos chamar de julgamento cármico de Cristo, aparecerá como verdade para um número suficientemente grande de pessoas. O homem verá Cristo como uma forma etérea. Eles irão vê-Lo de tal forma que, como Paulo diante de Damasco, saberão que Cristo vive.

4. A MISSÃO DA TERRA

Processos complicados foram ligados a Jesus de Nazaré para que, durante três anos, o impulso de Cristo vivesse dentro dele.[16] Mesmo naquela época, Cristo não estava "encarnado" no sentido comum da palavra, mas ele "preenchia" o corpo de Jesus de Nazaré. Isso deve ser compreendido quando é dito que não é possível se falar de um "retorno" de Cristo, mas somente sobre um impulso que *uma vez* esteve presente durante os eventos iniciados com o batismo. Cristo, então, estava presente em solo terreno. A partir daquela época, Ele tem se unido à atmosfera espiritual da Terra, e lá pode ser encontrado pelas almas que buscam recebê-Lo.

Mesmo os sentidos externos discernem que o planeta Terra está em processo de pulverização e irá, em algum tempo futuro, desintegrar-se em pó. O corpo terreno será substituído pelo espírito terreno, assim como o corpo humano, pelo espírito humano individual. O que restará como substância mais elevada na Terra quando seu objetivo for atingido? O impulso de Cristo estava presente na Terra como "substância espiritual" e será absorvido pelos homens durante o curso da evolução terrena. Mas como ele sobrevive? Quando Cristo esteve na Terra por três anos, Ele não possuía corpo físico, nem corpo etéreo, nem corpo astral próprios, mas estava "vestindo" Jesus de Nazaré. Quando o objetivo for alcançado, a Terra, assim como o homem, será um ser completamente desenvolvido, um veículo para o impulso de Cristo.

De onde vêm esses três invólucros desse impulso de Cristo? De forças que podem se desdobrar somente na Terra. O que quer que tenha ocorrido na Terra como o poder *milagroso*, o que quer que viva em nós como um milagre, passa, finalmente, para Cristo, entrelaçando o corpo astral do impulso de Cristo. *Amor* e *compaixão* na alma humana permeiam o corpo etéreo do impulso de Cristo. E o poder da *consciência*, que habita e inspira a alma dos homens desde o mistério do Gólgota até que o objetivo da Terra seja cumprido, permeia o que corresponde ao corpo físico do impulso de Cristo.

O verdadeiro significado das palavras do Evangelho somente agora pode ser discernido: "Sempre que o fizestes a um destes Meus irmãos, mesmo dos mais pequeninos, a Mim o fizestes" (Mateus 25:40). As forças que fluem de homem para homem são as unidades que integram o corpo etéreo de Cristo: amor ou compaixão permeiam o corpo etéreo de Cristo.

---

16. Veja as palavras de Steiner sobre *O Evangelho de São Lucas*.

Portanto, quando o objetivo de evolução da Terra for atingido, Ele vestirá os três invólucros dos poderes que viveram nele – quando as limitações do "eu" forem transcendidas, tornar-se-ão as vestes de Cristo.

Agora, pense em como o homem vive em comunhão com Cristo. O homem se aperfeiçoa no que desenvolve um ser engajado com o poder do "eu". Porém, os homens unem-se a Cristo naquilo que eles transcendem seu próprio "eu", e pelo milagre compartilhado na formação do corpo astral de Cristo. Seu corpo etéreo será criado por meio da compaixão e do amor que fluem de homem para homem, e seu "corpo físico", pelo poder da consciência que se desdobra nos seres humanos. Quaisquer erros que tenham sido cometidos nesses três âmbitos privam Cristo da possibilidade do completo desenvolvimento na Terra – isto é, a evolução da Terra será imperfeita, não poderá ser atingido o objetivo. O princípio do egoísmo deve ser superado na evolução da Terra.

As tentativas feitas, até aqui, nem mesmo sugerem que forma o retrato de Cristo deveria ter. Ele teria de expressar como os invólucros criados pelas forças do milagre, da compaixão e da consciência são manifestados gradualmente. O semblante de Cristo deve ser tão vivo que retrata vitória sobre os sentidos, a natureza do desejo dos homens – a vitória obtida pelas mesmas forças que espiritualizaram o semblante. Deve haver poder sublime em seu semblante. O pintor ou escultor terá de exprimir, de forma incomum, o queixo ou a boca, o poder da consciência desdobrado em seu mais alto grau. A boca deve transmitir a impressão de que não está lá para receber comida, mas para dar expressão a qualquer força moral e poder de consciência que tenha sido cultivado pelos homens ao longo dos tempos; a própria estrutura dos ossos ao redor dos dentes na mandíbula inferior parecerá formar uma boca. A parte de baixo da face deverá expressar um poder cujos raios pareçam deixar o restante do corpo em pedaços, modificando-o de tal forma que outras forças determinadas sejam vencidas. Por outro lado, todo o poder da compaixão fluirá de Seus olhos – o poder que os olhos possuem —, não no sentido de receber impressões, mas de levar a própria alma às alegrias e aos sofrimentos dos outros. Sua sobrancelha não indicará pensamento baseado em impressões terrenas. Será uma sobrancelha proeminente sobre os olhos, arqueando-se em direção ao cérebro. Não se trata de uma "sobrancelha de pensador", que somente trabalha no material já existente. O milagre será representado em sua sobrancelha que se projeta e se curva gentilmente na cabeça, expressando surpresa e maravilha sobre os mistérios do mundo. Será uma cabeça que nunca será encontrada na humanidade física.

Cada representação verdadeira de Cristo deve ser um retrato do ideal por Ele incorporado. Quando um homem busca seu mais elevado ideal e se esforça por meio da ciência espiritual para representá-la na arte, esse crescimento se converterá em cada vez mais força: se você for retratar Cristo, não deve observar o que está realmente presente no mundo, mas deixar que seu ser seja permeado por tudo aquilo que flui da contemplação da evolução espiritual do mundo, inspirado pelos três grandes impulsos do milagre, da compaixão e da consciência.

5. A DIVISÃO NA HUMANIDADE

Chegamos a um ponto na evolução humana – tudo o que estou dizendo está de acordo com o apresentado no Apocalipse – em que, de certa forma, a humanidade é confrontada pela necessidade de tomar uma decisão. Em nosso tempo, grande quantidade de energia espiritual é utilizada em larga escala nas menores necessidades; telefone, telégrafo, linha de trem, aviões e outras coisas que ainda virão absorveram e absorverão quantidade enorme de força espiritual; e eles só são utilizados para mera satisfação das menores necessidades humanas. O homem, no entanto, só possui uma certa quantidade de força espiritual... Tinha de ser assim. Teria sido maléfico para a humanidade se isso não acontecesse. Esse poder espiritual também tem sido utilizado para muitas outras coisas. Considere, somente, como todas as ligações sociais têm sido promovidas, gradualmente, a uma rede intelectual extremamente refinada. As forças espirituais se expandiram a ponto de uma pessoa poder fazer um cheque nos Estados Unidos e trocá-lo no Japão! Essas forças deveriam, por assim dizer, descer abaixo da linha do plano físico que separa o reino espiritual do abismo. De certa forma, o homem realmente desceu ao abismo, e aquele que estuda o tempo do ponto de vista da ciência espiritual pode ver, por meio dos fenômenos mais mundanos, como o homem progride década a década, como um determinado ponto é sempre alcançado onde a personalidade ainda pode ter um suporte, como se, nesse ponto, a personalidade se permite afundar, perdendo-se e não podendo ser resgatada para os mundos espirituais.

Isso pode ser ilustrado pelas coisas mais mundanas, por exemplo, nos detalhes do desenvolvimento do sistema bancário na segunda metade do século XIX. Talvez somente os futuros historiadores poderão mostrar claramente que uma modificação fundamental poderia ocorrer, a qual podemos descrever dizendo que, nos trâmites bancários, a personalidade é gradualmente quebrada. Deveria chamar sua atenção para o tempo em que os quatro Rothschilds partiram de Frankfurt, um para Viena, outro para Nápoles, o terceiro para Londres e o quarto para Paris. Todo o sistema bancário foi trazido a uma esfera pessoal por meio do talento pessoal a ele direcionado. A personalidade imergiu nas finanças. Atualmente, vêem-se transações bancárias que se tornam impessoais. O capital passa pelas mãos de empresas de estoque associado; não é mais gerenciado pela personalidade individual. O capital começa a tomar o controle.[17] Forças puramente objetivas trabalham no capital e também já existem forças nesse âmbito

---

17. Veja mais no Capítulo 7.3 – Capital e Crédito.

que dirigem toda a vontade da personalidade para si mesmas; dessa forma, a personalidade torna-se fraca. Então, com olhos videntes, uma pessoa pode adentrar as coisas mundanas e ver, por toda parte, como a humanidade desceu, com relação à personalidade, às profundezas.

Agora, a personalidade deve se resguardar e descer novamente. Ela pode se resguardar, por exemplo, aprendendo a reforçar as forças de sua alma e depender de si mesma, tornar-se independente das forças do capital. Porém, a personalidade também pode ir de encontro a essas forças. Ela deve, de certa forma, mergulhar no abismo, permitindo a si mesma ser enlaçada pelas forças ativas no capital.

O ponto mais importante do tempo, quando a personalidade humana desce tanto quanto a Terra e precisa retornar, é o momento da aparição de Jesus Cristo na Terra. Ele deu à Terra o poder que tornou possível para o homem erguer-se novamente; e este se eleva até onde possui companheirismo com Jesus Cristo. A um ponto em que, para grande parte da humanidade, a compreensão se abrirá para aquilo que esse evento significou, de forma que, para grande parte da humanidade, esse impulso de Cristo torna-se o mais secreto do ser humano, a partir do qual ele trabalha e permeia sua existência. Por causa disso, a humanidade ascenderá novamente. Os homens devem aprender a compreender, cada vez mais, o que São Paulo disse: "Não sou eu quem trabalha, mas Cristo trabalha em mim".

Portanto, se esse impulso adentrar vivamente os corações dos homens e tornar-se o impulso por trás de sua atividade, a ascensão ocorrerá; e todas as almas que encontrarem essa união com o princípio e Cristo encontrarão o caminho para cima. Porém, as que falharem na busca dessa união deverão descer gradualmente ao abismo. Elas teriam ganhado o ego e conquistado o egoísmo, mas não estariam em posição de elevar-se novamente com esse ego para o mundo espiritual. A conseqüência, para um homem que não entra em conexão com o princípio de Cristo, seria ele desconectar-se da ascensão espiritual; em vez de ascender, descenderia e se enrijeceria cada vez mais em seu ego. Em vez de encontrar na matéria a oportunidade para desenvolver o ego e ascender novamente, ele somente descenderia cada vez mais.

Sim, tudo ecoa. Surgiu a possibilidade para o homem adentrar nosso mundo físico. Sobrevivendo à enchente de Atlântida, tornou-se possível para ele criar e desenvolver seu semblante humano atual, que é, realmente, uma imagem da ego-divindade espiritual que habita no homem... Suponhamos que um homem negue que tenha sido o espírito que lhe emprestou o semblante humano; então, ele não utilizaria o corpo como uma oportunidade de alcançar a ego-consciência e, ao mesmo tempo, espiritualizar-se; mas ele cresceria junto com o corpo e o amaria a tal ponto que somente se sentiria em casa se estivesse com ele. Ele permaneceria reunido ao corpo e desceria ao abismo. Por não ter utilizado o poder do espírito, a forma externa seria semelhante à forma anterior. O homem que desce ao abismo deveria tornar-se parecido com um animal.

Portanto, aqueles que utilizam a vida do corpo para qualquer coisa que não seja a oportunidade de ganhar ego-consciência descerão ao abismo e formarão a raça má. Eles ignoraram o impulso de Jesus Cristo e, a partir da feiúra de suas almas, desenvolveram a forma animal que o homem possuíra anteriormente. A raça má, com seus impulsos selvagens, habitará no abismo. E quando, lá em cima, aqueles que se espiritualizaram, que receberam o princípio de Cristo, anunciam o que devem dizer com relação à sua união com o nome Jesus Cristo, aqui embaixo, no abismo, soarão nomes de blasfêmia, o desejo de escapar ao que parece ser uma transformação espiritual.

Uma pessoa que pensa superficialmente pode dizer, neste ponto: sim, mas muitos viveram e não experimentaram o impulso de Cristo; por que eles não partilharam do impulso de Jesus Cristo? Isso é respondido pelo lado materialista: por que a salvação deveria vir somente com Jesus Cristo? Mas o homem, cada vez mais, retorna, e as almas que viveram anteriormente não poderiam participar do evento de Jesus Cristo. Tal objeção pode ser feita somente por aquele que não acredita em reencarnação.

Então, vemos como a divisão ocorre.

A vida é parecida com o fogo –
Ambos são cheios de sementes de ações beneficentes,
Ambos colocam diante do homem uma espera diferente.
Que no destino de nossa vida não haja dor amarga
Somente aquele que ignorantemente supõe
Que haveria fogo sem sacrifício ou combustível.

VII

REORGANIZAÇÃO DA SOCIEDADE

1. CONDIÇÕES DA VIDA ESPIRITUAL, SOCIAL E ECONÔMICA

No atual movimento social, há muitas discussões sobre organização social, porém se discute muito pouco sobre seres humanos sociais e anti-sociais. Pouca atenção é dirigida àquela "questão social" que surge quando alguém considera que as disposições da sociedade tomam seu rótulo de social ou anti-social das pessoas que nela trabalham. Os pensadores socialistas esperam ver no controle dos meios de produção pela comunidade aquilo que irá satisfazer às necessidades de uma população maior. Eles consideram verdadeiro que, sob tal controle, a cooperação entre as pessoas deve assumir uma forma social. Eles viram que o sistema industrial do capitalismo privado levou a condições anti-sociais. Eles acham que, se esse sistema industrial desaparecesse, os efeitos anti-sociais também acabariam.

Sem dúvida, juntamente com a forma capitalista moderna da economia, surgiram extensas doenças sociais; mas será que isso é uma prova de que elas são uma *conseqüência necessária* desse sistema econômico? Um sistema industrial não pode, por sua própria natureza, fazer nada a não ser colocar os homens em situações na vida que possibilitem que eles façam o bem para si mesmos e para os outros de forma útil ou não. O sistema moderno industrial trouxe os meios de produção para os indivíduos ou grupos de pessoas. As conquistas técnicas poderiam ser mais bem exploradas por uma concentração do poder econômico. Portanto, enquanto esse poder for empregado somente na produção de bens, seu efeito social será essencialmente diferente daquele que ultrapassa os campos dos direitos civis ou da cultura espiritual. É esse ultrapassar que, ao longo dos últimos séculos, tem levado a essas doenças sociais, cuja abolição é solicitada pelo movimento social moderno. Aquele que possui os meios de produção obtém domínio econômico sobre os outros. Isso resultou em uma aliança com as forças úteis a ele na administração e nos parlamentos, por meio dos quais alcançou posições de vantagem social sobre aqueles que eram economicamente dependentes dele; e que, mesmo em um estado democrático, praticam o caráter dos direitos. De forma similar, esse domínio econômico levou a uma monopolização da vida da cultura espiritual por aqueles que possuem poder econômico.

Agora, as coisas mais simples *parecem* estar prestes a se livrar dessa supremacia econômica de indivíduos e, por meio disso, acabar com sua predominância sobre os direitos e a cultura espiritual. Pode-se alcançar essa "simplicidade" de concepção social quando não se consegue lembrar da combinação da atividade técnica e econômica, que as necessidades da vida moderna exigem, permitindo a maior expansão possível da iniciativa individual e pessoal nos negócios da vida econômica. A forma que a produção deve assumir sob as condições modernas faz disso uma necessidade. Um indivíduo não pode fazer com que suas habilidades tenham efeito nos negócios se ele está atrelado a seu trabalho e decisões com base na vontade da comunidade. De qualquer forma, ofuscando o pensamento do indivíduo que produz não para si mesmo, mas para a sociedade coletivamente, ainda que sua justiça em algumas ligações não deveria impedir alguém de reconhecer a outra verdade, de que a sociedade, coletivamente, é incapaz de originar decisões econômicas que permitam ser realizadas pelos indivíduos da forma desejada. O pensamento realmente prático, então, não buscará encontrar a cura para as doenças sociais ao remodelar a vida econômica que substituiria o gerenciamento comum pelo privado dos meios de produção. O empenho deveria estar em evitar as doenças que podem surgir pelo gerenciamento da iniciativa individual e do valor pessoal, sem prejudicar o próprio gerenciamento. Isso só é possível se as relações dos direitos civis entre aqueles engajados na indústria não forem influenciadas pelos interesses da vida econômica, e o que deve ser feito para as pessoas por meio da vida espiritual também é algo independente desses interesses.

Interesses genuínos de direito só podem surgir em um terreno no qual a vida dos direitos é cultivada separadamente, e em que a única *consideração* será quais são os direitos de um corpo. Quando as pessoas procedem de acordo com essas considerações para moldar as regras do direito, as regras criadas terão efeito na vida econômica. Não será necessário fazer uma restrição na conquista individual de poder econômico; pois tal poder não somente resultará em conquistas econômicas proporcionais às suas habilidades, mas em não utilizar isso para obter direitos privilegiados... Somente quando os direitos são ordenados em um campo em que a consideração dos negócios não pode, de forma alguma, ser questionada, em que os negócios não produzem poder que passe por cima do sistema de direitos, ambos poderão trabalhar juntos de forma que o senso do homem com relação ao direito não seja prejudicado nem a habilidade econômica seja transformada de bênção a maldição para a comunidade como um todo.

Quando aqueles economicamente poderosos utilizam seu poder para tirar direitos privilegiados de si mesmos, então, entre os economicamente fracos, crescerá uma oposição correspondente a esses privilégios; e essa oposição, assim que se tornar forte o suficiente, deve levar a distúrbios revolucionários. Se a existência de uma província especial de direitos torna impossível que tais privilégios cresçam, então não podem ocorrer distúrbios desse tipo... Ninguém tocará aquilo que trabalha no movimento social em direção à superfície da vida moderna, até que alguém crie condições sociais nas quais, juntamente com os pedidos e interesses da vida econômica, os direitos possam encontrar realização e satisfação em sua base independente.

De forma similar, uma pessoa deve abordar a questão da vida cultural e suas ligações com a vida dos direitos civis e da economia industrial. O curso dos últimos séculos tem sido tal que a própria vida cultural foi cultivada sob condições que somente permitem, em seu exercício, uma extensão limitada, uma influência independente sobre a vida política – a que se refere aos direitos civis – ou sobre a economia. Uma das ramificações mais importantes da cultura espiritual, toda forma de educação, foi modelada pelos interesses do poder civil. O ser humano foi ensinado e treinado de acordo com os interesses do Estado; e o poder do Estado foi reforçado pelo poder econômico. Se alguém fosse desenvolver suas capacidades dentro das provisões existentes para educação, essa pessoa teria de fazê-lo nas bases de tais finanças, conforme seu lugar na vida possibilitasse. Aquelas forças espirituais que encontrariam escopo na vida dos direitos políticos ou da indústria adquiririam o rótulo dessa última. Qualquer vida espiritual *livre* deveria preceder toda idéia de carregar seus resultados para a esfera do Estado, e somente poderia fazê-lo na esfera econômica, contanto que isso permanecesse fora da esfera das atividades do Estado. Na indústria, a necessidade é óbvia para permitir que a pessoa competente encontre escopo, já que toda atividade proveitosa desaparece se for deixada somente sob o controle do incompetente, cujas circunstâncias podem ter sido favorecidas pelo poder econômico. Se se cumprisse a tendência comum entre os pensadores socialistas e a vida econômica fosse administrada de acordo com o político e o legal, a cultura da vida espiritual livre seria forçada a retroceder a partir do campo público.

Mas uma vida espiritual que se desenvolver longe das realidades civil e industrial perde o contato com a vida. Ela é forçada a pegar seu conteúdo de fontes que não estão em conexão com essas realidades; e, com o passar do tempo, ela trabalha essa substância em uma forma que se parece com uma animação abstrata comparada com as realidades atuais, sem efeito prático. Então, duas correntes diferentes surgem na vida espiritual... Considere quais concepções da mente, quais ideais religiosos, quais interesses artísticos formam a vida interior de um comerciante, de um funcionário ou de um oficial do governo, além de sua vida prática cotidiana; em seguida, considere quais idéias estão contidas nessas atividades expressas em seu diário, ou para as quais ele é treinado pela educação e instrução que o prepara para sua profissão. Existe um golfo entre as duas correntes da vida espiritual. O golfo tornou-se mais largo nos últimos anos porque o modo de concepção que, em ciência natural, é justificado tornou-se o padrão para a relação do homem com a realidade. Esse modo de concepção procede do conhecimento das leis das coisas e dos processos que se encontram do lado de fora do campo da atividade e influência humanas, de forma que o homem é como se fosse um mero espectador daquilo que ele consegue pelas leis da natureza...

Uma concepção espiritual que penetra no ser do *homem* encontra, ali, motivos para ação que, eticamente, são direcionados para o bem; pois o impulso para o mal surge no homem somente porque, em seus pensamentos e sensações, ele silencia as profundezas de sua própria natureza. Então, as idéias sociais que chegaram por meio da concepção espiritual aqui mencionadas, por sua natureza, devem ser também noções éticas. Não podem ser retiradas somente dos pensamentos, mas experimentadas na vida; elas têm a força para se apoderar da vontade e viver em ação. Pois a concepção espiritual, o pensamento social e o pensamento ético fluem para as pessoas...

Esse tipo de espírito pode, no entanto, ter sucesso somente quando seu crescimento é completamente independente de toda autoridade, exceto se for derivado diretamente da própria vida espiritual. Regulamentações legais do estado civil para nutrir o espírito minam as forças da vida espiritual, enquanto uma vida espiritual deixada com seus interesses inerentes e seus impulsos alcançará tudo o que o homem faz na vida social...

A vida de um espírito livre evoluiu somente a partir de impulsos de si mesmo; então, a vida civil terá sucesso à medida que as pessoas são educadas de forma inteligente, vivendo a experiência espiritual no ajuste de suas relações de direitos; e a vida econômica será proveitosa à medida que a nutrição espiritual do homem desenvolva suas capacidades para tanto...

Como o espírito no trabalho na vida civil e as redondezas da indústria não são mais um meio pelo qual a vida espiritual do homem encontra um canal, ele vê a si mesmo na ordem social, que não lhe dá, como indivíduo, nenhum escopo cívico ou econômico. As pessoas que não vêem isso claramente sempre objetarão para um ponto do organismo social dividido em três sistemas que funcionam independentemente na vida cultural, o estado dos direitos e a economia industrial, que tal diferenciação destruiria a unidade necessária da vida em comunidade. Alguém pode responder a elas que essa unidade está destruindo a si mesma, no esforço de manter-se intacta... É apenas na separação que chegarão à unidade, enquanto, em uma unidade artificial, elas se tornam distantes.

Muitos pensadores socialistas dispensarão tal idéia expressando que as condições da vida pelas quais vale a pena se esforçar não podem ser criadas por esses membros orgânicos da sociedade, mas somente por uma organização econômica adequada. Eles fazem vista grossa ao fato de que o homem, trabalhando em sua organização, está cheio de vontades. Se alguém mandar, irá sorrir, pois ele vê isso como sendo auto-evidente. Ainda que encare uma estrutura social na qual essa "auto-evidência" é deixada de lado, sua organização econômica deve ser controlada pela vontade comum das pessoas na organização. Os desejos individuais nunca devem encontrar um escopo, se a vontade comum é totalmente derivada de uma idéia da organização econômica...

A maioria das pessoas, atualmente, ainda tem falta de fé na possibilidade de se restabelecer uma ordem socialmente satisfatória de sociedade baseada nas vontades individuais, pois tal fé não pode advir de uma vida espiritual dependente do Estado ou da economia. O tipo de espírito que se desenvolve, não na liberdade da vida do próprio espírito, mas a partir de uma organização externa, simplesmente não sabe quais são as potencialidades do espírito. Ele busca por algo que possa direcioná-lo, sem saber como o espírito conduz a si próprio se dirigir a força de suas próprias fontes.

Para o novo molde da ordem social, a boa vontade não é o único elemento necessário. Ele também precisa da coragem, que pode ser um oponente para a falta de fé no poder do espírito. Uma concepção espiritual verdadeira pode inspirar essa coragem; pois ela se sente capaz de criar idéias que não apenas servem para dar à alma sua orientação interna, mas também, no seu nascimento, traz as sementes da configuração prática da vida. A vontade de descer aos locais profundos do espírito pode tornar-se tão forte quanto a de possuir uma parte de tudo o que o homem faz...

Os experimentos que estão sendo feitos agora para solucionar a questão social possuem resultados insatisfatórios porque muitas pessoas ainda não se tornaram capazes de ver qual é a verdadeira essência do problema. Elas o vêem crescer nas regiões econômicas e vêem as instituições econômicas oferecerem a resposta. Elas pensam que irão encontrar a solução nas transformações econômicas. Mas falham em reconhecer que essas transformações somente são capazes se surgirem pelas forças vindas da natureza humana, no nascimento de uma nova vida espiritual e uma nova vida de direitos em seus âmbitos independentes.

2. A LEI SOCIAL FUNDAMENTAL

Brevemente, como o assunto deve ser abordado, sempre haverá pessoas cujo sentimento as levará a reconhecer a verdade do que é impossível discutir em toda a sua plenitude.

Há uma lei social fundamental ensinada pela ciência espiritual. A seguir:

"O bem-estar de uma comunidade de pessoas que trabalham juntas será melhor quanto menos o indivíduo tomar para si os procedimentos de seu trabalho, isto é, quanto mais procedimentos ele passar para seus companheiros, mais suas próprias necessidades serão satisfeitas, não com o seu trabalho, mas com o trabalho feito pelos outros".

Toda disposição em uma comunidade contrária a essa lei irá, inevitavelmente, produzir em algum ponto um tempo de sofrimento e necessidade. Trata-se de uma lei fundamental, que leva o bem a toda a vida social com a mesma perfeição e necessidade como qualquer lei da natureza em uma área particular das causas naturais. Não se deve supor, no entanto, que é suficiente conhecer essa lei como geral da conduta moral, ou tentar interpretá-la no sentimento de que todos deveriam trabalhar a serviço de seus companheiros. Não. Essa lei só existe, na realidade, como deveria, quando uma comunidade é capaz de criar disposições para que ninguém *possa* reclamar os frutos de seu próprio trabalho para si, mas que esses frutos pertençam totalmente ao benefício da comunidade. O próprio homem deve ser sustentado pelos trabalhos dos companheiros. O ponto importante é, portanto, que trabalhar para os companheiros e obter muito dinheiro devem ser mantidos separados em duas coisas diferentes.

"Pessoas práticas", com estilo próprio, terão, é claro, um sorriso para tal "idealismo exorbitante". Essa lei é mais prática do que qualquer outra que já tenha sido divisada ou decretada pelos "praticantes". Qualquer um que realmente examine a vida prática irá descobrir que toda comunidade existente, ou que já existiu em qualquer lugar, possui dois tipos de distribuição; um que está de acordo com essa lei; e outro, contrário a ela. Deve ser assim em todos os lugares, quer os homens queiram ou não. Toda comunidade ruiria de uma vez se o trabalho de um indivíduo não fosse feito em sua totalidade. Mas o egoísmo humano, por muito tempo, foi contra essa lei e buscou extrair o máximo possível do indivíduo e de seu próprio trabalho. E o que foi criado dessa forma, graças ao egoísmo, gerou a miséria, a pobreza e o sofrimento em seu despertar. Isso simplesmente significa a parte das disposições humanas criada pelos "praticantes" que calcularam a base de seu próprio egoísmo, ou aquilo que os outros devem provar ser imparcial.

Naturalmente, não se trata apenas de reconhecer uma lei desse tipo, mas a parte prática real começa com a questão: como alguém deve traduzir essa lei em fatos reais? Obviamente, essa lei não diz nada além de: o bem-estar do homem é maior, ao passo que o egoísmo é menor. Portanto, para sua tradução para a realidade, o homem deve ter pessoas capazes de encontrar seu caminho sem o egoísmo. Na prática, entretanto, isso é quase impossível se a parte de prosperidade e infelicidade do indivíduo for medida de acordo com seu trabalho. Aquele que trabalha para si *deve*, gradualmente, ser vítima do egoísmo. Somente aquele que trabalha para os outros pode, gradualmente, ser um trabalhador sem egoísmo.

Porém, uma coisa é necessária para se começar. Se qualquer homem trabalhar para outro, ele deve encontrar neste a razão para o seu trabalho; e, se alguém for trabalhar para a comunidade, essa pessoa deve perceber e sentir o valor, a natureza e a importância dessa comunidade. O homem só pode fazer isso quando a comunidade é bem diferente de uma soma mais ou menos indefinida de indivíduos. Deve ser informado por um espírito verdadeiro, no qual cada um tem sua parte. Deve ser tal que cada um diga: "Está como deveria estar, e eu *quero* que seja assim". A comunidade deve possuir uma missão espiritual e cada indivíduo ter a vontade de contribuir com a realização desse objetivo. Todos os ideais vagos e abstratos sobre os quais as pessoas geralmente falam não podem apresentar tal missão. Se não houver nada além disso, um indivíduo aqui ou um grupo ali trabalharão sem uma visão geral clara de qual a utilidade do ofício, exceto a vantagem de suas famílias ou dos interesses particulares aos quais eles são ligados. Em cada membro, até no mais solitário, o espírito da comunidade deve estar vivo...

Não é preciso tentar descobrir uma solução da questão social que deve trazer o bem o tempo todo, mas, simplesmente, encontrar a forma correta para esses pensamentos e ações sociais sob a luz da necessidade imediata do tempo em que se vive. De fato, não existe atualmente um esquema teórico que possa ser utilizado ou colocado em prática por qualquer pessoa que, dentro de si, possa resolver a questão social. Para isso, ela deveria possuir o poder de forçar várias pessoas às condições que esta primeira criasse. Mas, atualmente, qualquer compulsão desse tipo está fora de questão. A possibilidade deve ser encontrada em cada pessoa agindo *de acordo com seu livre-arbítrio* em relação àquilo que é chamada para fazer, de acordo com sua força e suas habilidades. Por essa razão, não pode haver tentativas de se trabalhar teoricamente com as pessoas, simplesmente doutrinando-as com uma visão sobre quanto as questões econômicas devem ser mais bem arranjadas. Uma teoria econômica pobre nunca poderá agir como uma força para contra-atacar os poderes do egoísmo. Por enquanto, tal teoria econômica deve varrer as massas com uma espécie de ímpeto que *surge* para lembrar o idealismo; porém, a longo prazo, não ajuda ninguém. Qualquer um que implante essa teoria em uma massa de pessoas sem lhes proporcionar substância espiritual estará pecando contra o real significado da evolução humana. A única coisa que pode ajudar é uma concepção espiritual do mundo que, por si só, por meio do que tem a oferecer, possa sobreviver nos pensamentos, nos sentimentos, na vontade – resumindo, na alma de um homem...

O reconhecimento desses princípios significa, de fato, a perda de uma ilusão para muitas pessoas cuja ambição é serem benfeitores populares. Faz com que o trabalho para o bem-estar da sociedade torne-se, uma questão muito difícil – a partir do qual os resultados também podem, em determinadas circunstâncias, abranger somente pequenas partes. A maior parte do que é doado hoje em dia por partidos como panacéias para a vida social perde seu valor e é visto como uma simples frase oca, que peca pela falta de conhecimento da vida humana. Nenhum Parlamento, nenhuma democracia, nenhuma manifestação popular pode ter qualquer significado para uma pessoa que não observa profundamente, caso a lei descrita anteriormente seja violada; enquanto tudo desse tipo deve trabalhar para o bem, se trabalhar nas linhas dessa lei. É uma desilusão maligna acreditar que certas pessoas enviadas aos Parlamentos como delegados do povo possam fazer qualquer coisa pelo bem da humanidade, a não ser que sua atividade esteja em conformidade com a lei social fundamental.

Onde quer que essa lei encontre expressão externa, e alguém trabalhe em suas linhas – até onde seja possível na posição em que a pessoa esteja dentro da comunidade –, os bons resultados serão alcançados, embora apenas em um caso isolado e nunca em pequenas proporções. Somente um número de resultados individuais alcançados dessa forma é que, juntos, se combinarão ao saudável progresso coletivo da sociedade.

A vida social saudável é encontrada
Quando, no espelho de cada alma humana,
Toda a comunidade é emoldurada,
E quando, na comunidade,
Habita a força de cada alma humana.

3. CAPITAL E CRÉDITO

A partir de vários pontos de vista, tem sido externada a opinião de que todas as questões de dinheiro são tão complicadas que chega a ser quase impossível expressá-las em pensamentos claros e transparentes. Uma visão similar pode ser mantida com relação a muitas questões da vida social moderna. Porém, devemos considerar as conseqüências caso o homem permita que seus comportamentos sociais sejam guiados por pensamentos indefinidos, pois estes não significam simplesmente uma confusão no conhecimento teórico, eles são forças potentes na vida; seu caráter vago permanece nas instituições que crescem sob sua influência, o que, por sua vez, resulta nas condições sociais que tornam a vida impossível...

Se tentarmos chegar à raiz da questão social, deveremos ver que até mesmo as questões mais materiais podem ser combatidas somente se recorrendo aos pensamentos que sustentam a cooperação de homens e mulheres em uma comunidade. Por exemplo, as pessoas intimamente ligadas com a terra indicaram como, sob a influência das forças da economia moderna, a compra e venda de terra transformaram-na em mercadoria, e elas acreditam que isso seja prejudicial à sociedade. Ainda que opiniões como essas não gerem resultados práticos, pois os homens em outras esferas da vida não admitem que elas sejam justificadas... Devemos levar em conta como a tendência puramente capitalista afeta a valorização da terra. O capital cria as leis de seu próprio crescimento que, em certas esferas, não está mais de acordo com a elevação em linhas gerais. Isso fica evidente especialmente no caso da terra. Determinadas condições podem muito bem fazer que um distrito precise dar frutos de certo modo – elas podem ser baseadas em peculiaridades espirituais e culturais. Sua realização deverá resultar em um menor interesse no capital do que no investimento em outro lugar. Como conseqüência da tendência puramente capitalista, a terra será explorada, não de acordo com esses pontos de vista espiritual e cultural, mas de forma que os juros resultantes do capital sejam iguais aos de outros empreendimentos. Dessa forma, os valores que podem ser necessários para uma civilização real não são desenvolvidos.

É fácil chegar à conclusão: a orientação capitalista da vida econômica possui esses resultados e deve, portanto, ser abandonada... Porém, aquele que reconhece como a vida moderna funciona por meio da divisão de trabalho e função social terá de considerar como excluir da vida social as desvantagens que são criadas como subproduto dessa tendência capitalista... O ideal é trabalhar por uma estrutura de sociedade em que o critério do aumento do capital não será mais o único poder ao qual a produção estará vinculada – esse também deve ser o sintoma que mostra que a vida econômica, levando em conta todas as demandas da natureza espiritual e corporal do homem, está corretamente formada e ordenada.

É somente até quando eles podem ser comprados e vendidos por somas de capital em que sua natureza específica não encontra expressão alguma, que os valores econômicos se tornam mercadorias. Mas a natureza da mercadoria somente se adapta aos bens ou valores que são diretamente *consumidos* pelo homem. Pela valorização deles, o homem possui um padrão imediato em suas necessidades corporais e espirituais. Não existe muito padrão no caso da terra nem dos meios de produção. A valorização desses depende de muitos fatores, que só se tornam aparentes quando alguém leva em conta a estrutura social como um todo...

Quando "estoque e demanda" são os fatores determinantes, o tipo egoísta de valor é o único que pode ser avaliado. A relação de "mercado" deve ser substituída por associações que regulam a troca e a produção de bens por meio de uma observação inteligente das necessidades humanas. Tais associações podem substituir estoques e demandas por contratos e negociações entre grupos de produtores e consumidores, e entre diferentes grupos de produtores...

O trabalho feito na confiança do retorno dos outros constitui a doação de *crédito* na vida social. Assim como houve a transição da permuta para o sistema monetário, também existiu recentemente a transformação progressiva para uma base de crédito. A vida faz com que se torne necessário para um homem, hoje em dia, trabalhar com meios confiados a ele por outro, ou por uma comunidade, tendo confiança nesse poder de alcançar um resultado. Porém, sob o método capitalista, o sistema de crédito envolve uma total perda da real e satisfatória relação humana de um homem para suas condições de vida e de trabalho. O crédito é dado quando há previsão de um crescimento de capital que parece justificá-lo; e o trabalho sempre é feito sujeito à visão de que a confiança ou o crédito recebido terá de aparecer justificado no sentido capitalista. E qual é o resultado? Os seres humanos são sujeitos ao poder de negociações em capital que acontecem em uma esfera de finanças distante de sua vida. E, quando ele toma consciência desse fato, sente que não é adequado à sua humanidade...

Um sistema saudável de doação de crédito pressupõe uma estrutura social que permita que os valores econômicos sejam estimados por sua relação com a satisfação das necessidades corporal e espiritual do homem. As transações econômicas dos homens tomarão forma a partir disso. A produção será considerada do ponto de vista das necessidades, e não mais por uma escala abstrata de capital e salários.

A vida econômica na sociedade triplicada é constituída pela cooperação de *associações* criadas a partir das necessidades dos produtores e dos interesses dos consumidores. Em suas transações mútuas, os impulsos da esfera espiritual e da órbita dos direitos terão papel decisivo. Essas associações não estarão ligadas a um ponto de vista puramente capitalista, pois uma associação estará em transações mútuas diretas com outra e, portanto, os interesses unilaterais de um lado da produção serão regulados e equilibrados pelo outro lado. A responsabilidade por dar e receber crédito será devolvida às associações. Isso não prejudica o escopo e a atividade de indivíduos com faculdades especiais; ao contrário, somente esse método dará total objetivo às faculdades individuais: o indivíduo é responsável por sua associação para alcançar os melhores resultados possíveis. A associação é responsável por outras associações para utilizar esses resultados individuais para o bem. O desejo individual de ganhar não será mais uma produção imposta na vida da comunidade; a produção será regulada pelas necessidades da comunidade.

Todos os tipos de transação são possíveis entre novas associações e antigas formas de negócios – não há dúvida que os antigos devem ser destruídos e substituídos pelos novos. O novo simplesmente toma o seu lugar e tem de justificar-se e provar seu poder inerente, enquanto o antigo é diminuído... O essencial é que a idéia triplicada estimule uma inteligência social real nos homens e mulheres da comunidade... As faculdades individuais dos homens, trabalhando em harmonia com as relações humanas baseadas na esfera dos direitos e com a produção, circulação e consumo, que são regulados pelas associações econômicas, resultarão na maior eficiência possível. O aumento do capital e o ajuste correto do trabalho e retorno dele aparecerão como conseqüência final...

Se um homem rejeita essa idéia ou se a aceita, vai depender de reunir a vontade e a energia de trabalhar a seu modo na esfera das causas. Se ele age dessa forma, irá parar de considerar as instituições externas isoladamente; sua atenção será voltada para os seres humanos que fazem as instituições. A divisão do trabalho separa os homens; as forças que vêm dessas três esferas da vida social, uma vez independentes, irão uni-las novamente... Essa demanda inevitável ao tempo é mostrada sob luz vívida, em fatos concretos, como a intensificação contínua do sistema de crédito... A longo prazo, o crédito não funcionará de forma saudável, a não ser que seu doador se sinta responsável por tudo o que é criado por meio dessa doação. O receptor do crédito, pelas associações, deve lhe dar bases para justificar sua responsabilidade. Para uma economia nacional saudável, não é importante apenas que o crédito favoreça o espírito empreendedor, mas também que os métodos e instituições corretas existam para possibilitar que o espírito empreendedor trabalhe de forma socialmente útil.

Os pensamentos sociais que começam com a idéia triplicada não objetivam substituir negócios livres governados por estoque e demanda por um sistema de racionamento e regulamentações. Seu objetivo é perceber os verdadeiros valores relativos das mercadorias, com a idéia de que o produto do trabalho de um homem deva ser equivalente, em valor, a todas as outras mercadorias de que necessita para seu consumo durante o tempo que ele passa produzindo.

Sob o sistema capitalista, a demanda deve determinar se alguém irá responsabilizar-se pela produção de certa mercadoria. Mas só a demanda nunca irá determinar se será possível produzir a um preço correspondente ao seu valor no sentido acima definido. Isso só pode ser determinado por métodos e instituições pelas quais a sociedade, sob todos os aspectos, irá criar uma valorização sensível das diferentes mercadorias. Qualquer um que duvide que vale a pena lutar por isso não possui visão alguma, pois ele não vê que, sob a simples regra de estoque e demanda, as necessidades humanas cuja satisfação elevaria a vida civilizada da comunidade estão sendo privadas de alimento.

Ele não tem sentimento algum pela obrigação de tentar incluir a satisfação de tais necessidades entre os incentivos práticos de uma comunidade organizada. O objetivo essencial da sociedade triplicada é criar um equilíbrio justo entre as necessidades humanas e o valor dos produtos do trabalho humano.

4. IMPULSOS ANGÉLICOS NA VIDA SOCIAL

O que os anjos, os seres espirituais mais próximos dos homens, estão fazendo no corpo astral humano na era atual? Um certo grau de, no mínimo, cognição imaginativa[18] deve ser apresentado se deseja responder a essa

---
18. Veja Capítulo 2.2 – *Níveis de Consciência*.

pergunta. Será revelado que esses seres da hierarquia dos anjos – especialmente pelo trabalho acertado, embora, de certa forma, cada anjo possua sua tarefa em conexão com cada ser humano – formam *figuras* no corpo astral do homem sob o guia dos espíritos da forma, os *exusiai*...

Se observarmos anjos fazendo seu trabalho, é claro que eles possuem uma definição muito fixa para a configuração futura da vida social humana; seu objetivo é produzir, nos corpos astrais humanos, tais figuras que criarão condições sociais definidas no futuro. As pessoas podem se afastar da noção de que os anjos querem inspirar nelas ideais para o futuro, mas é tudo a mesma coisa. De fato, ao formar essas figuras, eles trabalham em um princípio definido, isto é, que, no futuro, nenhum ser humano encontrará paz na felicidade se os outros, que estão ao seu lado, estiverem infelizes. Um impulso de *fraternidade* no sentido absoluto, unificação da raça humana em fraternidade corretamente compreendida – esse deve ser um princípio que irá governar as condições sociais.

Existe um segundo impulso no trabalho dos anjos. Eles possuem determinados objetivos não apenas com relação à vida social externa, mas à vida da alma do homem. Por meio das figuras, inculcam no corpo astral; seu objetivo é que, no futuro, cada ser humano possa ver em cada um de seus companheiros uma *divindade* oculta. Claramente, de acordo com suas intenções, as coisas devem tornar-se diferentes. Nem em teoria nem na prática, devemos observar somente as qualidades físicas do homem, olhando para ele como um animal altamente desenvolvido, mas também devemos confrontar cada ser humano com o sentimento completamente desenvolvido de que, nele, algo das bases divinas do mundo é revelado em carne e osso. Com toda a seriedade, toda a força e toda a visão sob nosso comando para conceber o homem como uma figura revelada pelo mundo espiritual – esse é o impulso dado pelos anjos nessas figuras.

Uma vez que isso seja alcançado, haverá uma conseqüência muito definida. A base de todo sentimento religioso livre, no futuro, será o reconhecimento, não apenas em teoria, mas na prática, de que cada ser humano é criado à semelhança da divindade. Não haverá necessidade, pois, da coerção religiosa, porque cada encontro entre homens será, no princípio, um rito religioso, um sacramento; e ninguém necessitará de uma Igreja especial com instituições no plano físico para sustentar a vida religiosa. Se a Igreja compreende a si mesma verdadeiramente, seu objetivo deve ser somente o de se fazer desnecessária no plano físico, conforme o todo da vida se torna a expressão do supersensível. A concessão de completa *liberdade na vida religiosa* do homem – isso, no mínimo, está na base dos impulsos dos anjos.

Há um terceiro objetivo: tornar possível para os homens alcançar o espírito por meio do pensamento, atravessar o abismo e, pelo pensamento, chegar ao espírito. A ciência espiritual do espírito, liberdade de religião para a alma, fraternidade para o corpo – isso soa como música cósmica por meio do trabalho feito pelos anjos nos corpos astrais dos homens.

Tudo o que é necessário é elevar nossa consciência a um nível diferente, e devemos nos sentir transportados a esse local maravilhoso do trabalho feito pelos anjos no corpo astral humano. Vivemos na era da consciência da alma, quando os homens devem, gradualmente, compreender conscientemente esse trabalho dos anjos. Onde devemos procurá-lo? Ele ainda pode ser encontrado no homem quando ele dorme, e também nos estados de sonolência... enquanto, apesar de estar acordado, o homem dorme durante um momento, pode ser visto como, em seus corpos astrais, independentemente do que ele queira ou não saber, o importante trabalho dos anjos continua... O que realmente importa é que os homens devem tornar-se conscientes dessas coisas. Essa era da consciência da alma está indo em direção a um evento definido e dependerá dos próprios homens a forma como ela terá seu efeito. Puramente por meio da consciência da alma, de seu pensamento consciente, os homens devem buscar o ponto de realmente *perceberem* o que os anjos estão fazendo para preparar o futuro da humanidade... Porém, o progresso em direção à liberdade já foi tão longe que depende apenas do próprio homem se ele ignorará esse evento ou se vai enfrentá-lo conscientemente. Isso exigiria o estudo da ciência espiritual; nada mais é realmente necessário. A prática de meditação e a atenção ao guia trazido pelo livro *Conhecimento de Mundos Superiores* serão um suporte adicional, mas o passo essencial foi dado quando a ciência espiritual foi estudada e compreendida conscientemente, e isso pode ser feito sem desenvolver as faculdades de clarividência – qualquer um que não obstrua seu próprio caminho com preconceitos é capaz disso. Então, sua mente ficará tão aberta que, em vez de ignorar certos eventos, ele será consciente deles.

Esses eventos podem ser caracterizados em mais detalhes. O ponto essencial é que, em um tempo definido – dependendo da atitude que os próprios homens adotam, acontecerá mais cedo ou mais tarde, ou pior, nunca –, uma verdade triplicada será revelada à humanidade pelos anjos.

Em primeiro lugar, será mostrado como seu interesse genuíno fará com que o homem seja capaz de compreender o lado mais profundo da natureza humana. Chegará uma época, que não deverá ser ignorada, em que o homem receberá, do mundo espiritual, por intermédio de seu anjo, um impulso estimulante que irá gerar um interesse muito mais profundo do que o demonstrado hoje pelo ser humano. Esse interesse melhorado por nossos companheiros não irá se desenvolver de forma subjetiva e fácil; mas, por meio de um golpe, um certo segredo será inspirado aos homens pelo lado espiritual, isto é, *aquilo que o outro realmente é*. Por isso, quero dizer que se trata de algo completo, e não de qualquer tipo de consideração teórica. Os homens aprenderão a experimentar algo que pode interessá-los em cada ser humano. Esse será o ponto que afetará a vida social.

Em segundo lugar, será revelado, irrefutavelmente, pelo mundo espiritual, que o impulso de Cristo requer, além de todo o restante, total liberdade religiosa, que somente a Cristandade que torna a liberdade religiosa possível está correta. Em terceiro lugar, uma visão inquestionável da natureza espiritual do mundo.

Esse evento deve ocorrer de tal forma que a consciência da alma possua uma relação com ele. O anjo está trabalhando para isso, por meio de suas figuras no corpo astral do homem. Deve ser enfatizado que o evento já está à disposição da vontade humana. Muitas coisas que deveriam levar à conscientização desse evento podem ser, e estão sendo, deixadas de lado.

Mas, como você sabe, há outros seres trabalhando na evolução do mundo e que estão interessados em desviar o homem de seu curso: os seres arimânicos e os luciféricos. Isso pertence à evolução divina da humanidade. Se os homens fossem seguir as regras de sua natureza, dificilmente falhariam em perceber o que o anjo estivesse fazendo em seu corpo astral; mas os seres luciféricos objetivam desviar o homem desse trabalho. Eles conseguem isso desviando o livre-arbítrio do homem. Na verdade, tencionam fazer o bem ao homem, pois, nesse aspecto, Lúcifer deseja que haja bondade e espiritualidade no homem, mas, automaticamente, sem a presença do livre-arbítrio. O homem deve ser guiado automaticamente, de acordo com os bons princípios, à clarividência; porém, os seres luciféricos querem a possibilidade de fazer o mal, de transformar o homem em um ser que age de acordo com o espírito, mas como reflexo, como automatização, sem o livre-arbítrio... Os seres arimânicos também trabalham para obscurecer essa revelação. Eles tencionam instilar no homem a convicção de que ele não é nada além de um animal completamente desenvolvido...

Qual seria o resultado se os anjos fossem obrigados a agir sem que o homem tivesse participação, a trabalhar em seus corpos etéreo e físico durante o sono? O resultado seriam três coisas: primeiro, algo seria engendrado nos corpos adormecidos – enquanto o ego e o corpo astral não estão presentes –, e o homem não os encontraria em liberdade, mas ao despertar. Entretanto, trata-se de instinto, e não de consciência, da atividade espiritual e é, portanto, prejudicial. Certos conhecimentos instintivos que surgirão ligados ao mistério do nascimento e da concepção, com a vida sexual como um todo, ameaçam tornar-se prejudiciais, caso ocorram... Certos instintos ligados à vida sexual surgiriam de forma perniciosa, em vez de maneira benéfica, em clara consciência desperta. Esses instintos não seriam meras aberrações, mas passariam a configurar a vida social; iriam, acima de tudo, prevenir os homens, por meio do que fará parte de seu sangue como efeito da vida social, desvendando a fraternidade de qualquer forma, e os induzir a uma rebelião. Isso seria uma questão de instinto... E o que dirão os especialistas quando tal instinto surgir? Dirão que é uma necessidade da Natureza, que deve vir com a evolução humana. A luz não pode chegar a tais assuntos pela ciência natural, pois, se os homens tornarem-se anjos ou demônios, simplesmente dirão: o último é o resultado do primeiro. A interpretação da Natureza em termos de causalidade pode ser tão grande quanto astuta! O fato é que tais coisas somente podem ser vistas por meio da cognição espiritual supersensível.

O segundo aspecto diz respeito ao trabalho, que envolve mudanças nos próprios anjos, e outro resultado se apresenta: o conhecimento instintivo de determinados medicamentos, mas de um tipo prejudicial. Tudo o que está ligado à Medicina fará um grande avanço materialmente; porém, os homens irão adquirir visões instintivas das propriedades medicinais de certas substâncias e tratamentos e, conseqüentemente, farão um mal terrível. Porém, o mal será útil – um homem doente será chamado de sadio, pois perceberão que o tratamento o leva a algo prazeroso; as pessoas irão gostar das coisas que fazem com que o homem não seja sadio. Ele saberá, instintivamente, a quais doenças determinados tipos de substâncias e tratamentos podem induzir. Então, será possível criar ou não a doença, totalmente de acordo com seus objetivos egoístas.

O terceiro resultado será que o homem conhecerá forças definidas que, por meio de fácil manipulação, fazem soar certas vibrações as quais possibilitam que ele seja capaz de liberar forças mecânicas tremendas. Instintivamente, irá perceber um guia mental particular do princípio mecânico, e toda tecnologia velejará para águas desoladoras. Porém, o egoísmo encontrará nessas águas desoladoras um grande uso e uma grande vantagem.

Esse é um fragmento do conhecimento concreto da evolução, que pode ser corretamente avaliado somente por aqueles que percebem que uma visão não espiritual da vida nunca poderá ser clara sobre essas coisas... O homem deverá se alegrar no crescimento de seu conhecimento instintivo de determinados processos e substâncias medicinais, e ter satisfação em obedecer a certas aberrações do impulso sexual, que o enalteceria como evidência de um desenvolvimento particularmente alto da sobre-humanidade, da liberdade do preconceito, da tolerância! De certa forma, a feiúra seria a beleza, e a beleza seria a feiúra. Nada disso seria percebido porque tudo seria visto como necessidade natural. Porém, denotaria um desvio do caminho que, na natureza da humanidade, é prescrito para o ser essencial do homem...

    O homem necessita de lealdade interior,
    Lealdade à liderança dos seres espirituais.
    Ele pode construir essa lealdade,
    Sua existência e seu ser eternos,
    E, então, deixar que a luz eterna
    Flua e trabalhe por meio de sua existência de sentidos.

5. O HOMEM VAZIO

As pessoas têm a idéia de que um homem é um homem, de que o atual homem inglês ou alemão é um homem, assim como foi o antigo egípcio. Porém, sob a luz do conhecimento real, isso não faz sentido, pois quando o antigo egípcio se voltou para seu interior, de acordo com as regras da iniciação, ele encontrou algo que o homem de nosso tempo não acha em si, pois não existe mais. O que ainda podia ser encontrado nos tempos pré-cristãos e, em parte, até na alma grega da era cristã foi perdido na constituição da alma do homem. Quando o homem olhava para dentro de si naquela época, encontrava seu ego; mesmo que de forma fraca e não em seus conceitos de consciência completos, mas achava seu ego. Não há contradição em dizer que, de certa forma, o ego nasceu somente por causa da Cristandade. Como consciência *ativa*, ele *nascia* apenas pela Cristandade. Entretanto, o homem daquela época não encontrava seu ego; pois algo desse ego, do ego real e verdadeiro, permanecia nele após seu nascimento. Você perguntará: "O homem de hoje *não* encontrará seu ego?" Não, ele não vai, pois o verdadeiro ego termina quando nascemos. O que vemos dele é somente um reflexo. É apenas algo que reflete nosso ego pré-natal em nós... Mas esse ego real, que podia ser encontrado naquela época, não está presente, atualmente, no homem que olha para dentro de si, da mesma forma como seu ser está unido ao corpo. Ele só experimenta seu ego indiretamente quando se relaciona com outras pessoas e seu carma entra em cena.

Se encontramos outra pessoa e algo acontece entre nós, ligado ao nosso carma, então algo do impulso do verdadeiro ego penetra em nós. Porém, o que chamamos de nosso ego é somente um reflexo; e pelo fato de experimentar este ego como mero reflexo nesta quinta época pós-Atlântida, estamos preparados para experimentar o ego em uma nova forma na sexta era. É característico da época da consciência da alma que o homem possuía seu ego somente como um reflexo, para que, ao entrar na época do espírito próprio, ele possa ser capaz de experimentar seu ego novamente de uma forma nova e diversa; somente isso será, de certa forma, diferente daquilo que ele aprecia fazer em nossa época. No presente, o homem prefere chamar o reflexo de seu ego, mesmo este não sendo o que se apresentará a ele na sexta época. No futuro, as pessoas terão, mais raramente, essas inclinações místicas que os homens possuem atualmente, para pensar internamente, de forma a encontrar o verdadeiro ego — que eles ainda chamam de ego divino!

Os homens terão de se acostumar, entretanto, a ver o ego *somente no mundo exterior*. A estranha condição surgirá quando cada pessoa que nos conhecer e que possuir alguma ligação conosco tiver mais a ver com o nosso ego do que qualquer outra coisa fechada em nossa pele. O homem está se dirigindo à idade social no futuro em que ele dirá a si mesmo: "Meu ser está no exterior com todos aqueles a quem encontro: ele está mais longe de mim. Enquanto vivo como um ser vivo entre o nascimento e a morte, recebo a mim mesmo a partir de todos os tipos de coisas, mas não pelo que está dentro de mim". Esse aparente paradoxo já está sendo preparado indiretamente; nele, as pessoas estão aprendendo a sentir como são terrivelmente pequenas em seu reflexo. Qualquer um pode descobrir a verdade chamando à mente sua biografia e perguntando a si mesmo o que ele deve, desde o nascimento, a uma ou outra pessoa. Dessa forma, irá, gradual e lentamente, resolver-se em influências que partem dos outros e encontrará muito pouco naquilo que ele normalmente considera ser seu ego, que é, na realidade, somente um reflexo, como já foi dito.

Falando de forma um pouco grotesca, podemos dizer: "Nos tempos em que ocorreu o mistério do Gólgota, o homem foi esvaziado; tornou-se oco". O ponto significativo é que aprendemos a reconhecer o mistério do Gólgota como um impulso quando o vemos em sua relação recíproca com esse esvaziamento do homem. Devemos ser claros ao falar da realidade de o espaço que ainda podia ser encontrado no homem anteriormente – digamos nos mistérios egípcio-semíticos – dever ser preenchido de alguma maneira. Naquela época, ele era parcialmente preenchido pelo ego real, que agora chega ao fim no nascimento, ou no início da infância, pois ainda é evidente nos primeiros anos da infância. Esse espaço foi preenchido pelo impulso de Cristo. Eis o processo verdadeiro...

O Impulso de Cristo não deve ser concebido como mero ensinamento, como uma teoria, mas deve ser compreendido de acordo com sua atualidade. Não somente aquele que compreende que essa herança ocupe o espaço vazio no sentido da antiga iniciação do mistério compreenderá o significado do mistério do Gólgota em sua mais profunda verdade. Um homem, atualmente, não pode tornar-se portador de Cristo imediatamente, como na antiga iniciação egípcia; porém, de qualquer forma, ele se torna um portador de Cristo quando Cristo preenche o espaço vazio dentro dele.

Então, a perda de significado dos princípios dos antigos mistérios revela o grande significado do segredo de Cristo, sobre o qual falei em meu livro *Cristandade como Fato Místico*: o que foi experimentado anteriormente nas profundezas dos mistérios, e o que fez do homem um "Christopherus", foi criado no grande palco da história mundial e alcançou um fato externo. Essa é a realidade. A partir disso, você também verá que, desde os tempos antigos, o princípio da iniciação teve de passar por uma mudança, uma transformação; pois aquilo que os mistérios antigos criaram diante de si como algo a ser buscado no homem não pode ser encontrado ali atualmente...

6. CONSTITUIÇÃO DE UMA SOCIEDADE ANTROPOSÓFICA[19]

1. O objetivo da Sociedade Antroposófica é ser uma união de seres humanos que desejam prolongar a vida da alma – nas sociedades

---

19. Um exemplo de organismo social que deixa seus membros totalmente livres.

individual e humana – na base de um verdadeiro conhecimento do mundo espiritual.

2. O núcleo dessa Sociedade é formado pelas pessoas – os indivíduos, bem como os grupos representados – reunidas no Goetheanum, em Dornach, no Natal de 1923. Elas estão plenas de convicção de que já existe uma real ciência do mundo espiritual, elaborada durante anos e cujos dados importantes já foram publicados. Elas afirmam, além do mais, que a civilização atual não cultiva tal ciência. Essa deve ser a tarefa da Sociedade Antroposófica. Ela irá empenhar-se para completar essa tarefa, fazendo da ciência espiritual antroposófica cultivada no Goetheanum, em Dornach, o ponto central de suas atividades, com todos os resultados a partir do interior do homem com relação à fraternidade no relacionamento humano, à vida moral e religiosa, assim como à vida artística e espiritual.

3. As pessoas reunidas em Dornach como um núcleo da Sociedade reconhecem e apóiam a visão daqueles que são responsáveis no Goetheanum (representado pelo Executivo formado na Reunião de Fundação) com respeito ao seguinte:

"A Antroposofia, como buscada no Goetheanum, leva a resultados que podem auxiliar cada ser humano – sem distinção de nação, posição social ou religião – como um incentivo à vida espiritual. Esses resultados podem levar a uma vida social realmente baseada em amor fraternal. Fazer com que esses resultados pertençam a alguém e basear a vida de alguém sobre eles não depende de acordo especial de aprendizado ou educação, mas somente de uma natureza humana imparcial. Entretanto, ao pesquisá-los, assim como a avaliação competente desses resultados, depende-se de treinamento científico espiritual, que pode ser adquirido passo a passo. Esses resultados são, à sua maneira, tão exatos quanto os da ciência natural genuína. Se eles concordam com o mesmo reconhecimento geral como os resultados da ciência natural, criarão um progresso semelhante em todas as esferas da vida, não apenas no domínio espiritual, mas também no domínio prático".

4. A Sociedade Antroposófica não é, de forma alguma, uma sociedade secreta. Ela é totalmente pública. Qualquer um pode tornar-se membro, não importa sua nacionalidade, posição social, religião, orientação científica ou artística, que considere a existência de uma instituição como o Goetheanum, em Dornach, em sua capacidade como escola de ciência espiritual a ser justificada. A Sociedade Antroposófica é avessa a qualquer tipo de tendência sectária. A política não deve fazer parte de suas tarefas...

VIII

BASES FILOSÓFICAS

1. O ATO DE SABER

O homem ingênuo aceita a vida como ela é e considera as coisas reais quando se apresentam a ele. O primeiro passo, entretanto, que damos além desse ponto de vista pode ser somente este: que perguntemos como o pensamento está ligado à percepção. Não faz diferença se a percepção, conforme a mim apresentada, existe ou não continuamente antes e depois de formar a imagem mental; se eu quero afirmar qualquer coisa, o que quer que seja, somente posso fazê-lo com a ajuda do pensamento. Se afirmar que o mundo é minha imagem mental, enuncio o resultado de um ato de pensar e, se meu pensamento não é aplicável ao mundo, então esse resultado é falso. Entre uma percepção e todos os tipos de afirmação sobre ela intervém o pensamento.

O motivo pelo qual, geralmente, supervisionamos o pensamento em nossa consideração das coisas está no fato de que nossa atenção está concentrada somente no objetivo no qual estamos pensando, mas não ao mesmo tempo que o próprio pensamento. A consciência ingênua, portanto, trata o pensamento como algo que não tem nada a ver com as coisas, porém fica distante delas e volta sua consideração para o mundo. A imagem que o pensador faz dos fenômenos do mundo não é vista como pertencendo às coisas, mas como algo que existe somente na mente humana. O mundo é completo por si só sem essa imagem. Ele está completo em todas as suas substâncias e forças e, a partir desse mundo pronto, o homem cria uma imagem. Quem quer que pense assim deve ser questionado em uma coisa. Que direito você tem de declarar que o mundo seja completo sem o pensamento? O mundo não cria o pensamento nas mentes dos homens com a mesma necessidade com que se produz a flor em uma planta? Plante uma semente na terra. Ela cria raiz e caule, desdobra-se em folhas e flores. Coloque a planta diante de você. Ela se conecta com sua alma por meio de um conceito definido. Por que esse conceito deveria pertencer menos à planta como um todo do que as folhas e as flores? Você diz que as folhas e flores existem distantes de um sujeito imperceptível, o conceito só aparece quando um ser humano confronta a planta. É mais ou menos assim. Porém, as folhas e flores também aparecem na planta somente se houver um solo em que a semente possa ser plantada, e luz e ar para que as folhas e flores possam se desenvolver. Dessa forma, o conceito da planta surge quando uma consciência pensante se aproxima da planta.

É muito arbitrário observar a soma daquilo que experimentamos de algo por meio da simples percepção da coisa como um todo, enquanto aquilo que se revela pela *contemplação pensativa* é visto como mero acréscimo, que nada tem a ver com a coisa. Se me derem um botão de rosa, hoje, a imagem que se apresenta à minha percepção é completa somente no momento. Se eu colocar o botão na água, amanhã devo ter uma imagem muito diferente de meu objeto. Se observar o botão de rosa sem parar, deverei ver o estado de hoje se modificar continuamente para o estado de amanhã por meio de um número infinito de estágios intermediários. A imagem que se apresenta a mim, a qualquer momento, é apenas um corte transversal ocasional de um objeto que está em um processo contínuo de desenvolvimento. Se não colocar o botão na água, toda uma série de estados que se apresentam como *possibilidades* não se desenvolverá. Da mesma forma, amanhã, posso ser impedido de observar a flor e, portanto, terei uma imagem incompleta dela.

Seria um tipo de opinião não objetiva e fortuita declarar a aparência puramente momentânea de uma coisa: *isso* é a coisa. Tão pequeno quanto o objeto é legitimar o olhar às características perceptíveis. Seria possível, para um espírito, receber o conceito ao mesmo tempo que a percepção, e unido a ela. Nunca ocorrerá a tal espírito que o conceito não pertença ao objeto. Ele teria de relacionar ao conceito uma existência indivisivelmente ligada ao objeto...

Não é da natureza dos objetos nos serem dados pela primeira vez sem seus conceitos correspondentes; eles são oferecidos à nossa organização mental. Todo o nosso ser funciona de forma que, a partir de cada objeto real, os elementos nos chegam de dois lados, o da *percepção* e o do *pensamento*.

A forma como eu me organizo para aprender as coisas nada tem a ver com a natureza delas. O espaço que há entre perceber e pensar existe somente no momento em que eu, como espectador, confronto as coisas. Quais elementos pertencem ou não às coisas não pode depender, de forma alguma, da maneira como obtenho conhecimento desses elementos.

O homem é um ser limitado... É por causa disso que um objeto se apresenta para nós como algo simples e isolado, quando, na verdade, ele não é, de forma alguma, um ser isolado. Por exemplo, a qualidade simples do "vermelho" não deve ser encontrada isoladamente em parte alguma. Ela está completamente rodeada por outras qualidades às quais pertence e sem as quais não poderia subsistir. Para nós, entretanto, é necessário isolar determinadas partes do mundo e considerá-las separadamente. Nossos olhos podem captar somente conceitos isolados a partir de um sistema conceitual conectado. Essa separação é um ato subjetivo, que se deve ao fato de que não somos idênticos ao processo mundial; somos um ser isolado entre outros seres.

O mais importante, agora, é determinar como o ser que somos está relacionado a outras entidades. Essa definição deve ser diferenciada do ato de tomarmos a consciência de nós mesmos. Para essa ciência de nós mesmos, dependemos da percepção, da mesma forma como procedemos com a ciência de qualquer outra coisa. A minha própria percepção revela diversas qualidades que combino em minha personalidade como um todo, da mesma forma como reúno, as qualidades amarelo, metálico, duro, etc. na unidade "ouro". A percepção de mim mesmo não me leva além da esfera daquilo que me pertence. Essa percepção deve ser diferenciada da minha determinação por meio do *pensamento*. Assim, pelo pensamento, eu encaixo qualquer percepção externa a todo o contexto do mundo; então, pelo pensamento, eu integro ao processo mundial as percepções que fiz de mim mesmo. A autopercepção me confina em limites definidos, mas meu pensamento não está ligado a esses limites. Dessa forma, sou um ser bilateral. Estou preso na esfera que percebo como sendo de minha personalidade, mas também sou o portador de uma atividade que, de uma esfera mais elevada, define minha existência limitada.

Nosso pensamento não é individual como os sentidos e sentimentos; ele é universal. Ele recebe um selo individual em cada ser humano somente porque está relacionado aos seus sentimentos e sensações individuais. Por meio dessas nuances do pensamento universal, os homens, como indivíduos, diferenciam-se uns dos outros. Existe somente um conceito de "triângulo". Ele é bem imaterial para o conteúdo desse conceito se está na consciência de A ou B. Ele será concebido, entretanto, por cada um dos dois à sua própria maneira.

Esse pensamento é oposto por um preconceito comum, muito fácil de ser superado. Esse preconceito impede uma pessoa de ver que o conceito de um triângulo que minha mente tem é o mesmo presente na mente de meu vizinho. O homem ingênuo acredita que ele mesmo seja o criador de seus conceitos. Então, acredita que cada um tem seus próprios conceitos.

É uma condição fundamental do pensamento filosófico que esse preconceito seja superado. O conceito único e uniforme de "triângulo" não se torna múltiplo por ser pensado por muitas pessoas, pois o pensamento da maioria é uma unidade.

No pensamento, temos o elemento que nos é dado e que une nossa individualidade isolada e uma individualidade com o Cosmos. Como sentimos (e também percebemos), somos seres isolados; como pensamos, somos seres todos-em-um que integram tudo. Este é o mais profundo significado de nossa natureza bilateral: vemos nascer em nós mesmos uma força puramente absoluta, universal, mas que podemos aprender a conhecer, não da forma como ela surge do centro do mundo, porém como um ponto na periferia. Se esse fosse o caso, deveríamos compreender todo o mistério do Universo no momento em que nos tornamos conscientes. Porém, já que estamos em um ponto da periferia e descobrimos que nossa existência está ligada por limites definidos, devemos conhecer a região que está fora de nosso próprio ser com a ajuda do pensamento, que se projeta em nós a partir da existência do mundo universal.

O fato de que pensar, para nós, vai além de nossa existência "isolada" e se relaciona à existência do mundo universal faz surgir a urgência fundamental para o conhecimento. Seres sem pensamento não possuem essa urgência. Quando se deparam com outras coisas, nenhuma questão surge delas. Essas outras coisas permanecem exteriores a tais seres. Mas, nos seres pensantes, o conceito surge quando eles confrontam o objeto externo. É essa a parte que recebemos, não do exterior, mas do interior; combinar, unindo os dois elementos, interior e exterior traz absoluto *conhecimento*.

A percepção não é, portanto, algo terminado e autocontido, mas apenas um lado da realidade completa. O outro lado é o conceito. O ato de saber é a síntese da percepção e do conceito. Somente a percepção e o conceito juntos constituem o objeto inteiro...

2. A IDÉIA DE LIBERDADE

Entre os níveis de disposição referentes à caracterização, selecionamos como o mais alto aquele que trabalha como *pensamento puro* ou *razão prática*. Entre os motivos, selecionamos a *instituição conceitual* como o mais elevado. Em uma consideração mais próxima, será visto que, nesse nível de moralidade, *força motriz* e *motivo* coincidem; isto é, nem uma disposição caracteriológica predeterminada nem uma autoridade externa de um princípio moral aceito influenciam nossa conduta. A ação não é, portanto, estereotipada, que meramente segue certas regras, nem aquela que nós, automaticamente, desenvolvemos em resposta a um impulso externo; porém, é uma ação determinada pura e simplesmente por seu próprio conteúdo ideal.

Tal ação pressupõe a capacidade para intuições morais. Quem quer que não possua a capacidade de experimentar por si mesmo o princípio moral particular em cada situação isolada, nunca alcançará a verdadeira vontade individual.

O princípio de moralidade de Kant – agir de forma que a base de sua ação deve ser válida para todos os homens – é o exato oposto. Seu princípio significa a morte a todos os impulsos individuais de ação. Para mim, o padrão nunca pode ser a forma como todos os homens agem, mas sim aquilo que, para mim, deve ser feito em cada caso individual...

Os homens variam em sua capacidade de intuição. Em um, as idéias simplesmente aparecem; outro as adquire com muito trabalho. As situações nas quais os homens vivem e que fornecem as cenas de suas ações não são menos variadas. A conduta de um homem dependerá, portanto, da maneira com que sua faculdade de intuição trabalhar em determinada situação. A soma das idéias que são efetivas em nós, o conteúdo concreto de nossas instituições constituem o que é individual em cada um de nós, não obstante a universalidade do mundo das idéias. Até que esse conteúdo intuitivo se aplique à ação, ele constitui o conteúdo moral do indivíduo. Permitir que esse conteúdo se expresse na vida é a força motriz mais elevada e o maior motivo que um homem pode ter; para aquele que enxerga isso nesse conteúdo, todos os princípios morais são, a longo prazo, unificados. Podemos chamar esse ponto de vista de *individualismo ético*.

O fator decisivo de uma ação determinada intuitivamente em qualquer instância concreta é a descoberta da intuição individual puramente correspondente. Nesse nível de moralidade, a pessoa somente pode falar sobre conceitos gerais da moralidade (padrões, leis) até que estes resultem da generalização dos impulsos individuais. Os padrões gerais sempre pressupõem fatos concretos dos quais eles podem ser derivados. Porém, os fatos devem primeiro ser *criados* pela ação humana.

Se buscarmos regras (princípios conceituais) que baseiam as ações de indivíduos, pessoas e épocas, obteremos um sistema ético que não é muito bem uma ciência das leis morais como história natural da moralidade. Somente as leis obtidas dessa forma estão relacionadas à ação humana, assim como as leis da natureza vinculam-se a um fenômeno particular. Essas leis, entretanto, não são, de forma alguma, idênticas aos impulsos nos quais baseamos nossas ações. Se desejamos compreender como a ação de um homem surge de sua vontade *moral*, devemos primeiro estudar a relação dessa vontade com a ação. Acima de tudo, mantemos a atenção naquelas ações em que essa relação é o fator determinante. Se eu, ou qualquer outra pessoa, refletir sobre tal ação, descubro quais princípios morais são questionados com relação a ela. Enquanto estou fazendo a ação, sou influenciado por uma máxima moral até que ela possa viver em mim intuitivamente; isso está ligado ao meu *amor* pelo objetivo que desejo alcançar por meio de minha ação. Não pergunto a nenhum homem e a nenhuma regra:

"Devo fazer essa ação?", mas a faço assim que tenho a idéia. Isso faz dela a *minha* ação. Se um homem age somente porque aceita certos padrões morais, sua ação é o resultado dos princípios que compõem seu código moral. Ele simplesmente obedece a ordens. Ele é um autômato superior. Injete um pouco de estímulo para ação em sua mente, e, de repente, o relógio de seus princípios morais irá se acertar e percorrer o curso definido para resultar em uma ação cristã, ou humana, ou aparentemente altruísta, ou calculada para promover o progresso da civilização. Somente quando sigo meu amor pelo objetivo, sou eu quem age. Eu ajo, nesse nível de moralidade, não porque reconheço um senhor acima de mim, ou uma autoridade externa, ou uma voz interior; eu não percebo princípio exterior para a ação porque criei em mim mesmo a base para minha ação, isto é, meu amor pela ação. Não penso se minha ação é boa ou má; mas eu a faço porque a *amo*. Essa ação será "boa" se minha intuição, impregnada de amor, encontrar seu lugar na continuação do mundo intuitivamente experimentável; ela será "má" se esse não for o caso. Novamente, não me pergunto: "Como outro homem agiria em meu lugar?" Eu ajo como eu, essa individualidade particular, vejo uma oportunidade. Meu guia imediato não é o costume geral nem o hábito comum, nenhuma máxima aplicada a todos os homens, e sim meu amor pelo feito. Não sinto compulsão; nem a da Natureza que me guia por meio de meus instintos, nem a dos mandamentos morais; eu quero simplesmente fazer o que está dentro de mim.

Quando, em círculos brilhantes de espírito,
A alma governa
A pura força do pensamento,
Ela cria o conhecimento da liberdade.

Quando, na busca completa da vida,
O homem conscientemente livre
Cria sua vontade em seu ser,
Então, existe a realidade da liberdade.

3. A FALÁCIA DO KANTISMO

Se pudermos reduzir a uma fórmula simples uma expressão imensurável e brilhante da teoria crítica do conhecimento, diremos que o filósofo crítico vê nos fatos do horizonte da consciência imagens mentais, figuras, lembranças; e ele sustenta que uma possível relação com um exterior transcendental pode ser encontrada somente *dentro* da consciência do pensamento. Ele sustenta que a consciência, é claro, não salta sobre si mesma, não pode sair de si mesma para adentrar uma entidade transcendental. Tal concepção, na verdade, possui algo que parece auto-evidente: ainda que esteja sobre uma pressuposição de que alguém precisa somente ver para rejeitar. Parece quase um paradoxo quando alguém coloca contra o idealismo subjetivo expresso na concepção recém-citada a acusação de um materialismo velado. Ninguém pode agir de forma contrária. Permitam-me esclarecer, por meio de uma comparação, o que pode ser dito aqui. Que seja impresso um nome em cera com um selo. O nome, com tudo o que pertence a ele, foi transferido à cera pelo selo. O que não pode atravessar para a cera é o metal do selo. A cera substitui a alma do ser humano, e o selo está no lugar do transcendental.[20] Torna-se óbvio, então, que ninguém pode declarar ser impossível para o transcendental atravessar a imagem de metal, a não ser que alguém crie o conteúdo objetivo do transcendental como não espiritual, já que a passagem de um conteúdo espiritual poderia ser concebida em analogia com a completa recepção do nome na cera. Para servir à demanda do idealismo crítico, teria de ser levantada a hipótese de que o conteúdo do transcendental deve ser concebido em analogia com o metal do selo. Isso só pode ser obtido conforme a hipótese materialista velada de que o transcendental deve ser recebido em uma imagem mental na forma de uma passagem concebida materialmente. No evento em que o transcendental é o espiritual, o pensamento da tomada deste pela imagem mental é inteiramente possível.

Um deslocamento maior, como os simples fatos da consciência, é causado pelo idealismo crítico em razão de ele deixar de lado a questão da relação factual existente entre o conteúdo cognitivo e o ego. Se alguém presume *a priori* que o ego, juntamente com o conteúdo das leis do mundo reduzido à forma das idéias e conceitos, é externo ao transcendental, simplesmente deixará evidente que este ego não pode saltar sobre si mesmo — isto é, ele deve sempre permanecer fora do transcendental. Porém, essa pressuposição não pode ser sustentada diante de uma observação imparcial dos fatos da consciência. Pela simplicidade, devemos nos referir ao conteúdo da rede cósmica da lei até que isso possa ser expresso em conceitos matemáticos e fórmulas. A conformidade interna com a lei nas relações das formas matemáticas é adquirida na consciência, e então aplicada às situações factuais empíricas. Agora, nenhuma distinção pode ser descoberta entre aquilo que existe na consciência como um conteúdo matemático quando, por um lado, essa consciência relaciona seu próprio conteúdo a uma situação factual empírica e quando, por outro lado, ela visualiza esse conceito matemático em puro pensamento matemático abstrato. Isso não significa nada mais além de que o ego, com sua representação matemática, não se encontra fora da lei de conformidade com as coisas, da matemática transcendental, mas sim dentro dela. Portanto, uma

---

20. O âmbito que Kant pensou transcender a possibilidade de ser conhecido.

pessoa chegará a um melhor conceito de ego pelo ponto de vista da teoria do conhecimento, não concebendo o ego como algo dentro da organização corporal, recebendo impressões "do exterior", mas imaginando o ego como estando, ele mesmo, na lei de conformidade das coisas e visualizando a organização corporal somente como uma espécie de espelho que reflete o ego, por meio da atividade do corpo orgânico, a vida e o movimento do ego fora do corpo no transcendental. Se, como observa o pensamento matemático, alguém uma vez se familiarizou com o pensamento de que *o ego não faz parte do corpo, mas do exterior*, e que a atividade corporal representa somente o espelho vivo a partir do qual a vida do ego no transcendental é refletida, a pessoa pode encontrar esse pensamento epistemologicamente compreensível com relação a tudo o que aparece no horizonte da consciência.

Ninguém pode dizer que o ego deveria saltar sobre si mesmo se desejasse entrar no transcendental; mas a pessoa deveria ver que o conteúdo empírico comum da consciência está relacionado àquilo que é realmente experimentado no interior do ser do homem, assim como a imagem espelhada está ligada ao ser real da pessoa que se vê no espelho.

Por essa maneira de conceber, com relação à teoria do conhecimento, o conflito poderia ser definitivamente eliminado entre a ciência natural, com sua inclinação em direção ao materialismo, e uma pesquisa espiritual que pressupõe o espiritual. Um direito de passagem seria estabelecido para a pesquisa natural-científica, que poderia investigar as leis da organização corporal não influenciada pela interferência de um modo espiritual de pensar. Se alguém deseja saber de acordo com quais leis a imagem refletida passa a existir, deve dar atenção às leis do espelho. Isso determina *como* a pessoa que vê é refletida; isso ocorre de formas diferentes de acordo com o espelho de cada um: plano, côncavo ou convexo. Porém, o ser da pessoa refletida está fora do espelho. Ela poderia, então, observar nas leis a serem descobertas pela pesquisa natural-científica as razões para a forma da consciência empírica e, com essas leis, nada deve ser confundido com aquilo que a lei espiritual tem a dizer sobre a vida interior do ser do homem. Na pesquisa natural-científica, a pessoa sempre fará correta oposição à interferência de pontos de vista puramente espirituais. É natural que, na área dessa pesquisa, haja mais simpatia pelas explicações dadas de forma mecânica do que pelas explicações espirituais. Uma concepção como a seguinte *deve* ser análoga a alguém que está em casa, com concepções natural-científicas claras: "O fato de a consciência ser provocada pela estimulação das células do cérebro não pertence a uma classe essencialmente diferente daquela da gravidade conectada com a matéria" (Moriz Benedict).

Em qualquer caso, tal explicação traz com exata metodologia aquilo que é convencível pela ciência natural. É cientificamente sustentável, enquanto hipóteses de controle direto dos processos orgânicos por influências físicas são cientificamente desprotegidas. A idéia apresentada anteriormente, fundamental do ponto de vista da teoria do conhecimento, pode ver, em um todo, o que é estabelecido pela ciência natural como disposições que servem para refletir a realidade do ser do homem. Esta realidade do ser, no entanto, não deve ser localizada no interior do organismo físico, mas no transcendental. A pesquisa espiritual seria então concebida como a forma pela qual a pessoa obtém conhecimento da real natureza refletida. Obviamente, a base comum das leis do organismo físico e dos supersensíveis ficaria por trás da antítese "ser" e "espelho". Isso, no entanto, não é uma desvantagem para a prática do método científico de aproximação em ambas as direções. Com a manutenção da antítese descrita, esse método fluiria, digamos assim, em duas correntes, cada uma reciprocamente iluminando e clarificando a outra. Deve ser mantido que, na organização física, não estamos lidando com um aparato de reflexão no sentido *absoluto*, independentemente do supersensível. O aparato de reflexão deve, no fim das contas, ser considerado o produto do ser supersensível que nele é refletido. A independência recíproca, relativa de um e outro método de abordagem mencionados anteriormente, deve ser suplementada por uma terceira, que vem ao encontro delas, que vai na profundidade do problema e que é capaz de observar a síntese do sensível e do supersensível. A confluência das duas correntes pode ser concebida por um possível desenvolvimento futuro da vida da mente à cognição intuitiva já descrita. Somente com *esta* cognição a antítese pode transcender.

Pode ser afirmado, então, que, epistemologicamente, as considerações imparciais abrem caminho para uma Antroposofia compreendida de forma correta. Essas considerações levam à conclusão de que se trata de uma possibilidade teoricamente compreensível de que a essência do ser do homem tem uma existência livre da organização física e que a opinião da consciência comum – de que o ego é considerado um ser absolutamente interno do corpo – é determinada como uma ilusão *inevitável* da vida imediata da mente. O ego – com toda a essência do ser do homem – pode ser visto como uma entidade que experimenta sua relação com o mundo objetivo dentro daquele mundo e recebe suas experiências como reflexos na forma de imagens mentais da organização corporal. A separação da essência do ser do homem da organização corporal não deve, naturalmente, ser concebida de forma regional, mas vista como um estado relativo dinâmico de liberação. Uma contradição aparente também é resolvida e poderia ser descoberta entre o que é dito aqui e o que foi dito anteriormente com relação à natureza do sono. No estado desperto, a essência do ser está tão ajustada à organização física que ela é refletida pela relação dinâmica com ela; no estado de sono, o reflexo pára. Já que a consciência comum, no sentido das considerações epistemológicas aqui apresentadas, só é possível pelo reflexo (pelas imagens mentais refletidas), ela pára, portanto, durante o estado de sono. A condição da mente da consciência comum é superada e ganha um ponto de partida na vida da alma, a partir do qual ela realmente experimenta a essência humana do ser em liberdade da organização corporal. Tudo o mais que é alcançado por meio de exercícios é somente um aprofundamento maior no transcendental no qual o ego da consciência comum realmente existe, embora não esteja ciente de si no transcendental.

A pesquisa espiritual prova ser epistemologicamente concebível. Aquilo que é concebível será admitido, naturalmente, somente por alguém que possa aceitar a visão que a chamada Teoria Crítica do Conhecimento seja capaz de manter seu dogma da impossibilidade de saltar sobre a consciência, somente enquanto falhar em ver por meio da ilusão de que a essência do ser humano está encerrada na organização corporal e recebe impressões por intermédio dos sentidos. Estou ciente de que dei somente indicações em minha exposição epistemológica. Ainda pode ser possível reconhecer, desde essas indicações, que elas não são noções isoladas, mas crescem a partir de uma concepção do desenvolvimento epistemológico fundamental.

Mistério sobre mistério pairam no espaço,
Mistério sobre mistério passam no tempo.
Somente o espírito encontra uma solução
Que se agarra
Além dos limites do espaço,
Além do passar do tempo.

IX

CIÊNCIA NATURAL E CIÊNCIA ESPIRITUAL

1. A MATEMÁTICA E O HOMEM

Se desejarmos compreender a natureza, devemos permeá-la com conceitos e idéias. Por que devemos fazer isso? Porque somente dessa forma nos tornamos seres humanos conscientes. Assim como a cada manhã, ao abrir nossos olhos, ganhamos percepção ao interagir com o mundo exterior, nossa consciência desperta na evolução humana... No entanto, algo mais acontece nesse processo. Chegando a tais conceitos ao observar a Natureza, nossos conceitos tornam-se claros, mas seu compasso diminui, e, se considerarmos exatamente aquilo que alcançamos, vemos que se trata de uma lucidez externa, matemático-mecânica. Nessa lucidez, entretanto, não encontramos conceitos que nos permitam tipificar a vida, ou mesmo a consciência, em qualquer forma... Alcançamos a clareza, mas, ao longo do caminho, perdemos o homem. Movemo-nos através da Natureza, aplicamos uma explicação matemático-mecânica, a teoria da evolução, formulamos uma visão da natureza – dentro da qual o homem não pode ser encontrado. Confrontamo-nos com um conceito que só pode ser formado com o pensamento mais claro e, ao mesmo tempo, mais ressecado e sem vida: o conceito da matéria...

Agora, distanciamo-nos da matéria para considerar o âmbito interior da consciência. Vemos como as representações são revistas, os sentimentos vêm e vão, os impulsos da vontade piscam à nossa frente. Parecemos nadar em um elemento que não podemos definir em contornos, e que continuamente entra e sai de foco... Na psicologia anglo-americana da Associação, foi feita a tentativa de impor a clareza conquistada com a observação da natureza por meio das sensações e dos sentimentos interiores. É como se alguém quisesse aplicar as leis do vôo ao nado: não se chega a um acordo no qual cada um tem de se mover. Se alguém tentar, como fez Herbart, aplicar computação matemática à alma humana, as computações pairam no ar, não há lugar para apoiar os pés. Enquanto se perde o homem para se chegar à clareza com relação ao mundo exterior, encontra-se o homem, certamente, quando se aprofunda na consciência – porém, não há esperança de encontrar a clareza...

Que tipo de capacidade é essa, que adquirimos quando nos dedicamos à matemática? Para responder a essa pergunta, devemos levar muito a sério o conceito de "tornar-se", da forma como ele se aplica à vida humana. Devemos começar adquirindo a disciplina que a ciência moderna pode nos ensinar; em seguida, pela metodologia estrita que aprendemos, transcendemos essa disciplina, utilizando exatamente a mesma abordagem para alcançar regiões mais elevadas. Por essa razão, eu acredito – e desejo que seja expresso – que ninguém pode conquistar o verdadeiro conhecimento do espírito se não adquiriu disciplina científica, se não aprendeu a investigar e a pensar nos laboratórios de acordo com o método científico moderno. Aqueles que perseguem a ciência espiritual possuem menos motivos para subestimar a ciência do que qualquer outro...

Devemos, antes de tudo, perguntar: é isso que se manifesta como a capacidade de desenvolver a matemática que se apresenta no homem ao longo de sua existência entre o nascimento e a morte? Não, ela desperta em um certo momento. Podemos observar com grande precisão como as faculdades que se manifestam como a capacidade de desenvolver matemática, e algo que ainda deveremos discutir, gradualmente surgem dos recessos escuros da consciência humana. Se é possível observar essa emergência no tempo precisa e sobriamente, assim como uma pesquisa científica trata os fenômenos do ponto de fusão e de ebulição, pode-se ver que essa faculdade surge, aproximadamente, naquele momento da vida em que a criança troca seus dentes.[21] Deve-se tratar tal ponto na vida humana com a mesma atitude com a qual a Física ensina que o calor que se manifesta sob determinadas condições estava previamente latente naquele corpo, que foi um trabalho dentro da estrutura interna daquele corpo. Da mesma forma, devemos ter totalmente claro que a capacidade de desenvolver matemática também sofreu um trabalho prévio na organização humana. Alcançamos, então, uma importante e valiosa visão da natureza da matemática,

---

21. Veja mais no Capítulo 12.1 – A Educação da Criança.

levada no sentido mais amplo. Sim, na criança de até aproximadamente 7 anos, age uma matemática interior, não abstrata como a nossa matemática exterior, mas que, se posso usar a expressão de Platão, não apenas pode ser visualizada internamente, como é cheia de vida ativa; algo que nos "matematiza" cada vez mais...

Não observamos simplesmente a matemática por um lado e a experiência sensorial do outro, mas a emergência da matemática no interior do ser humano em desenvolvimento... E como chegamos àquilo que realmente nos leva à ciência espiritual... Surge algo de um espírito especial na matemática, no ponto da civilização ocidental, em que o poeta Novalis, que passou por um bom treinamento matemático, chama a matemática de um grande e maravilhoso poema. Deve-se ter experimentado, em algum tempo, aquilo que leva de uma compreensão abstrata das formas geométricas a um senso de maravilha na harmonia que está na base dessa "matematização" interior. Deve-se ter a oportunidade de ir além da performance fria e sóbria da matemática, a qual muitas pessoas até odeiam e lutaram para vencer o medo da harmonia interna e da "melodia" da matemática.

Então, entra-se na matemática, que permanece puramente intelectual e, metaforicamente falando, interessa somente à cabeça, algo novo que envolva o homem como um todo. Isso se manifesta no sentimento: aquilo que você observa como harmonia matemática, que é tecido por todos os fenômenos do Universo, é, na verdade, o mesmo aparelho que o move durante os primeiros anos de crescimento como criança. Isso serve para sentir, concretamente, a conexão do homem com o Cosmos. E quando se trabalha o caminho ao longo de tal experiência, e que muitos acreditam ser mera fantasia porque eles mesmos não o alcançaram, tem-se alguma idéia daquilo que o cientista espiritual experimenta ao passar por um desenvolvimento interno, que você poderá ver completamente descrito em meu livro *Conhecimento dos Mundos Elevados*. Então, a capacidade da alma de se manifestar como essa matemática interna passa a ser algo muito mais compreensível, que permanece tão exato quanto o pensamento matemático, ainda que não prossiga somente a partir do intelecto, mas do homem como um todo.

Nesse caminho do trabalho interno constante – muito mais exigente do que aquele desenvolvido no laboratório ou em qualquer outra instituição científica –, deve-se saber o que sustenta a matemática e pode ser expandido a algo muito mais compreensível: conhece-se a inspiração. No empirismo dirigido ao exterior, possuímos as impressões que dão conteúdo aos nossos conceitos vazios. Na inspiração, temos algo intimamente espiritual, a atividade daquilo que já se manifesta na matemática, se soubermos como compreender corretamente a matemática – algo espiritual que, em nossos primeiros anos, vive e tece dentro de nós.

Representar como vida e espírito
Matéria rígida e morta
É o objetivo do artista.
Dar forma e firmeza
Ao espírito – fluido, móvel –
É a luta do pesquisador.
E quando o trabalho
Alcança seu ápice,
Ambos devem
Unir-se em um.

2. UMA CIÊNCIA DE FENÔMENOS PUROS

Ao se estabelecer uma correlação entre nossa vida interior e o mundo físico exterior, podemos utilizar os conceitos que formamos de modo a tentarmos não permanecer dentro dos fenômenos naturais, mas pensar além deles. Fazemos isso ao dizer mais do que simplesmente: dentro do espectro surge a cor amarela próxima ao verde e, do outro lado, os azuis. Fazemos isso se buscarmos penetrar o véu dos sentidos e construir algo além dele com a ajuda de nossos conceitos; se dissermos: a partir dos conceitos claros que alcancei, devo construir átomos, moléculas, todos os movimentos da matéria que devem existir além dos fenômenos naturais. Por isso, algo extraordinário acontece. Utilizo meus conceitos não apenas para criar uma ordem conceitual no âmbito dos sentidos, mas também para quebrar os limites do sentido e construir *além* dele os átomos e o gosto. Não posso fazer meu pensamento lúcido parar no âmbito dos sentidos, entretanto devo aprender minha lição pela matéria inerte, que continua a rolar mesmo quando a força de propulsão cessa. Eu possuo uma certa inércia e, com meus conceitos, continuo além do âmbito dos sentidos, para construir ali um mundo – a existência da qual posso começar a duvidar quando percebo que meu pensamento só foi criado junto com minha inércia...

Goethe rebelou-se contra essa lei da inércia. Ele não queria continuar com seu pensamento, mas desejava parar e aplicar os conceitos *dentro* do âmbito dos sentidos. Então, ele diria: "Dentro do espectro, surgem para mim amarelo, azul, vermelho, índigo e violeta. Se eu permear essas aparências de cor com meus conceitos enquanto permaneço dentro dos fenômenos, então a própria ordem dos fenômenos concorda e me ensina que, quando algo mais escuro é colocado atrás das cores mais claras, ou de qualquer coisa clara, surgem as cores que vão ao encontro do fim azul do espectro. De modo oposto, se eu colocar luz por trás do escuro, surgem as cores que vão em direção ao vermelho". Goethe queria encontrar fenômenos simples nos complexos, para aderir a um fenomenalismo estrito...

Apesar da confissão modesta de Goethe de que não possuía proficiência para lidar com conceitos e teorias matemáticas, ele requer uma coisa: exige que, dentro dos fenômenos secundários, busquemos o fenômeno arquétipo. Porém, que tipo de atividade é essa? Ela exige que tracemos fenômenos externos de volta ao fenômeno arquétipo da mesma forma que o matemático traça a apreensão externa de estruturas complexas de volta ao axioma. Os fenômenos arquétipos de Goethe são axiomas empíricos, que podem ser experimentados.

Ele escreve que devemos observar os fenômenos arquétipos de forma a sermos capazes, o tempo todo, de justificar nossos procedimentos de acordo com os requerimentos rigorosos do matemático. Então, o que Goethe busca é uma matemática modificada, transformada, que encobre os fenômenos. Ele o exige como atividade científica. Ele foi capaz, portanto, de cobrir com luz o pólo que permanece escuro se postularmos apenas o conceito da matéria. Nós, modernos, devemos, no entanto, aproximar-nos do outro pólo, o da consciência. Precisamos investigar da mesma forma como as faculdades da *alma* manifestam sua atividade no homem, como elas procedem a partir da natureza interna do homem. Esse deve ser um modo de compreensão justificável no sentido em que Goethe pode ser justificado ao matemático – um método como o que tentei empregar de forma modesta em meu livro *Filosofia da Liberdade*.

Esse livro é, na verdade, uma tentativa de vencer por meio do pensamento puro, no qual o ego pode viver e manter uma base firme. Quando o pensamento puro é tomado dessa forma, pode-se lutar por algo mais. Esse pensamento, deixado sob o poder de um ego que agora sente a si próprio liberto e independente na liberdade espiritual, pode, então, ser excluído do processo de percepção. Enquanto normalmente se vê uma cor e, ao mesmo tempo, ela é preenchida com atividade conceitual, podem-se extrair os conceitos de todo o processo das percepções elaboradas e dirigir a própria percepção à constituição corporal.

Goethe já deu os primeiros passos nessa direção – leia o último Capítulo de *Teoria das Cores*. Em cada efeito de cor, ele experimenta algo que o une profundamente, não apenas com a faculdade da percepção, mas com o homem como um todo. Ele experimenta o amarelo e o escarlate como se estivessem "atacando", penetrando-o cada vez mais, preenchendo-o com calor; enquanto observa o azul e o violeta como cores que se sobressaem, como cores frias. O homem como um todo experimenta algo; percepção sentimental, junto com seu conteúdo, passa para o organismo, e o ego, com o conteúdo de seu pensamento puro, permanece, por assim dizer, pairando acima. Nós absorvemos e nos preenchemos com todo o conteúdo da percepção, em vez de enfraquecê-la com conceitos como normalmente fazemos...

Eu disse que, a partir do nascimento até a troca de dentes, a entidade alma-espírito está trabalhando, estruturando o ser humano; então, ela se emancipa de alguma forma. Mais tarde, entre a troca de dentes e a puberdade, outra entidade alma-espírito, que mergulha no corpo físico, desperta as emoções eróticas e muito mais. Tudo isso ocorre inconscientemente. Se, entretanto, observarmos totalmente conscientes essa permeação do organismo físico pela alma-espírito, vemos como tal processo funciona, e como o homem é, na verdade, doado continuamente ao mundo exterior, a partir de seu nascimento. Atualmente, essa doação de alguém ao mundo não é vista como nada além da percepção abstrata ou cognição abstrata. Não é dessa forma que funciona. Estamos rodeados por um mundo de cor, som, calor e todos os tipos de impressão sensitiva. Experimentando tudo isso conscientemente, vemos que, na experiência inconsciente das impressões de cor e som que temos a partir da infância, há algo espiritual que cobre nossa organização. Quando, por exemplo, tomamos o sentido do amor entre a troca dos dentes e a puberdade, não se trata de algo originado no corpo físico, mas algo que o Cosmos nos traz por meio das cores, dos sons e do calor que chega até nós.[22] Calor é algo diverso de calor, luz é algo variado de luz no sentido físico, som é algo diferente do som.[23] Por meio de nossas impressões sensitivas, somos conscientes apenas do som e da cor exteriores. Porém, quando nos rendemos à natureza, não encontramos os átomos e as outras coisas com as quais a Física e a Psicologia moderna sonham; são as espirituais que estão trabalhando, forças que nos moldam, entre o nascimento e a morte, para o que somos como seres humanos. Uma vez que iniciamos o caminho do conhecimento, como descrevi, tornamo-nos cientes de que é o mundo externo que nos forma.

Tornamo-nos mais capazes de observar, conscientemente, aquilo que vive e se incorpora em nós quando adquirimos, acima de tudo, um senso claro de que o espírito está trabalhando no mundo exterior. É por meio da Fenomenologia, e não da Metafísica abstrata, que obtemos o conhecimento do espírito – observando conscientemente o que fazemos inconscientemente, examinando como, por meio do mundo sensitivo, as forças espirituais adentram nosso ser e trabalham em sua formação...

O amor pelo supersensível
Transforma o minério da ciência
No ouro da sabedoria.

3. O PENSAMENTO ORGÂNICO COMO PERCEPÇÃO SUPERSENSÍVEL[24]

Goethe era totalmente consciente do grande avanço que fazia na ciência; percebeu isso quando extrapolou os limites entre as naturezas orgânica

---

22. Veja o Capítulo 12.1 – A Educação da Criança.
23. Veja mais no Capítulo 10.4 – Experiência Moral da Cor e do Tom.
24. Do primeiro trabalho publicado, aos 22 anos de idade.

e inorgânica e persistiu, conscientemente, na forma de pensar de Spinoza; ele introduziu uma mudança significativa de direção na ciência...

Em um processo da natureza inorgânica – isto é, um que pertence somente ao mundo sensitivo –, o essencial é que ele é causado e determinado por outro processo pertencente apenas ao mundo sensitivo... Devo ilustrar o processo completo englobando causa e efeito em um conceito comum a ambos. Porém, esse conceito não é do tipo inerente ao processo e que possa determiná-lo. Somente os objetos do mundo sensitivo determinam um ao outro... O conceito aparece apenas para servir a mente como um meio de conseguir o todo; ele expressa algo que não é real à idéia, conceitualmente, mas é real aos sentidos. O que ele expressa é um objeto sensível. O conhecimento da natureza orgânica está na possibilidade de apoderar-se do mundo exterior pelos sentidos e de expressar sua atividade recíproca pelos conceitos...

Mas o que é necessário saber sobre a natureza orgânica? Um poder de julgamento que pode transmitir a um pensamento algo além da simples substância absorvida pelos sentidos externos; é possível apreender não apenas o que se apresenta aos sentidos, mas também a pura idéia, separada do mundo sensitivo. Podemos chamar um conceito que não é tomado da natureza fazendo uma abstração, mas com um conteúdo fluindo dela e somente dela, um *conceito intuitivo*, e o conhecimento intuitivo. O que se segue é claro: *um organismo somente pode ser conhecido por meio de um conceito intuitivo*. Aquilo que é concedido ao homem saber, Goethe mostra por meio de ações.

No âmbito inorgânico, resiste o entrelaçado de partes de uma série de fenômenos, a determinação mútua dos membros uns pelos outros. No âmbito orgânico, esse não é o caso. Não se trata de um membro de uma entidade determinar outro, mas o todo (a idéia) delimita cada parte em si, de acordo com sua própria natureza. Aquilo que se determina por si só podemos chamar, com Goethe, de *entelechia*. A *entelechia* é, portanto, a força que chama a si mesma para a existência a partir de si... O objeto do mundo exterior, o princípio da *entelechia* que passou a se manifestar, é a aparência exterior do organismo. Porém, já que não se trata apenas de assunto para suas próprias leis de formação, mas também das condições do mundo exterior, não é simplesmente aquilo que deveria ser de acordo com a natureza da *entelechia* autodeterminante; porém, a dependência de outros objetos também é influenciada. Então, parece que nunca está completa de acordo consigo mesma, nunca prestando atenção somente em sua própria natureza.

Nesse ponto, a razão humana entra e forma na idéia um organismo que não corresponde às influências do mundo exterior, mas prestando atenção somente a esse princípio. Cada influência acidental que nada tem a ver com o orgânico *como tal* é destruída. Essa idéia, correspondente simplesmente ao orgânico no organismo, é a do organismo arquétipo, o *tipo* de Goethe. A partir dele, pode-se ver a completa justificativa dessa idéia do *tipo*. Não se trata apenas de um conceito intelectual; cuida-se daquilo que é totalmente orgânico em cada organismo, sem o qual não seria um organismo. Então, é mais real do que qualquer outro organismo isolado, pois se manifesta em *todos* os organismos. Também expressa o ser essencial de um organismo de forma mais completa, mais pura do que qualquer organismo isolado. É adquirido de maneira essencialmente diferente do conceito de um processo inorgânico. É deduzido, abstraído da realidade, não é ativo dentro dela; porém, a idéia do organismo está ativa, efetiva no organismo, como a *entelechia*. Na forma como é tomado pela nossa razão, não é nada além do ser essencial da própria *entelechia*. Ele não resume o que é observado; ele *produz* aquilo que deve ser estudado. Goethe expressa isso nas palavras: "O conceito é a soma, a idéia é o resultado da experiência; inferir a primeira demanda intelecto; conseguir a segunda demanda razão". Dessa forma, é explicada a forma de realidade que pertence ao organismo arquétipo de Goethe (planta ou animal arquétipo). Esse método goethiano é, evidentemente, o único que pode penetrar na natureza do mundo dos organismos.

No caso do inorgânico, deve ser considerado fundamental que o fenômeno, em sua multiplicidade, não é idêntico às leis que o explicam, mas simplesmente aponta ao último como algo externo a ele... A unidade, o conceito, aparecem, em primeiro lugar, como em nosso intelecto. Sua tarefa é combinar a multiplicidade dos fenômenos aos quais é relacionado em uma soma. Temos de lidar, aqui, com a dualidade, com diversas coisas que percebemos e a unidade em que pensamos. Na natureza *orgânica*, as partes da multiplicidade de uma entidade não se posicionam em uma relação tão exterior umas com as outras. A unidade atinge a realidade junto com a multiplicidade, de forma idêntica ao que é percebido. A relação entre os membros isolados de um fenômeno inteiro (organismo) tornou-se real. Ela não se manifesta concretamente apenas em nosso intelecto, mas também no próprio objeto, no qual produz a multiplicidade a partir de si mesma. O conceito não possui apenas o papel de uma soma, um elemento combinatório, que tem seu objeto *fora* de si; ele tornou-se totalmente *único* com isso. O que percebemos não é mais diferente daquilo pelo que pensamos que é percebido; *percebemos o conceito como a própria idéia*. Por essa razão, Goethe chamou a capacidade pela qual tomamos por natureza orgânica *o poder perceptivo do pensamento*. Aquilo que explica – o elemento formal do conhecimento, o conceito – e o que é exposto – o material, aquilo que é percebido – são idênticos. A idéia pela qual tomamos por orgânico é, portanto, essencialmente diferente do conceito pelo qual explicamos o inorgânico...

Na natureza inorgânica, qualquer processo que possa causar outro, e este, por sua vez, causar outro, a série de eventos nunca termina. Tudo está em contínua interação, sem nenhum grupo de objetos que seja capaz de se libertar da influência dos outros. A cadeia inorgânica de efeitos não tem começo nem fim; aqueles que a seguem estão em conexão acidental com aquilo que precede. Se uma pedra cai no chão, o efeito produzido depende da natureza do acaso do objeto sobre o qual ela cai.

A situação é diferente com um organismo. Aqui, a humanidade é o objeto primário. A *entelechia* autogerada engloba uma série de formas estruturais sensíveis, da qual uma deve ser a primeira, e a outra, a última; a primeira só pode seguir a outra de forma definida. A unidade na idéia produz, a partir de si, uma série de órgãos perceptíveis na sucessão temporal e na justaposição espacial, e se separa, de forma definida, do resto da natureza. Ela produz seus estados de existência a partir de si mesma. Elas somente devem ser tomadas seguindo-se sucessivas condições de formas que procedem a partir de uma unidade ideal; isto é, *um ser orgânico somente pode ser compreendido em sua transformação, sua evolução*. O corpo inorgânico é fechado, absoluto, somente deve ser estimulado a partir do exterior, internamente imóvel. O organismo é a inquietação em si, continuamente se transformando de dentro para fora, transmutando, criando metamorfoses...

4. A NATUREZA DA TECNOLOGIA

Comecemos observando, superficialmente, o que ocorre na tecnologia moderna. Em primeiro lugar, esse trabalho deve ser feito em duas partes. A primeira consiste em destruir as inter-relações da natureza: explodimos pedreiras e retiramos a pedra, maltratamos as florestas e levamos a madeira embora, e a lista continuaria – resumindo, extraímos nossas matérias-primas, em primeira instância, esmagando e quebrando as inter-relações na natureza. A segunda parte consiste em pegar aquilo que extraímos e montar novamente, como uma máquina, de acordo com as leis que conhecemos como leis naturais. Essas são as duas partes, se observarmos a questão superficialmente.

Estudando o problema internamente, a questão é a seguinte: quando tomamos as coisas, para começar, da natureza mineral, esse ato está ligado a um determinado sentimento de bem-estar que pertence aos seres espirituais elementares nos quais estamos contidos. Isso, no entanto, não nos diz tanto respeito no momento. O importante é que eliminamos os espíritos elementares que mantêm a natureza unida, que pertencem à esfera das hierarquias progressivas regulares. Em toda existência natural há seres espirituais elementares. Quando roubamos a natureza, expulsamos os espíritos da natureza para as esferas do espírito; portanto, libertamos esses espíritos da natureza, levando-os da esfera que os abrigava, pelos deuses de Jeová, para um âmbito em que eles possam flutuar livremente e não estejam mais ligados às suas residências determinadas. Então, podemos chamar a primeira parte de fuga dos espíritos da natureza.

A segunda parte é aquela em que unimos o que retiramos da natureza, de acordo com nosso conhecimento das leis naturais. Porém, quando construímos uma máquina ou um conjunto de máquinas com a matéria-prima, colocamos determinados seres espirituais nas coisas que construímos. A estrutura que fazemos não é, de jeito nenhum, desprovida de espírito. Criamos uma habitação para outros seres espirituais, mas esses seres que conjuramos em nossas máquinas pertencem à hierarquia arimânica. Isso significa que, ao viver nesse entorno tecnológico dos tempos modernos, criamos uma configuração arimânica para tudo aquilo que faz parte de nós no estado de sonolência, à noite ou de dia. Portanto, não é surpresa que uma pessoa, nos primeiros estágios da iniciação, trazendo à sua vida desperta tudo aquilo que ela experimentou exteriormente no que diz respeito a barulho e confusão, sinta seu caráter destrutivo. Ela está trazendo ao seu organismo os resultados de ter permanecido na companhia dos espíritos arimânicos. Então, poderíamos dizer que, em uma terceira parte, no nível cultural, temos a tecnologia ao nosso redor, cheia de espíritos arimânicos que nós mesmos criamos. É assim que as coisas são vistas a partir do interior...

Somente penetrando nas profundezas de seu próprio ser, o homem irá encontrar a ligação com os seres espirituais divinos, que são benéficos e curativos. Essa ligação viva no espírito, para a qual realmente nascemos, é dificultada ao mais alto grau pela crescente saturação do mundo pela tecnologia moderna. O homem está sendo despedaçado em suas conexões espiritual-cósmicas, e as forças que ele deveria estar desenvolvendo em si para manter a conexão com seu ser espírito-alma do Cosmos estão sendo enfraquecidas.

Uma pessoa que já deu os primeiros passos na iniciação percebe como as coisas mecânicas da vida penetram sua natureza espírito-alma a tal ponto que, na quantidade em que elas vêm, são enfraquecidas e destruídas, tornando particularmente difícil para ela desenvolver as forças interiores que a unem com seres espirituais "corretos" das hierarquias. Quando essa pessoa tenta mediar em um trem ou em um navio, ela percebe o mundo arimânico preenchendo-a com o tipo de objeto que opõe sua devoção, e o esforço é enorme. Você pode chamá-lo de esforço interior experimentado pelo corpo etéreo e que acaba esmagando-o. Outras pessoas, é claro, também passam por esse esforço; a única diferença é que o aluno da iniciação o experimenta conscientemente.

Seria o pior erro possível dizer que deveríamos resistir àquilo que a tecnologia traz à vida moderna, que precisaríamos nos proteger do arimânico e até mesmo nos excluir da vida moderna. De certa forma, isso seria covardia espiritual. O remédio real é deixar as forças da alma mais fortes para que possam agüentar a vida moderna. O carma mundial necessita de uma abordagem corajosa e é por isso que a verdadeira ciência espiritual requer um esforço realmente grande por parte da alma. Você, normalmente, ouve as pessoas dizendo: "Esses livros de ciência espiritual são difíceis; eles fazem que você se esforce para desenvolver as forças de sua alma para que elas penetrem na ciência da alma". Elas pretendem suavizar as passagens difíceis para o mais trivial possível. No entanto, pertence à essência da ciência espiritual que você não aceite as verdades espiritual-científicas, pois não se trata apenas de aceitar, mas de *como* aceitar. Você deve aceitá-las por esforço e atividade da alma. Para fazer da ciência espiritual sua própria ciência, você deve trabalhar no máximo de sua alma – por favor, perdoe-me por não ser muito educado. Isso pertence aos negócios da ciência natural.

Da última palestra publicada de Rudolf Steiner:

Na era da ciência natural, desde meados do século XIX, as atividades civilizadas da humanidade estão, gradualmente, descrevendo uma descendente, não apenas em direção às regiões mais baixas da natureza, mas até *sob* a natureza. A ciência técnica e a indústria tornam-se subnatureza.

Isso faz com que o homem tenha urgência em encontrar na experiência consciente um conhecimento do espírito, em que ele se elevará acima da natureza, como em suas atividades técnicas subnaturais, por meio das quais se dirige para baixo dela. Ele, então, criará dentro de si a força interna *para não se dirigir para baixo*.

5. MEDICINA ANTROPOSÓFICA

O que quer que possa surgir no curso de tempo a partir da Antroposofia na esfera do conhecimento médico não estará em desacordo com aquilo que é compreendido, atualmente, como o estudo científico ortodoxo da Medicina. É fácil, ao observarmos a questão do ponto de vista científico, ser enganado com relação a isso, pois se supõe, a princípio, que qualquer estudo que não seja baseado na prova exata deve ser sectário e não pode, portanto, ser levado a sério pela mente científica. Por essa razão, é necessário lembrar que o ponto de vista que busca apoiar a Medicina na base da Antroposofia é o mais apreciável e simpático com relação a tudo o que é melhor e grandioso nas conquistas da Medicina moderna. Toda a questão volta-se somente para o fato de que, durante os últimos séculos, toda a nossa concepção do mundo assumiu uma forma limitada pela investigação *somente* nos objetos que podem ser confirmados pelos sentidos – seja por experiência ou por observação direta – e que estejam relacionados uns aos outros por esses poderes da razão humana, que contam somente com o testemunho dos sentidos...

Porém o homem, da forma como vive entre o nascimento e a morte, é um ser que não pode ser verdadeiramente conhecido somente por seus sentidos físicos e pela razão, pois ele é um ser tanto espiritual quanto físico. Então, quando falamos de saúde e doença, não podemos deixar de nos questionar: é possível ganhar um conhecimento sobre saúde e doença por meio dos métodos de pesquisa relacionados somente ao corpo físico?...

Possuímos quatro membros na organização humana: esses, para manter a saúde, devem conservar uma relação definida uns com os outros. Somente conseguimos água ao misturarmos hidrogênio e oxigênio, de acordo com sua gravidade específica. Da mesma forma, o homem somente pode existir quando há uma relação normal, se me permitem utilizar essa expressão, entre corpo físico, corpo etéreo, corpo astral e o ego. Não temos apenas quatro, mas quatro vezes quatro estados relativos, e todos podem ser perturbados. Uma relação anormal pode surgir entre os corpos etéreo e físico, ou entre o astral e o etéreo, ou entre o ego e um ou outro desses. Todos estão profundamente ligados uns aos outros e mantêm uma relação especial entre si. Quando isso é perturbado, surge a doença.

Porém, essa relação, que pode ser percebida, não é uniforme em todos os seres humanos; ela difere em cada órgão. Se observarmos, por exemplo, um pulmão humano, as partes física, etérea, astral e ego estão em diferentes relações do que o cérebro ou o fígado. A organização humana é, portanto, tão complexa, que o espiritual e o material se relacionam de forma diferente em cada órgão... Portanto, será compreendido que, assim como se estuda a Anatomia física e a Psicologia física de acordo com sintomas externos – quando se admite a existência da investigação espiritual e a prática –, deve-se estudar, com mais exatidão, a saúde e a doença de cada órgão. Precisa-se alcançar um conhecimento completo e compreensivo do organismo humano. Isso não pode ser entendido se observado *somente* a partir do ponto de vista físico, por meio de um conhecimento de seus quatro princípios. Só se é esclarecido a respeito de uma doença quando é possível afirmar qual desses quatro princípios predomina fortemente ou é recessivo demais. Pois se podem observar essas coisas de maneira espiritual, colocando-se o diagnóstico espiritual ao lado do diagnóstico material. No âmbito da Medicina antroposófica, nenhuma ferramenta ou medicina comum é rejeitada; não deve haver questões sobre isso. Por outro lado, o que é ganho pelos métodos antroposóficos para se observar por meio da constituição quádrupla do homem é *adicionado* a tudo aquilo que é possível de ser observado com relação à saúde e à doença pelos métodos comuns.

Além disso, não é apenas possível observar o homem espiritualmente, mas também a natureza como um todo. Pela primeira vez, ocupa-se uma posição para encontrar a relação do homem com os diversos reinos da natureza e, na Medicina, sua ligação com as propriedades curativas que esses reinos contêm...

X

A RENOVAÇÃO DAS ARTES

1. A FUTURA TAREFA DA ARTE

Nossa idade moderna renova muitas coisas que são necessárias se comparadas ao passado. Sendo colocadas, hoje, pelo carma mundial em uma disposição que funciona de uma forma arimânica especial, e tendo de fazer as forças da alma fortes o suficiente para encontrar nosso caminho em direção às esferas espirituais apesar de todos os obstáculos que nos chegam a partir da cultura arimânica, nossas almas necessitam de diferentes tipos de apoio do que precisavam antes. Pela mesma razão, a arte também deve adotar novos caminhos em todas as suas ramificações.

A arte deve falar de uma nova forma às almas de hoje, e nossa constituição goethiana é o primeiro passo, real e verdadeiramente, na direção da arte desse tipo, e não de algo perfeito. Na verdade, trata-se de uma tentativa de criar uma arte que apela à atividade da alma, que está conectada com todo o conceito da vida moderna, ainda que seja uma idéia espiritual. Como aquilo que nosso Goetheanum pretende ser se compara ao efeito de outra constituição ou a uma obra mais antiga de arte em geral?

Uma obra de arte do passado trabalhava por meio de suas formas e cores. Aquilo que estava no espaço e preenchia a forma causava impressão; o mesmo ocorre com as cores nas paredes. Nossa constituição não tende a ser assim. É assim que deve ser – essa é uma comparação terrivelmente trivial –, como um pote de geléia, que não existe para si, mas para a geléia. Sua função é dar forma àquilo que nele é colocado e, quando está vazio, pode-se dizer a sua função. Aquilo o que ele faz com a geléia é a parte importante. E o importante em nossa constituição é aquilo que a pessoa que a adentra experimenta nas profundezas da alma, quando sente os contornos das formas. Então, a obra de arte só é simulada, na verdade, por aquilo que existe em forma. *A obra de arte é o que a alma experimenta* quando sente seu caminho ao lado das formas. A obra de arte é a geléia. O que foi construído é o pote de geléia; e é por isso que tivemos de tentar, aqui, proceder em um princípio totalmente novo.

Da mesma forma, o que você vai encontrar como pinturas em nossa constituição Goetheanum não existirá para seu efeito direto, como era o caso no passado, mas para capacitar a alma a encontrar o que há ali, a experimentar aquilo que faz de sua experiência uma obra de arte. Isso, é claro, envolve uma metamorfose – só posso indicar isso – de um antigo princípio artístico para um novo, o qual podemos descrever dizendo que, quando o elemento escultural, pictórico, é levado um estágio adiante, ele é conduzido a uma espécie de experiência musical. Também há o passo oposto, do musical de volta ao escultural-pictórico.

Essas são as coisas não criadas arbitrariamente pela alma humana, mas que têm a ver com os impulsos internos pelos quais devemos passar na era em que vivemos. Foi ordenado pelos seres espirituais que guiam nossa evolução...

2. A NOVA ESTÉTICA

Por que um objeto torna-se belo? Essa é a questão básica em todas as estéticas.

Chegamos perto de responder a essa pergunta se seguirmos Goethe. Uma vez, Merck descreveu a atividade criativa de Goethe da seguinte forma: "Você busca favorecer a realidade de forma poética; os outros, no entanto, tentam incorporar a chamada poética, o imaginário, e isso só produz futilidades". Essas palavras transportam o mesmo significado das próprias palavras de Goethe na segunda parte de *Fausto*: "Considere o quê; ou mais, considere como". Está claramente afirmado a que a arte está relacionada: não à incorporação do supersensível, mas à transformação da atualidade sensível-perceptiva. A realidade não deve ser rebaixada a um meio de expressão; não, precisa ser mantida em sua total independência; ela só pode receber uma nova forma, na qual nos satisfaça. Se removermos qualquer entidade individual de seus arredores e a observarmos nesse estado de isolamento, muito do que está relacionado a ela surgirá de forma incompreensível. Não podemos fazer com que ela se harmonize com o conceito, com a idéia que, necessariamente, tomamos por sua base. Seu desenvolvimento na realidade não é, de fato, apenas a conseqüência da própria conformidade à lei; a realidade ao redor também teve influência determinante.[25] Se ela fosse capaz de se desenvolver independentemente e livre da influência externa, somente assim poderia ter vivido sua própria idéia. O artista deve tomar e desenvolver essa idéia que está na base do objeto, cuja livre expressão dentro da realidade foi enganada. Ele deve encontrar, na realidade, aquele ponto a partir do qual um objeto pode ser desenvolvido em sua forma mais perfeita... É isso que Goethe quer dizer quando declara acerca de sua própria atividade criativa: "Não descanso até que encontre um ponto gestante a partir do qual muitas coisas podem ser desenvolvidas". No trabalho do artista, todo o exterior deve expressar a natureza interior; cada produto da natureza não chega a isso, e o espírito investigador do homem deve, primeiro, verificar isso. Portanto, as leis com as quais o artista trabalha são apenas as eternas leis da natureza, porém puras, não influenciadas por quaisquer obstáculos. A criação artística está baseada não naquilo que é, mas no que poderia ser; não no verdadeiro, mas no possível... O conteúdo de qualquer obra de arte é qualquer realidade física – esse é o "o quê"; ao se dar forma a ela, o artista esforça-se para aperfeiçoar a natureza em sua própria tendência e para alcançar, em um grau ainda mais alto do que ela é capaz, os resultados possíveis dentro de suas leis e seus recursos.

O objeto que o artista coloca diante de nós é mais perfeito do que em seu estado natural, mas contém apenas sua perfeição inerente. Quando o objeto se supera, mesmo que somente na base daquilo que já está oculto nele, lá está a beleza. Esta, portanto, é algo não natural: Goethe pode dizer, com razão: "Esta é uma manifestação das leis secretas que, na falta da beleza, teriam permanecido ocultas para sempre", ou, em outra passagem: "Aquele a quem a natureza começa a revelar seu manifesto pelas lembranças da arte, sua intérprete mais valiosa". Se pode ser dito que a beleza é falsa, uma imagem, já que representa algo que nunca poderá ser encontrado na natureza com tal perfeição, também pode ser dito, da mesma forma, que a beleza é mais verdadeira que a natureza, já que aquela representa o que esta pretende ser, mas é incapaz. Sobre essa questão da realidade na arte, Goethe diz – e devemos estender suas palavras a toda arte: "A província do poeta é a apresentação. Ela alcança o nível mais alto quando compete com a realidade, isto é, quando as descrições são tão naturais, pelo espírito, que podem parecer verdadeiras para todos os homens". Goethe descobre que "nada na natureza é bonito nem naturalmente verdadeiro em seu motivo fundamental"... Além disso: "O artista, para ter certeza, deve seguir a natureza fiel e devotamente em

---

25. Veja o Capítulo 9.3 – O Pensamento Orgânico como Percepção Supersensível.

detalhes... somente nas mais altas áreas da atividade artística, onde um quadro se torna imagem real, ele é livre para brincar, e pode até evoluir para a ficção". Goethe determina o maior objetivo da arte: "Por meio da semelhança, trazer a ilusão de uma realidade mais elevada. Entretanto, trata-se de um esforço falso perceber a semelhança por tanto tempo que, no final, sobre apenas a realidade comum".

Questionemos a razão para o prazer sentido nas obras de arte. Devemos, primeiro, esclarecer que o deleite satisfeito com os objetos de beleza não é, de forma alguma, inferior àquele puramente intelectual que sentimos no limpidamente espiritual. Ele sempre aponta para uma distinta decadência da arte, quando sua tarefa é buscada por mera diversão e na satisfação de inclinações mais baixas. A razão para o prazer nas obras de arte é somente aquele motivo pela alegria que sentimos ao ver o mundo de idéias de forma generalizada, elevando o homem de si mesmo. O que, então, nos traz tal satisfação no âmbito das idéias? Nada além da tranqüilidade e da perfeição interna celestial que ela nos aporta. Nem contradição nem dissonância vagam pelo mundo do pensamento que surge em nosso ser interior, pois ele próprio é infinito. Inerente a essa figura é tudo aquilo que a faz perfeita. Essa perfeição inata do mundo das idéias – essa é a razão de nossa alegria quando estamos diante dela. Se a beleza nos alegra dessa maneira, devemos ser criados de acordo com o padrão da idéia...

A beleza não é a divindade vestida de realidade física; não, ela é a realidade física vestida de divindade. O artista não traz o divino para a Terra deixando-o fluir para o mundo, mas elevando este à esfera do divino. A beleza é semelhança, pois ela conjura, diante de nossos sentidos, uma realidade que, como tal, surge no mundo ideal. Considere o quê; ainda mais, considere como; pois, no último, tudo muda. O *O quê* permanece físico, mas o *Como* é ideal. Quando a forma ideal surge da melhor maneira, no físico, a arte é vista alcançando sua mais alta dignidade. Goethe diz: "A dignidade da arte surge, talvez de forma mais iminente, na música, pois não possui fator material a ser descontado. Trata-se apenas de forma e conteúdo, exaltando e enobrecendo tudo aquilo que ela expressa". Uma ciência de estética que se inicia na definição "A beleza é uma realidade física que aparenta ser uma idéia" ainda não existe.[26] Ela deve ser criada. Pode ser chamada "a estética da concepção do mundo por Goethe". Essa é a estética do futuro...

Nesse sentido, o artista aparece como aquele que dá continuidade ao espírito cósmico. O primeiro persegue a criação, enquanto o outro abre mão dela. O laço mais próximo de parentesco parece uni-lo ao espírito cósmico, e a arte aparece como a continuação livre do processo da natureza. Então, o artista eleva-se acima da vida na realidade comum e nos eleva

---

26. Escrito em 1889.

com ele quando nos devotamos à sua obra. Ele não cria para o mundo finito, mas vai além dele...

Quem, como Goethe, já tomou a arte em tão profundo significado, quem já favoreceu a arte com tal dignidade? É suficiente para a profundidade de suas concepções quando ele diz: "As grandes obras de arte criadas pelos homens, como os grandes trabalhos da natureza, de acordo com as leis verdadeiras e naturais; tudo arbitrário, irreal, desaba; existe a necessidade, existe Deus".

Nos primórdios,
O Espírito do ser-Terra
Veio ao Espírito do Céu.
Ele expressou um desejo:
"Sei como falar
Com a mente humana;
Ainda que eu suplique a você
Que a língua cósmica
Pela qual o coração cósmico
Sabe como falar ao coração humano".
Então, o gentil Espírito do Céu
Concedeu ao aventureiro Espírito da Terra
A Arte.

3. A ARTE COMO ÓRGÃO DOS DEUSES

Na era atual, o homem está cada vez mais compelido a criar a ordem, a estabilidade, a paz e a harmonia por meio de leis externas, decretos ou instituições, definições em palavras. Isso implica nenhum pensamento crítico, pois assim deve ser em nossa era. Porém, algo é adicionado a isso – algo que significa a evolução contínua da humanidade em um sentido diferente. Provavelmente se trata do fato de que nossa constituição[27] não seja capaz de atingir esse objetivo – de fato, estamos apenas nos voltando ao início primitivo. Ainda que a cultura humana seja capaz de tomar o que é expresso em nossa constituição (de forma que cumprimos as tarefas que são impostas pelos espíritos elevados) e desenvolvê-lo; se as idéias sobre as quais essas obras de arte se baseiam encontram seguidores, então as pessoas que se permitem impressionar por essas obras de arte e que aprenderam a compreender sua linguagem nunca agirão de forma

---

27. Destruída por um incêndio na véspera de Ano-Novo, em 1922.

errada com seu semelhante no coração ou no intelecto, pois as formas da arte as ensinarão como amar; elas aprenderão a viver em harmonia e em paz com os semelhantes. A paz e a harmonia serão derramadas em todos os corações por meio dessas formas; tais constituições serão "legisladoras" e suas formas serão capazes de alcançar o que as instituições externas nunca conseguirão.

Entretanto, deve-se estudar muito a eliminação do crime e das más ações do mundo; a verdadeira redenção, a transformação do mal em bem, dependerá, no futuro, de se a verdadeira arte é capaz de derramar fluido espiritual sobre os corações e as almas dos homens. Quando o coração e a alma dos homens estiverem cercados pelas conquistas da verdadeira arquitetura, escultura e similares, eles irão parar de mentir, caso sejam inclinados à desonestidade; irão parar de perturbar a paz do semelhante, se essa for sua tendência. Edifícios e construções passarão a *falar* em uma linguagem que as pessoas de hoje não conhecem.

Os seres humanos estão acostumados a se reunir em congressos com o objetivo de colocar seus assuntos em ordem, pois imaginam que aquilo que passa da boca ao ouvido cria a paz e a harmonia. Porém, a paz, a harmonia e a posição justa do homem só podem ser estabelecidas quando os deuses falam conosco. Quando os deuses irão falar conosco?

Quando um ser humano fala conosco? Quando ele possui uma laringe. Ele nunca seria capaz de conversar sem uma laringe. Os espíritos da natureza nos deram a laringe, e nós fazemos desse presente uma parte orgânica de todo o Cosmos quando encontramos as verdadeiras formas de arte, pois eles se tornam instrumentos pelos quais os deuses falam conosco. Devemos, entretanto, primeiro, aprender como nos tornar parte do grande Cosmos, então nosso desejo de guiar toda a humanidade por essas portas será o maior de todos. A partir desse anseio – pois sua realização ainda não chegou –, a espera desenvolverá um trabalho tão intenso para nosso movimento espiritual que esse objetivo poderá ser gradualmente alcançado. A arte é a criação de um órgão por meio do qual os deuses são capazes de se comunicar com a humanidade...

4. EXPERIÊNCIA MORAL DA COR E DO TOM

Podemos ver a chegada de um tempo em que seremos capazes de penetrar inteiramente as sensações e sentimentos que podem surgir a partir da concepção do mundo espiritual-científico, período em que o caminho para a criação artística será, em muitos aspectos, diferente do passado. Ele será muito mais vivo, e o meio da criação artística será experimentado com muito mais intensidade; a alma sentirá a cor e o tom de forma muito mais profunda e os viverá de maneira moral-espiritual; e, nas criações artísticas, deveremos encontrar traços das experiências do artista no Cosmos... Haverá uma união muito mais íntima com o mundo exterior, tão forte que não cobrirá apenas as impressões externas de cor, tom e forma, mas também aquilo que uma pessoa experimenta *além* delas, o que é revelado por elas. Os homens farão importantes descobertas a esse respeito; na verdade, eles irão unir sua natureza moral-espiritual com aquilo que o sentido-aparência nos traz. Um aprofundamento infinito da alma poderá ser previsto.

Comecemos de um detalhe específico. Imagine que estamos olhando para uma superfície que brilha com a mesma sombra de um vermelho bem forte; suponha que nos concentremos totalmente em experimentar essa cor para que possamos nos unir a ela, estarmos dentro dela. Devemos nos sentir como se estivéssemos no mundo; nosso todo e nossa alma mais profunda tornaram-se coloridos; e, para onde quer que a alma vá, devemos ser preenchidos com vermelho, vivendo com e sem vermelho... Sentiremos que todo esse mundo vermelho nos permeia com a substância da ira divina, vindo em nossa direção de todos os lados, em resposta a todas as possibilidades de mal e pecados que há em nós. Nesse espaço vermelho infinito, devemos ser capazes de sentir como antes do julgamento de Deus, e nosso sentimento moral se transformará, como se as almas pudessem possuir um espaço infinito. Quando a resposta vem, ela só pode ser descrita pelos dizeres: aprendemos a rezar...

Então, compreendemos como podemos experimentar um ser que irradia bondade e que é cheio de gentileza e misericórdia divinas, um ser que queremos sentir no *espaço*. Então, temos a necessidade de deixar esse sentimento no espaço da misericórdia e bondade divinas assumir uma forma que surge a partir da própria cor, deixar o espaço de lado para que a bondade e a misericórdia possam brilhar. Assim como as nuvens são afastadas, o espaço é tomado em partes e recua para dar lugar à misericórdia, e temos o sentimento de que ele deve fluir no vermelho. Devemos estar presentes com toda a nossa alma conforme a cor toma forma. Precisamos sentir um eco de como os seres que pertencem, principalmente, ao nosso processo terreno sentiram quando ascenderam ao estágio de Elohim e aprenderam a criar o mundo de formas a partir das cores. Devemos aprender a experimentar algo da atividade criativa dos espíritos da forma, que são os Elohim, e compreender como as formas podem ser o efeito da cor...

Suponha que façamos o mesmo com uma superfície mais alaranjada; devemos sentir que o que vem a nós possui o aspecto sério da ira em sua forma mais fraca, mas que deseja se transmitir em nós e nos armar com força interior... Tornamo-nos cada vez mais fortes... Então, sentimos a espera em compreender a natureza interna das coisas e a uni-las a nós mesmos... Em uma superfície amarela, sentimos como se fôssemos transportados de volta ao início do nosso ciclo de vida; sentimos que estamos vivendo nas forças a partir das quais fomos criados quando surgimos na primeira encarnação terrena... Se acompanharmos o verde no mundo –

o que pode ser feito muito facilmente observando-se um campo verde –, experimentamos um aumento interno na força que temos nesta encarnação. Sentimo-nos mais saudáveis internamente, ainda que, ao mesmo tempo, nos tornamos, por dentro, mais egoístas. Em uma superfície azul, você passaria pelo mundo com o desejo de acompanhar a cor para sempre, superar seu egoísmo, tornar-se macrocósmico e desenvolver a devoção. Você acreditaria ser uma bênção se pudesse permanecer dessa forma no encontro com a misericórdia divina. Você se sentiria abençoado pela misericórdia divina se pudesse atravessar o mundo dessa forma.

Portanto, aprendemos a reconhecer a natureza interior da cor e podemos prever o tempo em que a experiência preparatória para a criação artística será muito mais interna e intuitiva do que jamais fora... As almas devem ser estimuladas por uma força interior, precisam ser tomadas pelas forças interiores dos objetos.

O mundo do som irá se aprofundar e alimentar a vida da alma de forma muito similar. No futuro, uma pessoa será capaz de experimentar o que há por trás do tom. Os homens verão o tom como uma janela pela qual eles entram no mundo espiritual; então, não dependerá apenas do sentimento o modo como um tom será adicionado a outro para formar melodias, por exemplo, mas, percorrendo o tom, a alma também experimentará uma qualidade moral-espiritual além dos tons isolados... Isso acontecerá. Devemos experimentar o tom como uma abertura feita pelos deuses do mundo espiritual e escalar, pelo tom, para o mundo espiritual.

Por meio da tônica, que experimentamos como absoluta ou não com relação às notas anteriores na escala, experimentamos o perigo, somos ameaçados, na entrada, de ser mantidos prisioneiros; a tônica quer nos sugar pela janela do tom e fazer com que desapareçamos completamente no mundo espiritual... Estou simplificando; devemos ter uma experiência diferenciada, que contenha uma variedade infinita de detalhes. Quando chegamos à janela do segundo, devemos ter a impressão dos poderes que tenham pena de nossa fraqueza e dizer: "Eu irei oferecer-lhe algo do mundo espiritual e lembrá-lo de algo que lá está"... Chegamos a um mundo onde, se escutarmos, diversos tons berrantes soam, desejando nos confortar em nossa fraqueza... Você deve tomar os tons consigo e, junto com eles, viver além disso. Se você entra no mundo espiritual por meio do terceiro... – lembre-se de que se tornou um som, transformou-se um terceiro – sentirá amigos ali para se aproximarem de você, de acordo com o tipo de disposição que teve no mundo físico,... tons que são amigos uns dos outros. As pessoas que querem tornar-se compositoras terão de entrar, especificamente, pelo terceiro, pois é lá que estão as seqüências de tons, as composições, que irão estimular sua criatividade artística. Você nem sempre será recebido pelos mesmos amigos, pois isso irá depender de seu humor, sentimento e temperamento – na verdade, como você está disposto para a vida. Isso resulta em uma variedade infinita de possibilidades.

Através do quarto... você verá que as memórias desses tons tomam uma coloração fresca continuamente; uma vez, brilhante e alegre como pode ser, e, outras vezes, eles descem à maior das tristezas; agora, são claros como o dia ou estão no silêncio de um túmulo. A modulação da voz, a forma como o som ascende e descende; resumindo, todas as variações de uma criação de tons terão origem nesse caminho das memórias do som. O quinto irá produzir experiências mais subjetivas, o trabalho de estimular e enriquecer a vida da alma. É como uma varinha mágica que conjura os segredos do mundo dos sons, das profundezas impenetráveis...

Esses são os tipos de experiência que a humanidade deve ter, principalmente, por meio da cor e do som, mas também pela forma; na verdade, todos juntos pelo âmbito da arte, com a intenção de fugir da relação puramente externa com os objetos e seu funcionamento, e de penetrar em seus maiores segredos no coração dos objetos. Então, uma consciência tremendamente significativa chegará ao homem com relação à sua conexão com os poderes divinos espirituais que o guiam pelo mundo. Então, acima de tudo, ele terá experiências interiores, tais como as forças que o guiam de uma encarnação a outra.

Ele deve sacrificar sua vida
E separar a existência
Quem observaria os objetivos do espírito
Pela revelação dos sentidos,
Ousando derramar a vontade do espírito
Em sua própria vontade.

5. A NOVA ARTE DA EURITMIA

A arte da euritmia, como a conhecemos, desenvolveu-se a partir dos princípios, que surgiram no ano de 1912. Ela ainda está no início, e trabalhamos continuamente para seu desenvolvimento e aperfeiçoamento. No entanto, ela tem em si infinitas possibilidades e, sem dúvida, continuará a desenvolver-se por muito tempo, até que seja capaz de ocupar seu lugar como uma jovem arte ao lado das antigas.

As artes nunca surgiram a partir das intenções humanas concebidas intelectualmente nem do princípio de imitar a natureza em qualquer âmbito, mas sempre quando os corações humanos se descobriram capazes de receber impulsos vindos do mundo espiritual e sentiram-se compelidos a incorporar esses impulsos e a percebê-los, de alguma forma, na substância externa. No caso de cada arte isolada – arquitetura, escultura, pintura, música, e assim por diante –, pode-se traçar como certos impulsos espirituais adentraram a humanidade a partir de mundos mais elevados, como foram recebidos por determinados indivíduos especialmente formados para isso e como aquilo que jogou sua sombra dos mundos mais elevados sobre a atividade humana no mundo físico fez surgir as artes.

É verdade que as artes, no curso do desenvolvimento futuro, tornaram-se, em sua maioria, naturalistas e perderam os impulsos originais; uma espécie de imitação externa tomando seu lugar. Tal imitação, entretanto, não poderia ser a fonte de qualquer arte verdadeira... Originalmente, as artes eram permeadas por um impulso espiritual mais vital, poderoso e entusiasmado. Eles possuíam sua própria realidade; sua técnica era o resultado de todo o ser do homem, não somente externa e formal, mas uma técnica do corpo, da alma e do espírito. Esse fato deve fornecer coragem para desenvolver ainda mais essa arte da euritmia, que nasceu nas asas do destino para um desenvolvimento antroposófico. Esse movimento deve revelar à nossa era o impulso espiritual que lhe cabe... Esse impulso espiritual pode apenas se incorporar em uma forma especial de arte na qual ele flui; isso foi trazido na euritmia. Isso se tornará cada vez mais evidente. A Antroposofia é chamada para trazer mais profundidade, uma visão mais ampla e ânimo para as outras formas de arte. Porém, a euritmia só poderia crescer com base na Antroposofia e receber seus impulsos por meio daquilo que pode advir diretamente de uma concepção antroposófica.

A forma com que o homem é capaz de revelar sua natureza interior para o semelhante é pela fala. Pela fala, ele revela, com mais facilidade, sua natureza interior. Portanto, todas as vezes, de forma coerente com determinada época, encontramo-nos ao lado dessas artes que possuem como seu meio o elemento externo de tempo e espaço as acompanhando, a arte que se manifesta por meio da fala: poesia. Essa arte da fala – chamo a poesia de *arte* da fala, veremos, mais tarde, que é justificável – é mais universal em sua própria forma do que as outras artes. Pode ser dito que a arte da poesia, no caso de um poeta, funciona de forma mais plástica e, no caso de outros, mais musicalmente; de fato, pode-se dizer que a poesia também funciona pictoricamente, e assim por diante. A fala é, na verdade, um meio universal de expressão da alma humana. Aquele que, com uma visão não preconceituosa, pode observar os primórdios da evolução humana verá que, em algumas linguagens, havia um elemento artístico profundo. Tais linguagens foram afastadas do ser humano muito mais do que nas linguagens modernas.

Quando, sem preconceito, investigamos a evolução humana, nos deparamos com linguagens antigas que soavam quase como cantorias, as quais os homens acompanhavam animadamente com movimentos de braços e pernas. Uma espécie de dança foi então adicionada à fala em determinadas linguagens quando se tencionava um modo de expressão exaltado ou ritualístico. Nos primórdios, o acompanhamento da palavra, que saía da laringe por um gesto, era absolutamente normal. Somente se pode julgar corretamente o que ocorreu quando se faz um esforço para perceber como aquilo que parece somente um gesto acompanhando a fala pode ganhar vida independente. Ficará aparente, então, que os gestos feitos pelos braços e pelas mãos podem não ser, do ponto de vista artístico, igualmente expressivos, mas muito mais expressivos que a própria fala...

Aqueles que se aprofundam no assunto irão perceber que o ar que expelimos dos pulmões por meio dos órgãos da fala e da música, aquilo que expiramos quando vocalizamos e damos forma por meio dos lábios, dentes e palato, é nada mais que gestos no ar; eles são, no entanto, projetados no espaço de forma que aquilo que eles conjuram no espaço pode ser ouvido. Se, por meio da visão sensível-supersensível, obtém-se sucesso em adentrar nesses gestos aéreos, em tudo aquilo que o homem faz quando expressa uma vogal ou consoante, quando forma sentenças, usa rima ou fala em iambo ou troqueu, surge o pensamento: as linguagens da civilização criaram terríveis conexões à convenção. Elas simplesmente se tornaram um meio de expressar o conhecimento científico, de comunicar as coisas da vida cotidiana. Elas perderam sua qualidade de alma dos primórdios.

Agora, tudo o que pode ser aprendido, percebido pela visão supersensível desses gestos aéreos, é levado aos braços e às mãos, em movimentos de todo ser humano.[28] Então surge, de forma visível, exatamente o mesmo que funciona na fala. Pode-se usar todo o corpo humano de modo que ele realmente expresse esses movimentos que são realizados pelos órgãos relacionados à fala e à música. Surge, então, a fala visível, a música visível – em outras palavras, a arte da euritmia.

Busco dentro de mim
O funcionamento das forças criativas,
A vida das forças criativas.
A gravidade da Terra está me dizendo
Pela Palavra de meus pés,
O poder de forma do ar está me dizendo
Pelo cantar de minhas mãos,
A força divina da luz está me dizendo
Pelo pensamento de minha mente
Como, por meio do homem, o mundo
Fala, canta e pensa.

---

28. Detalhes podem ser encontrados em *Euritmia como Discurso Visível*.

··· XI ···

O CAMINHO DO DESENVOLVIMENTO

1. A MUDANÇA NO CAMINHO

Inicialmente, lê-se corretamente o *Bhagavad Gita* e outros poemas antigos quando se está consciente de que a alma foi transposta de volta ao mundo espiritual com um sentimento elevado do ser que expressou tudo aquilo a que Krishna e outras iniciativas antigas, que chegaram a tal sentimento do ser, deram vida. Esses antigos sábios surgiram acima das massas de seus contemporâneos e, corretamente, isolaram o ser do mundo exterior. Eles se separaram, no entanto, não pelos pensamentos egoístas, mas por um processo de modificação no qual o elemento da alma foi submerso no ritmo interno do ar... O homem sentiu como seus pensamentos passavam pela corrente da respiração como pequenas cobras; ele notou seu ser dentro da trama da vida cósmica; e expressou aquilo que poderia ser revelado dessa sensação em determinadas palavras e ditos. Foi percebido que ele falou de forma diferente quando essas experiências foram expressas na fala. Isso chegou a ser provado, gradualmente, de forma tão forte e intensa que a própria experiência do processo respiratório ficou em segundo plano. Sentiu-se, gradualmente, que as palavras começaram, por vontade própria, a respirar, a se formar em aforismos rítmicos, em recitativos. As palavras criadas a partir do processo modificado da respiração, e elevadas a partir dela, formaram-se como dizeres mântricos, ou mantras. Enquanto, no início, o processo respiratório e sua experiência eram o essencial, agora são as próprias palavras. Elas passaram pela tradição, por meio da consciência histórica do homem e, em seguida, fizeram surgir o ritmo e a métrica da poesia. As leis básicas da fala, que podemos perceber, por exemplo, no pentâmetro ou no hexâmetro, como utilizados no verso antigo, apontam-nos para aquilo que, há muito tempo, fora uma existência do processo respiratório, que havia transportado o homem do mundo entre o nascimento e a morte para o mundo do espírito e da alma.

Não é correto, para o homem moderno, esforçar-se para encontrar o caminho para o mundo espiritual da mesma forma como antigamente. Devemos ascender ao mundo espiritual não indiretamente, pela respiração, mas no caminho da alma, dos próprios pensamentos. É por isso que é correto, hoje, em meditação e concentração, transformar aquilo que é simplesmente conteúdo lógico em algo no próprio pensamento, que é da natureza da música. Hoje, a meditação é, para começar, invariavelmente uma experiência no pensamento, uma passagem de um pensamento para outro, de uma imagem mental para outra...

Se seguirmos essas indicações como são dadas no livro *O Conhecimento dos Mundos Elevados*, devemos alcançar o exato oposto daquilo que o iogue atinge. Permanecendo no pensamento, não direcionamos a respiração para o processo neurológico, mas começamos a trazê-la diretamente para o ritmo interno e a mudar sua qualidade. Atualmente, tentamos separar a última conexão (por ser inconsciente) entre os processos respiratório e do pensamento... Todos os exercícios modernos de meditação começam com isso. O pensamento não é, portanto, desprovido de ritmo, mas sim de um ritmo *interno* e é, gradualmente, ligado ao ritmo *externo*. O iogue passou pelo seu próprio ritmo; o homem moderno envolve-se com o ritmo do mundo externo. Leia os primeiros exercícios descritos, que mostram como contemplar a germinação e o crescimento de uma planta. Esse tipo de meditação separa o pensamento da respiração e faz com que seja completamente absorvido pelas forças do crescimento da própria planta.

O pensamento deve passar pelo ritmo penetrante do mundo externo. O pensamento momentâneo é, realmente, liberto das funções corporais, a respiração, e se une aos ritmos externos; ele submerge não nas percepções sensitivas, nas qualidades perceptivas do objeto, mas em sua espiritualidade. Observamos uma planta; ela é verde e sua flor, vermelha – nossos olhos nos dizem isso e nosso intelecto pensa; isso envolve nossa consciência normal. Porém, desenvolvemos uma consciência diferente quando emancipamos o pensamento da respiração e o unimos ao exterior. Tal pensamento aprende a vibrar com a planta, como ela cresce, como se transforma em uma rosa, por exemplo, passando de verde a vermelho. Ela vibra no espiritual, a base de todas as coisas na natureza exterior.

É nisso que a meditação moderna difere do exercício de ioga antigo – naturalmente, há muitos estágios intermediários. O iogue se aprofundava no processo respiratório em si e recebia esse ser como uma memória, ele se *lembrava* daquilo que havia sido antes de descer à Terra. Nós, por outro lado, passamos com a alma para fora do corpo físico e nos unimos com aquilo que vive espiritualmente nos ritmos externos. Dessa forma, *observamos* aquilo que fomos antes de descermos à Terra. Essa é a diferença.

2. TRÊS ESTÁGIOS DO DESENVOLVIMENTO ESPIRITUAL

É possível, de certa forma, para cada ser humano, elevar-se aos mundos espirituais passando pelo desenvolvimento esotérico. Podem ser desenvolvidas, principalmente, três forças em nossa alma. A primeira é o poder do pensamento... Na vida cotidiana, um homem tem pensamentos causados pelas impressões dos sentidos ou do intelecto, que está conectado ao cérebro. Em meu livro *O Conhecimento dos Mundos Elevados*, você verá como uma pessoa, por meio de meditação, concentração e contemplação, pode tornar essa força do pensamento independente da vida exterior, com o poder do pensamento livre e independente de tudo aquilo que pertença ao corpo. Isto é, com tal desenvolvimento, a alma adquire a possibilidade do pensamento, da própria formação do pensamento, sem a utilização do corpo, sem usar o cérebro como instrumento. A principal característica do pensamento cotidiano, que depende das impressões trazidas pelos sentidos, é que cada ato isolado de pensamento prejudica o sistema nervoso e, acima de tudo, destrói algo do cérebro. O sono é necessário para que este processo de destruição possa tornar-se bom. Aquilo que percebemos de forma consciente em um pensamento comum é realmente o processo de destruição ocorrendo em nosso sistema nervoso.

Agora, dedicamo-nos a desenvolver a meditação e a concentração, considerando, por exemplo, a frase: "A sabedoria está na luz". Essa idéia não pode surgir dos sentidos, pois não é o caso, de acordo com os sentidos exteriores, que a sabedoria esteja na luz. Por meio da meditação, contemos o pensamento a ponto de ele não se conectar com o cérebro... Como no pensamento meditativo, não dispomos de processo algum de destruição em nosso sistema nervoso, tal pensamento nunca nos deixa com sono, não importa quão longo seja, como faz nosso pensamento comum. É verdade que as pessoas reclamam, com freqüência, que, quando se dedicam à meditação, adormecem de uma vez; mas isso se dá porque a meditação ainda não é perfeita. É natural que devamos, inicialmente, ao meditar, utilizar o tipo de pensamento ao qual sempre fomos acostumados; somente de forma gradual nos acostumamos a deixar o pensamento externo. Então, o pensamento meditativo não mais nos deixará com sono; assim, saberemos que estamos no caminho certo.

Somente quando o poder interior do pensamento é cultivado dessa forma, sem utilizar o corpo externo, devemos obter o conhecimento da vida interior e aprender a reconhecer nosso verdadeiro eu, ou o "eu" elevado. O caminho para o *verdadeiro conhecimento do eu humano* deve ser encontrado no tipo de meditação acima descrito, que leva à liberação do poder do pensamento interior. Somente por meio de tal conhecimento pode-se ver que esse eu humano não está ligado aos limites do corpo físico; ao contrário, está conectado com os fenômenos do mundo ao nosso redor. Enquanto na vida comum vemos o Sol aqui, a Lua ali, as montanhas, montes, plantas e animais acolá, agora nos sentimos unidos a tudo o que vemos ou escutamos; fazemos parte disso; para nós, há apenas um mundo exterior, que é o corpo. Enquanto na vida comum o mundo externo está ao nosso redor, após o desenvolvimento do poder do pensamento independente nos encontramos fora do corpo, aquele que víamos outrora; e nosso corpo, no qual estamos contidos, é exterior a nós; nós nos recordamos dele, ele tornou-se o único mundo para o qual podemos olhar a partir do nada...

Pode-se responder afirmativamente à pergunta: por que acordamos pela manhã? No sono, o corpo físico deita-se na cama e nós ficamos fora dele, da mesma forma como ficamos durante o pensamento meditativo. Ao acordar, retornamos ao corpo físico, porque somos levados de volta a ele por centenas de milhares de forças, como se fosse um ímã. Geralmente, ninguém sabe nada sobre isso; porém, se por meio da meditação essa pessoa se tornou independente, ela é *conscientemente* levada de volta pelas mesmas forças que, no caso anterior, devolvem a alma, de forma inconsciente, para o corpo ao acordar.

Também aprendemos, por meio dessa meditação, como o ser humano descende dos mundos mais elevados no qual viveu entre a morte e um novo nascimento, e agora se une às forças e substâncias dadas pelos pais, avós, etc. Aprendemos, resumidamente, a conhecer as forças que trazem os seres humanos de volta a uma nova encarnação. O resultado dessa meditação é que se pode recordar de uma grande parte da vida passada no mundo espiritual antes do nascimento, da concepção...

Mas, para recordar nossas encarnações anteriores, é necessário outro tipo de meditação. Esta só possui efeito se a pessoa trouxer os *sentimentos* ao assunto da meditação... Se, por exemplo, tomarmos um assunto: "A sabedoria irradia na luz", e nos sentirmos inspirados pela irradiação da sabedoria, se nos sentirmos elevados, se, internamente, brilharmos esse assunto, podemos viver e meditar sobre ele por meio de sentimentos entusiasmados; então, temos, diante de nossa alma, algo maior que a meditação em pensamento. O poder que utilizamos na alma como o poder do sentimento é o mesmo que empregamos na fala. Esta passa a existir quando permeamos a fundo nossos pensamentos com o sentimento interior, com as sensações interiores. Essa é a origem da fala, e o órgão de Broca no cérebro começa a existir dessa forma: os pensamentos da vida interior permeados pelos sentimentos interiores tornam-se ativos no cérebro e, então, formam o órgão, que é o instrumento físico da fala...

Se agora, em vez de permitir que a força da alma se adiante na fala, desenvolvermos a meditação a partir desses pensamentos permeados pelo sentimento, se continuarmos essa meditação além e além, gradualmente, ganharemos poder – mesmo que sem o órgão físico, mas por meio da iniciação – para nos recordarmos das vidas terrenas anteriores, e também investigarmos o tempo entre elas. Por meio de tal ocultação da palavra, podemos nos recordar das origens primordiais da Terra, aquela que a Bíblia chama de ato criativo dos Elohim: devemos nos lembrar do tempo em que, para a humanidade, se iniciou a retomada das vidas terrenas...

Porém, esses dois poderes de clarividência não podem nos levar às experiências relacionadas às encarnações planetárias anteriores de nossa Terra. Para isso, uma terceira força meditativa é necessária, sobre a qual falaremos brevemente. Podemos permear o assunto de nossa meditação com impulsos de *vontade*, de forma que, se meditarmos, por exemplo, sobre "A sabedoria do mundo irradia na luz", poderemos realmente sentir, sem desejar externamente, o impulso de nossa vontade unido ao ato; devemos sentir nosso próprio ser unificado a essa força de luz que irradia, e permitir que essa luz brilhe e vibre pelo mundo. Devemos sentir o impulso de nossa vontade unificado a essa meditação. Estamos, então, retendo uma força que adentraria a pulsação do sangue. Você deve observar, prontamente, que a vida interior de nosso "eu" pode passar pelas pulsações do sangue se se lembrar da palidez de quando temos medo e do rubor ao estarmos envergonhados. Se essa mesma força que influencia o sangue não descender ao físico, mas permanecer somente na alma, inicia-se essa terceira meditação, a qual podemos influenciar por meio de nossos impulsos de vontade.

Aquele que passa por essas três formas de sentimento do desenvolvimento esotérico sente, quando libera apenas o poder do pensamento, como se possuísse um órgão na base do nariz (esses órgãos são chamados "flor de lótus"), por meio do qual possa perceber seu "eu", ou ego, que é amplamente estendido no espaço.

Aquele que, por meio da meditação, cultivou o pensamento permeado com o sentimento torna-se gradualmente consciente, por meio dessa força desenvolvida que se tornaria a fala da chamada flor de lótus de 16 pétalas da região da laringe. Por isso, ele pode compreender aquilo que está ligado às coisas temporais desde o início até o fim da Terra. Por isso, também se pode aprender a reconhecer, na realidade, o significado esotérico do mistério de Gólgota.

Por meio da força da alma retida, e que na vida cotidiana se estenderia ao sangue e suas pulsações, um órgão se desenvolve no interior do coração, que é descrito em meu livro *Ciência Oculta: um Esboço,* e por meio daquilo que pode ser compreendido como as evoluções, esotericamente chamadas Antigo Saturno, Sol e Lua, as encarnações anteriores na Terra.

Vocês podem ver, caros amigos, que não está sendo afirmado que o desenvolvimento esotérico seja obtido a partir de uma impossibilidade ou de algo que não existe, mas por aquilo que realmente está na alma humana.

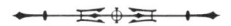

⸻ ⚊◊⚌ ⸻

Espírito triunfante!
Envie a chama por meio da fraqueza
Das almas amedrontadas.
Queime a luxúria do eu,
Compaixão incendiada,
A abnegação,
O regato de vida da humanidade,
Deve governar como a primavera
No renascimento espiritual.

3. TRABALHO PREPARATÓRIO ESSENCIAL

Enquanto a alma vaga em regiões mais elevadas, as forças prejudiciais podem aninhar-se nos densos corpos físico e etéreo. É por isso que determinadas características más, que, antes do desenvolvimento mais elevado, foram suprimidas pela ação equilibradora da alma, podem, por falta de cuidado, tornar-se aparentes. Os homens, inicialmente com bom caráter moral, revelam, ao entrar nos mundos mais elevados, todos os tipos de inclinações básicas – egoísmo aumentado, falsidade, rancor, ira, e assim por diante. Ninguém deve ser dissuadido por esse fato de ascender aos mundos mais elevados; porém, deve-se ter cuidado para que tais coisas não aconteçam. A natureza mais baixa do homem precisa ser firme e inacessível às influências perigosas básicas. Isso é feito por um treinamento consciente de determinadas virtudes especificadas nos escritos que tratam do desenvolvimento espiritual; e é por isso que se deve prestar atenção a eles. Eles são como descritos a seguir.

Primeiro, a pessoa deve tencionar, consciente e continuamente, distinguir em todas as coisas o não perceptível do transitório e direcionar sua atenção ao primeiro. Em todas as coisas e seres, ela pode supor e discernir algo que permaneça quando a aparência transitória se for. Se eu vejo uma planta, posso, primeiro, observar como ela se apresenta aos sentidos; e não se pode desprezar isso, pois ninguém descobrirá o eterno nas coisas se não se familiarizar com o perecível. Aqueles que, constantemente, demonstram a preocupação de que o que direciona seu olhar ao espiritual e não perecível perderá o "frescor e a naturalidade da vida" ainda não sabem qual é o assunto. Quando olho para uma planta, dessa forma, pode tornar-se evidente que há nela um impulso contínuo de vida, que reaparecerá em uma nova planta quando essa que observo virar pó.[29] Devemos adotar essa atitude com relação às coisas em toda a nossa mente. Em segundo lugar, devemos voltar nosso coração a tudo aquilo que é valioso e genuíno, e aprender a estimar mais do que o que é passageiro e insignificante. Em todos os nossos sentimentos e ações, precisamos ter diante de nós o valor de qualquer coisa com relação ao todo. Em terceiro lugar, devemos desenvolver seis qualidades em nós: o controle do mundo do pensamento, o controle das ações, a estabilidade, a imparcialidade, a confiança no mundo ao redor e o equilíbrio interior.

Ganhamos *controle do mundo do pensamento* se tivermos o trabalho de combater os pensamentos e sentimentos que, nas pessoas comuns, se agitam constantemente. Na vida cotidiana, o homem não é o mestre de seus pensamentos – é guiado por eles. Naturalmente, não poderia ser de outra forma; a própria vida guia o homem e, como uma pessoa ativa, ele deve lucrar com esse impulso de vida... Mas, se um homem deseja ascender a um mundo mais elevado, deve, no mínimo, separar pequenos períodos nos quais pode dominar seu mundo de pensamentos e sentimentos. Então, em total liberdade, ele determina um pensamento no centro de sua alma, enquanto as idéias invadem a partir do exterior. Então, procura manter uma distância de todos os outros pensamentos e sentimentos que surgem e combinar somente com aquele primeiro pensamento que ele admite ser relevante. Tal exercício é benéfico para a alma e, por meio dele, para o corpo. Ele faz com que o último fique em uma condição harmoniosa a qual extrai das influências prejudiciais, mesmo quando a alma não age diretamente sobre ele.

O *controle das ações* consiste em um domínio similar dessa liberdade interior. Um bom começo é quando nos propomos a fazer, regularmente, algo que não nos aconteceria cotidianamente. Nessa última, o homem é incitado a ações do exterior. Porém, a menor ação que tomamos a partir de nossa iniciativa faz mais na direção indicada do que qualquer ação incentivada pelas pressões externas da vida.

A *estabilidade* consiste em manter-se a distância daqueles humores que podem ser descritos como alternantes entre "exultantes até o fim" e "sofrendo até a morte". O homem é guiado entre todos os tipos de humor. Os prazeres deixam-no feliz, a dor o deprime; isso tem justificativa. Porém, aquele que busca o caminho para um conhecimento mais elevado deve ser capaz de conter-se na alegria e na tristeza. Precisa tornar-se estável. Ele deve ser capaz de se entregar, com moderação, às impressões aprazíveis e também às experiências dolorosas, e manter-se digno em ambos os casos.

---

29. Veja o Capítulo 9.3 – O Pensamento Orgânico como Percepção Supersensível.

Nada deve impressioná-lo ou desconcertá-lo. Isso não justifica qualquer falta de sentimento, mas simplesmente faz com que seja o centro firme no meio da maré da vida, que sobe e desce. Ele sempre se tem à mão.

Uma qualidade muito importante é o *senso de positividade*. Pode desenvolver esse senso quem, em todas as coisas, volta a atenção para suas características boas, belas e intencionais, e não para aquilo que é censurável, feio ou contraditório. Na poesia persa, há uma bela lenda que diz respeito a Cristo a qual ilustra o significado dessa qualidade. Há um cachorro morto na estrada e, entre os transeuntes, está Cristo. Todos os outros se viram ao ver o animal; somente Cristo fala, admiravelmente, de seus belos dentes. É possível observar tudo dessa forma e aquele que busca seriamente por isso deve encontrar, em todas as coisas, até nas mais repulsivas, algo que mereça reconhecimento. O que é proveitoso nas coisas não é aquilo que lhes falta, mas o que elas têm.

Também é importante desenvolver a qualidade da *imparcialidade*. Cada um teve suas próprias experiências e formou, a partir delas, um número definido de opiniões, que se tornaram seus princípios para guiar a vida. Assim como, por um lado, é evidente ser guiado pela experiência, também é importante para aquele que passa pelo desenvolvimento espiritual preservar uma mente aberta a tudo aquilo que é novo e desconhecido. Ele será tão cuidadoso quanto possível com os julgamentos "Isso é impossível", "Não pode ser". Qualquer que seja a opinião formada a partir das experiências anteriores, ele estará pronto, a todo momento, quando encontrar algo novo e desconhecido, para chegar a uma nova opinião. Todo o amor pela própria opinião deve desaparecer.

Quando as cinco qualidades já mencionadas são conquistadas, aparece uma sexta: *o equilíbrio interior*, a harmonia das forças espirituais. A pessoa deve encontrar, dentro de si, um centro de gravidade espiritual que lhe dê firmeza e segurança diante de tudo aquilo que a joga para lá e para cá na vida. Ela não deve se diminuir por compartilhar com a vida ao seu redor nem deixar que tudo a afete. O curso correto é não abandonar todos os fatos de distração da vida, mas devotar-se totalmente à vida e, *no entanto*, guardar firme e seguramente o equilíbrio interno e a harmonia.

Por último, aquele que busca deve levar em consideração o "desejo de liberdade". Quem encontra, em si mesmo, o apoio e a base para tudo aquilo que conquista possui esse desejo. Ele é muito difícil de ser alcançado, pois é necessário um equilíbrio entre abrir os sentidos a tudo o que é bom e a rejeição simultânea de cada compulsão. Dizemos com naturalidade que "a influência externa é incompatível com a liberdade". O essencial é que elas possam ser reconciliadas na alma. Quando alguém me diz alguma coisa e eu aceito sob a compulsão de sua autoridade, *não sou livre*. Mas também *não deixo* de ser livre se me fecho para o bem que posso receber dessa forma; pois, assim, o "pior" de minha alma exercita a compulsão em mim. Liberdade não significa apenas que eu seja livre da compulsão de uma autoridade externa, mas, acima de tudo, que não sou servil aos meus próprios preconceitos, opiniões, sensações e sentimentos. O caminho certo não é pela sujeição cega àquilo que é recebido, mas me deixar ser estimulado por isso, recebê-lo imparcialmente, para que eu possa reconhecê-lo "livremente". Uma autoridade externa somente deveria nos levar a dizer: "Eu me faço livre apenas seguindo aquilo que é bom, fazendo do meu jeito". Uma autoridade baseada na ciência espiritual nunca irá trabalhar de forma contrária. Ela fornece o que for preciso, não para ganhar poder sobre o recipiente, mas somente para que, por meio do dom, o recipiente possa tornar-se mais rico e mais livre...

4. MEDITAÇÃO MODERNA

Ascender a um estado de consciência supersensível deve começar a partir da consciência desperta comum. A alma vive nessa consciência antes da ascensão, e o treinamento espiritual fornece os meios que levam além. No treinamento que está sendo considerado aqui, entre os primeiros meios, estão aqueles que podem ser caracterizados como atividades cotidianas da consciência. O mais significativo consiste nas atividades silenciosas da alma. Ela deve dedicar-se a determinadas figuras definidas do pensamento, de um tipo que exercite um poder que desperta em certas capacidades da alma. Elas são diferentes da figura do pensamento da vida cotidiana, cuja tarefa é retratar objetos externos — de fato, quanto mais fiéis forem, mais verdadeiras as figuras serão; pertence à sua própria natureza serem verdadeiras nesse sentido. As figuras do pensamento às quais a alma deve se dedicar para o treinamento espiritual não possuem tal tarefa. Elas estão tão formadas que não descrevem um objeto externo, mas possuem em si a propriedade de despertar a alma. O melhor para isso são as figuras *simbólicas*; outras podem, no entanto, ser utilizadas. O conteúdo, na verdade, não tem muita importância; o ponto principal é simplesmente que a alma direcione todo o poder para elas e que não haja nada mais em sua consciência. Enquanto na vida cotidiana os poderes da alma estão espalhados por muitas coisas e as figuras do pensamento se modificam com freqüência, no treinamento espiritual tudo depende da total concentração da alma em uma única figura do pensamento, que deve ser colocada por um ato de vontade no centro da consciência. As figuras simbólicas do pensamento são, portanto, melhores que aquelas que descrevem objetos ou processos exteriores, pois têm suas bases no mundo exterior; então, a alma tem menos necessidade de confiar apenas em si mesma do que no caso das figuras simbólicas de pensamento, construídas pelo próprio empenho da alma. O essencial não é *o que* é a figura, mas aquilo que é formado de forma a libertar a alma de qualquer dependência física.

Devemos obter sucesso ao compreender essa absorção em uma figura de pensamento se nos lembrarmos do conceito de *memória*. Digamos que estamos olhando para uma árvore e nos viramos, de forma a não podermos mais vê-la. Podemos chamar aos olhos da mente a figura de pensamento da árvore por meio da memória. Essa imagem mental que temos quando a árvore não está à vista é uma memória da árvore. Agora, suponha que nos prendamos a essa memória na alma, que deixemos a alma descansar na figura da memória e tentemos afastar qualquer outro pensamento. Nossa alma está, agora, *absorvida* na figura memorizada da árvore. Eis um exemplo de absorção em uma figura do pensamento, que reproduz um objeto percebido pelos sentidos. Porém, se fizermos o mesmo com uma figura do pensamento que nós mesmos colocamos na consciência por meio do livre-arbítrio, devemos ser capazes, em tempo, de alcançar o efeito do qual tudo depende.

Um exemplo de meditação sobre uma figura simbólica do pensamento será ilustrado agora. Tal figura do pensamento deve, primeiro, ser construída na alma, e fazemos isso da seguinte maneira: pensamos em uma planta, como ela se enraíza na terra, como ela faz surgir uma folha após a outra, como ela dá uma flor. Agora, imagine um homem ao lado da planta. Tornamos vivo, em nossa alma, o pensamento de que o homem possui características e capacidades que podem ser chamadas de mais perfeitas que aquelas da planta. Pensamos em como ele pode se mover daqui para lá, de acordo com seus sentimentos e vontades, enquanto a planta está presa ao chão. Devemos, no entanto, dizer a nós mesmos: sim, o homem é, de fato, mais perfeito que a planta; ainda que encontre nele qualidades que não encontro na planta, a mesma ausência que, na planta, a faz parecer mais perfeita em outros aspectos do que o homem. Ele é cheio de desejos e paixões, os quais segue em sua conduta. Posso falar desse ser desencaminhado por seus impulsos e paixões. Vejo como a planta segue as puras leis do crescimento de folha a folha, como ela abre seus botões sem paixão aos castos raios de sol. Posso dizer que, enquanto o homem é, em alguns aspectos, mais perfeito que a planta, ele comprou essa perfeição ao preço de deixar que os impulsos, desejos e paixões fizessem parte de sua natureza, no lugar daquilo que, para mim, se parece com as forças que agem sobre a planta. Agora, tenho para mim que a seiva verde flui pela planta, e essa seiva verde é a expressão das leis puras e sem paixão de seu crescimento. Então, penso como o sangue vermelho corre nas veias do homem, e como estas são a expressão dos impulsos, desejos e paixões. Deixo que tudo isso cresça como um pensamento vivo em minha alma. Em seguida, imagino como o homem é capaz de se desenvolver; como, por meio das faculdades elevadas de sua alma, ele pode refinar e purificar impulsos e paixões. Reflito como um elemento básico nesses impulsos e paixões é erradicado, e eles renascem em um nível mais elevado. O sangue, então, pode ser pensado como a expressão desses impulsos e paixões purificados e castos. Agora, olho em espírito, por exemplo, para uma rosa, e digo para mim mesmo: na pétala vermelha da rosa vejo o verde da seiva tornar-se vermelho; e a rosa vermelha segue, apenas com suas folhas verdes, as leis puras e sem paixão do crescimento. A rosa vermelha, agora, pode tornar-se, para mim, um símbolo de um sangue que é a expressão dos impulsos e paixões castos que se livraram de sua base e lembram, em sua pureza, as forças que agem sobre a rosa vermelha.

Agora procuro não apenas trabalhar tais pensamentos em meu intelecto, mas deixar que eles assumam vida *em meus sentimentos*. Posso ter uma sensação de felicidade quando imagino a natureza pura e sem paixão da planta que cresce; posso fazer nascer o sentimento de que todas as perfeições mais elevadas devem ser compradas com a aquisição dos impulsos e desejos. Isso pode transformar a felicidade que senti outrora em solene; então, um sentimento de libertação toma conta de mim, um sentimento de verdadeira felicidade, quando me rendo ao pensamento do sangue vermelho que pode tornar-se o portador das experiências que são internamente puras, como a seiva vermelha da rosa. É importante que não confrontemos sem sentimentos o pensamento que serve para construir tal imagem simbólica. Após entrarmos em tais pensamentos e sentimentos, nós os reorganizamos no símbolo a seguir:

Imagine-se diante de uma cruz negra. Deixe que ela seja um *símbolo* para os elementos básicos que nunca foram eliminados dos impulsos e paixões; e, no ponto em que os braços da cruz se cruzam, imagine sete rosas resplandecentes dispostas em um círculo. Deixe que as rosas sejam, para você, o *símbolo* de um sangue que expressa as paixões e impulsos purificados e imaculados.[30] Tal figura simbólica do pensamento deveria ser colocada diante da alma da mesma forma como foi explicado para a figura da memória. Se alguém se rende a ela em absorção interna, tal figura do pensamento tem o poder de despertar a alma. Devemos tentar, enquanto somos absorvidos, banir qualquer outro pensamento. O símbolo em questão deve pairar em espírito diante da alma da forma mais viva possível.

Não é sem significado que o símbolo foi adiantado como uma figura que tem o poder de despertar, mas ele foi criado, inicialmente, por uma seqüência de pensamentos envolvendo a planta e o homem. Pois o efeito de tal imagem depende, primeiro, de termos nos unido da forma descrita, antes de utilizá-la como objeto de meditação. Se fôssemos visualizá-la sem passar por essa construção em nossa alma, ela permaneceria fria e teria muito menos efeito do que por meio da preparação que recebeu o poder de

---

30. N. A.: Não há conseqüência enquanto esses pensamentos são justificados do lado da ciência natural. O objetivo é formar pensamentos sobre a planta e o homem, que podem surgir a partir de uma simples observação, sem teoria alguma. Os pensamentos desse tipo também possuem seu significado, junto com as idéias da ciência com relação aos objetos no mundo ao nosso redor, que não são menos significativos. Aqui, os pensamentos não existem para apresentar os fatos em termos científicos, mas para criar um *símbolo* que se mostrará efetivo ao influenciar a alma, desprezando qualquer crítica que pudesse ser direcionada à composição desse símbolo.

iluminar a alma. Durante a meditação, não devemos nos lembrar das etapas preparatórias, mas ter apenas a imagem simbólica pairando diante de nós em espírito, logo, como vida, e deixar ressoar com ela os *sentimentos* que surgiram nos pensamentos preparatórios. Dessa forma, a imagem simbólica torna-se um sinal, juntamente com a experiência do sentimento.

O efeito da experiência depende de quanto tempo a alma permanece nela. Quanto mais tempo sem a interferência de outra idéia, mais efetivo é o processo como um todo. No entanto, é bom se, além do tempo dedicado à meditação em si, freqüentemente construirmos a imagem novamente com os pensamentos e os sentimentos, para que os sentimentos não esmaeçam. Quanto mais pacientemente renovarmos a imagem dessa forma, mais significado ela terá para a alma. (Em meu livro *O Conhecimento dos Mundos Elevados*, são dados outros exemplos de meditação. Particularmente efetivas são as meditações sobre o ser e a morte de uma planta, as forças do crescimento adormecidas em uma semente, as formas dos cristais, etc. Neste livro, a natureza da meditação é descrita apenas por meio de um único exemplo.)

Um símbolo como o descrito não representa objeto algum ou ser externo que a natureza tenha produzido; a esse mesmo fato, ele deve seu poder de despertar determinadas capacidades puramente da alma. Algumas pessoas podem discordar e dizer, por exemplo: o símbolo como um todo não deve, de fato, ser encontrado na natureza, mas todos os seus detalhes são emprestados dela — a cor preta, as rosas, e assim por diante; tudo isso foi percebido pelos sentidos. Qualquer um que seja incomodado por tal objeção deve refletir que não são as figuras derivadas da percepção dos sentidos que levam ao despertar das faculdades mentais elevadas, mas o efeito se deve somente à *forma de combinar* os detalhes, e isso não reflete nada que esteja presente no mundo dos sentidos.

O processo da meditação efetiva foi ilustrado com o exemplo da imagem simbólica. No treinamento espiritual, grande variedade de imagens desse tipo pode ser utilizada, e elas podem ser construídas de diversas formas. Determinadas sentenças, fórmulas e até palavras simples também podem ser dadas como assuntos de meditação. Em cada caso, esses meios de meditação têm o objetivo de tornar a alma livre da percepção dos sentidos e elevá-la a uma atividade para a qual as impressões dos sentidos físicos não possuem significado algum; o importante é despertar as faculdades adormecidas da alma.

Meditações dirigidas totalmente a determinados sentimentos ou emoções também são possíveis e provaram ser particularmente eficazes. Pegue o sentimento de alegria. Na vida comum, a alma fica alegre se uma ocasião externa para a alegria está presente. Se um homem que possui uma vida desenvolvida com saúde observa alguém fazendo uma ação inspirada pela verdadeira bondade do coração, ele terá prazer, ficará alegre com tal ação. Porém, pode considerar sobre uma ação dessa natureza. Um feito que provém da bondade do coração, ele deve dizer a si mesmo, é aquele em que o feitor não segue seus próprios interesses, mas os de seu semelhante. Tal feito pode ser chamado de moralmente bom. Mas a alma contemplativa pode libertar-se totalmente da ação particular no mundo exterior que trazia tanta alegria ou prazer e formar uma idéia compreensível da "bondade do coração". Ele pode pensar, talvez, como a bondade do coração surge por meio de uma alma que absorve os interesses do outro, tomando-os para si. A alma pode sentir alegria nessa idéia moral da bondade do coração. A alegria que ela possui não está mais nesse ou naquele evento do mundo sensitivo, é a *idéia* de alegria. Se tentarmos fazer com que esse tipo de alegria sobreviva em nossa alma por um tempo considerável, devemos praticar a meditação sobre um sentimento. Não é a simples idéia que é efetiva no despertar das faculdades internas da alma, mas a entrega prolongada da alma a um sentimento que não se deve somente a uma impressão exterior em particular.

Como a cognição supersensível penetra mais profundamente na real natureza das coisas do que o pensamento comum, suas experiências podem fazer surgir sentimentos que trabalham em um grau muito mais elevado na descoberta das faculdades da alma se utilizadas para meditação. Assim como este último é necessário para os estágios mais elevados de treinamento, devemos estar cientes de que a meditação energética sobre simples sentimentos e emoções, como essa envolvendo a bondade do coração, pode levar muito longe. Como as pessoas são diferentes em natureza e caráter, o meio mais eficaz para o indivíduo irá variar naturalmente. Assim como o tempo que deve ser dedicado à meditação, deve-se ter em mente que o efeito é mais forte de acordo com a tranqüilidade e o equilíbrio da meditação. Porém, qualquer excesso deve ser evitado. Um determinado tato interno resultante dos próprios exercícios ensinará ao aluno até onde ele pode ir.

Devemos, como regra, ter de praticar esses exercícios por muito tempo antes de notarmos um resultado. Paciência e perseverança pertencem, incondicionalmente, ao treinamento espiritual. Qualquer um que não possua essas qualidades em si, fazendo seus exercícios tão silenciosa e regularmente que a paciência e a perseverança constituam o humor de sua alma, não terá muito resultado.

Ficará claro, a partir do que foi dito, que a absorção profunda – meditação – é um meio de atingir o conhecimento dos mundos mais elevados, e também que não apenas o conteúdo de qualquer imagem do pensamento que alguém goste pode ser tomado para a meditação, mas apenas aquele que foi construído da forma descrita.

5. VISÕES, PREMONIÇÕES E INTUIÇÃO

Como uma relíquia do tempo em que o homem entrou no mundo espiritual de forma mais instintiva, mais inconsciente, e até mesmo em sua consciência diária possuía mais de si no mundo espiritual, ainda há, hoje, certa herança do passado. Isso é algo que devemos, imperativamente, compreender por meio da cognição espiritual consciente; pois, se não for corretamente entendida, ela se manifesta de formas enganadoras e, nesses assuntos, tais erros podem tornar-se muito perigosos...

Entre esses fenômenos, situados na fronteira entre o mundo dos sentidos e o supersensível, estão as *visões*. Em um estado de *alucinação* mais ou menos controlado pela pessoa envolvida, as imagens surgem com formas definidas e coloridas, até audíveis, mas não correspondem a nada externo. Para a percepção normal, o objeto está no exterior, a imagem em um caminho interior sombrio; e uma pessoa é perfeitamente consciente de quão sombriamente essa imagem mental é relacionada ao mundo exterior. Mas a visão surge por si só, desejando ser uma realidade. A pessoa torna-se incapaz de estimar corretamente que realidade existe nas imagens que aparecem diante dela sem sua iniciativa.

As visões surgem porque o ser humano ainda possui a capacidade de levar para a vida desperta aquilo que experimentou durante o sono, levando-a à imagem mental da mesma forma como faz com suas percepções sensitivas. Se, após observar um relógio, eu fizer uma imagem mental dele, ou se, ao dormir, vejo a forma e a realidade interna de um objeto externo, ao acordar faço uma imagem da experiência; a única diferença é que tenho controle sobre um dos processos – então, a imagem dele é mais sombria e plana – , enquanto o outro está fora de meu controle; não levo nada do presente para a minha vida conceitual, mas algo experimentado quando a alma estava fora em um sono distante – talvez muito distante – e, a partir disso, construí uma visão.

Em uma época mais remota, quando a relação das pessoas com os mundos físico e espiritual era governada pelo instinto, tais visões eram perfeitamente naturais; foi o progresso humano que as tornou incontroláveis, ilusórias, da forma como são hoje. Devemos, portanto, ter bem claramente que falta algo ao homem moderno: quando ele tem alguma experiência no mundo espiritual durante seu sono e retorna ao físico, não escuta mais o aviso do guardião do portal: "Tudo aquilo que experimentou no mundo espiritual, você deve notar bem e levar para o físico".[31] Se ele levar de volta, sabe o conteúdo da visão. Mas se a visão só lhe aparece no mundo físico, sem que ele perceba que a trouxe, o homem falha em compreender do que se trata realmente e fica sem um guia, à mercê da ilusão. Então, podemos dizer: as visões surgem porque alguém as carrega, a partir de sua experiência do sono, para a vida desperta e, então, forma imagens mentais, que são muito mais ricas em conteúdo do que as sombrias, mais comuns, e as transforma em visões completas com cor e som.

---

31. Veja o Capítulo 4.3 — *O Guardião do Portal.*

Outra possibilidade é que alguém traga para sua vida do sono a forma de sentir e perceber que ele possui na vida física, e é alertado para não causar danos. Se o sono é muito leve – condição muito mais comum na vida cotidiana do que se pensa, pois estamos, geralmente, apenas levemente adormecidos quando caminhamos normalmente, e devíamos ter mais ciência disso –, podemos, sem notar, atravessar o portal de nossos sentidos cotidianos. Então, surgem esses sentimentos obscuros, como se estivesse ciente de algo que acontecerá no futuro, para si mesmo ou para outro, e temos uma *premonição*. Enquanto uma visão surge durante a experiência do sono e é trazida para a vida desperta, e o portal é cruzado inconscientemente, a premonição surge quando estamos levemente adormecidos, sem perceber, e pensamos estar acordados, atravessando o portal e, mais uma vez, ignorando o guardião em nossa experiência diurna. Isso fica tão mais profundo na consciência que nem chega a ser notado.

Mas um homem também pode hesitar diante do portal e não perceber o Guardião... Quando ele fica no portal de forma que nota o que há no mundo físico enquanto percebe o que há no supersensível, experimenta algo muito difundido em alguns lugares, isto é, a *intuição*, uma experiência semiconsciente no portal. Então, esses legados do passado na consciência obscurecida surgem deste lado do portal como visões, além do portal, como premonições, e no portal, como intuição.

… XII …

NA VIDA COTIDIANA

1. A EDUCAÇÃO DA CRIANÇA

No nascimento, o corpo é exposto ao ambiente externo, enquanto previamente ele estava rodeado pelo invólucro da mãe. Aquilo que as forças e os fluidos do invólucro maternal fizeram por ele deve, a partir de agora, ser realizado pelas forças e elementos do mundo físico externo. Antes da troca de dentes, aos 7 anos, os órgãos físicos devem adquirir formas e proporções definidas. O crescimento também ocorre mais tarde, mas é baseado nas formas desenvolvidas no primeiro período – nunca podemos reparar, mais tarde, aquilo que, como educadores, negligenciamos nos primeiros sete anos.

Existem duas palavras mágicas que indicam como a criança se relaciona com esse ambiente: imitação e exemplo. O que ocorre no ambiente físico é imitado pela criança e, nesse processo, seus órgãos físicos são moldados nas formas que se tornarão permanentes. Tudo o que pode ser percebido pelos sentidos trabalha em seus poderes espirituais. Isso inclui todas as ações morais ou imorais, inteligentes ou tolas, que a criança pode ver. Não é a conversa moral ou as advertências sensatas que influenciam a criança nesse sentido, mas aquilo que os adultos fazem visivelmente diante de seus olhos. O efeito das advertências é moldar as formas não do corpo físico, mas do corpo etéreo; este último é rodeado, até o sétimo ano, por um invólucro protetor etéreo, assim como o corpo físico é circundado, antes do nascimento, pelo invólucro da mãe. Tudo o que deve se desenvolver no corpo etéreo – idéias, hábitos, memória, e assim por diante – precisa ocorrer antes do sétimo ano "em sua própria harmonia"; da mesma forma como os olhos e as orelhas se desenvolvem dentro do corpo da mãe sem a influência da luz externa...

Isso será mais bem ilustrado com um exemplo. Você pode fazer uma boneca dobrando um velho guardanapo e, se a criança a possuir diante dela, deve buscar em sua própria imaginação aquilo que é necessário para que a boneca se pareça humana. Esse trabalho de imaginação molda e forma o cérebro; este se desdobra, assim como os músculos da mão quando fazem o trabalho para o qual foram desenvolvidos. Dê à criança uma "bela boneca" e o cérebro não terá mais nada a fazer; em vez de se desdobrar, ele se tornará atrofiado e seco. Se as pessoas pudessem olhar para o cérebro como o investigador espiritual e ver como ele constrói suas formas, elas seguramente dariam às crianças somente brinquedos que servem para estimular e dar vida à sua atividade de formação. Os brinquedos com formas matemáticas mortas possuem um efeito desolador nas forças de formação da criança...

Outro exemplo pode ser dado. Uma criança inquieta, agitada, deve ser tratada de forma diferente daquela que é quieta e letárgica. Tudo precisa ser considerado, desde a cor do quarto e diversos objetos ao redor da criança até a cor de suas roupas. Pode-se cometer um erro, freqüentemente, se não se guia pelo conhecimento espiritual, pois a idéia materialista sempre cairá no exato oposto daquilo que é certo. Uma criança agitada deve ser rodeada e vestida com as cores vermelha e amarelo-avermelhada, enquanto a letárgica deve ser rodeada pelos tons azuis ou verde-azulados. O importante é a cor complementar criada dentro da criança...

Algo deve ser profundamente reconhecido para essa idade, isto é, aquilo que o corpo físico cria na medida em que é bom para ele mesmo por meio do desenvolvimento correto dos desejos. Devemos prestar muita atenção àquilo que o desejo e o prazer querem ter. O prazer e o deleite devem evocar a forma física dos órgãos. Tudo é muito fácil de danificar, especialmente no que diz respeito aos instintos por comida. A criança pode ser supernutrida com coisas que a façam perder completamente o instinto saudável para a comida, enquanto, por meio da nutrição correta, isso pode ser preservado de tal forma que tudo o que ela quiser, até mesmo um copo d'água, seja benéfico naquela circunstância, e que ela recuse aquilo que é danoso...

A criança precisa de professores com uma aparência contente e, acima de tudo, um amor honesto. Um amor que, por si só, segue pelo ambiente físico com calor e que seja capaz de "planejar" as formas dos órgãos físicos... É ouvindo que a criança aprende a falar melhor; não há regras ou qualquer tipo de instrução artificial que possam ter o mesmo efeito. Para a primeira infância, é especialmente importante que, por exemplo, as canções infantis tragam uma impressão tão bela e rítmica quanto possível para os sentidos; a beleza do som deve ser mais valorizada do que o significado. Quanto mais agradável alguma coisa for para o olho ou ouvido, melhor. Não se deve subvalorizar o poder que os movimentos da dança no ritmo musical possuem na formação dos órgãos.

Com a troca dos dentes, o corpo *etéreo* deixa de lado seu invólucro exterior e pode ser trabalhado a partir do interior. A formação e o crescimento do corpo etéreo significam o molde e o desenvolvimento das inclinações e hábitos, da consciência, do caráter, da memória e do temperamento. O corpo etéreo é trabalhado por *imagens*, cuidadosamente guiando a imaginação da criança... O corpo etéreo desenvolve sua força se a imaginação bem organizada puder tomar como princípio básico o significado interno que ela descobre nas imagens e alegorias – sejam conhecidas na vida real ou comunicadas à mente. Não são os conceitos abstratos que trabalham da forma correta, mas sim aquilo que é visto e percebido com o olho da mente...

Para esse segundo período, as palavras são imitação e autoridade. Aquilo que a criança vê diretamente em sua educação, por meio da percepção interna, deve tornar-se, para ela, uma autoridade aceita naturalmente, sem questões. A autoridade natural, não forçada, deve apresentar o ponto de vista espiritual direto por meio do qual o jovem forma a consciência, os hábitos e as inclinações, e leva seu temperamento por um caminho organizado. A veneração e a reverência são forças pelas quais o corpo etéreo cresce de forma correta. Quando falta reverência, as forças vivas do corpo etéreo são atrofiadas...

Porém, os hábitos podem ser completamente superados ao se desviar a atenção para os exemplos apropriados, que chocam ou repelem a criança. Censuras, no máximo, ajudam, e muito pouco, no que diz respeito aos hábitos e às inclinações. Porém, se mostrarmos a imagem viva de um homem que enveredou pelos maus hábitos e deixarmos a criança ver para onde esse caminho leva, isso irá trabalhar na jovem imaginação e trilhará a estrada do enraizamento do hábito... Isso, certamente, deve ser feito com muito tato, para que o efeito não seja exatamente o oposto daquele que se espera. Ao contar histórias, tudo depende da arte do conto. A narração propriamente dita não pode, portanto, ser substituída pela leitura.

É de suma importância para a criança que ela receba os segredos da natureza em parábolas, antes de se colocarem diante de sua alma na forma das "leis naturais" e do gosto. Suponha que desejemos falar a uma criança sobre a imortalidade da alma, a separação do corpo e da alma. O modo para fazê-lo é utilizar uma comparação, por exemplo: assim como a borboleta levanta vôo a partir da crisálida, a alma de um homem deixa seu corpo após a morte. Nenhum homem compreenderá corretamente o fato em conceitos intelectuais se não tiver vivido a situação por meio dessa imagem. Não utilizamos tal parábola somente com o intelecto, mas também com o sentimento da criança, com toda a sua alma... A real efetividade é essencial para se crer nas parábolas como verdades absolutas. Isso só ocorre quando o pensamento de uma pessoa está vivo com conhecimento espiritual... Este possui todos os segredos das parábolas, imagens tomadas do próprio ser das coisas, representações que não foram feitas pelo homem, mas pelas forças do mundo nas próprias coisas, no ato de sua criação.

Uma força da alma a qual se deve valorizar durante esse período é a memória. O desenvolvimento da memória está ligado à formação do corpo etéreo, que está se tornando livre entre a troca de dentes e a puberdade. Se isso for negligenciado em seu tempo, a memória de um homem terá sempre menos valor do que deveria — não é possível, mais tarde, refazer o que foi deixado para trás...

O garoto e a garota mais velhos devem aprender, para o cultivo da memória, muito daquilo em que não se aperfeiçoarão em sua compreensão intelectual ao longo dos anos. Esses pontos são mais bem compreendidos em conceitos que foram previamente aprendidos simplesmente a partir da memória desse período da vida. Falar contra "o aprendizado não inteligente da memória" é simplesmente um preconceito material... Até a época da puberdade, a criança deve guardar, em sua memória, os tesouros sobre os quais a humanidade ponderou...

Outro resultado de uma forma materialista de pensamento é visto nas lições que se baseiam exclusivamente na percepção dos sentidos. Toda percepção deve ser espiritualizada. Não devemos nos satisfazer, por exemplo, ao apresentar uma planta, uma semente, uma flor simplesmente da forma como ela pode ser percebida pelos nossos sentidos. Tudo deve se tornar uma parábola do espiritual. Um grão de milho não é apenas aquilo que o olho vê; toda uma planta está escondida, invisivelmente, dentro dele. Tal semente é mais do que os sentidos vêem; isso a criança deve compreender vivendo pelos sentimentos, imaginação e mente. Ela deve, no sentir, adivinhar os segredos da existência...

Na idade da puberdade, o corpo *astral* é o primeiro a nascer; seu desenvolvimento é aberto ao mundo exterior. Somente agora, portanto, podemos abordar a criança com tudo aquilo que abre o mundo das idéias abstratas, a faculdade do julgamento e o pensamento independente... Nada mais danoso pode ser feito a uma criança do que despertar seu julgamento independente cedo demais. O homem não está em posição de julgar até que tenha colhido, em sua vida interna, o material para o julgamento e a comparação. Se ele tira suas próprias conclusões antes disso, elas não terão embasamento. Erros educacionais desse tipo são a causa da unilateralidade estreita na vida, todos os credos estéreis que se baseiam em alguns fiapos de conhecimento, e estamos prontos, nesse sentido, para condenar as idéias experimentadas e provadas pelo homem, geralmente, durante muitas eras...

Dito pela mãe da criança:

Que a luz flua em ti, que ela tome conta de ti.
Sigo seus raios com o calor de meu amor.
Penso com os melhores pensamentos sobre os saltos de meu coração.
Eles servem para te endireitar, eles te apóiam, eles te mantêm puro.
Eu recolheria, de bom grado, meus bons pensamentos em teus passos no caminho da vida.
Para que eles se conectem à tua própria vontade de viver,
Que ela possua força em todo o mundo para sempre por meio de teu próprio ser.

2. NUTRIÇÃO[32]

A relação do homem com sua comida só é corretamente compreendida quando a ligação com os outros reinos da natureza e, acima de tudo, com o reino vegetal, nasce em sua mente. O reino vegetal, como um reino de vida, carrega as substâncias inorgânicas, sem vida, para um determinado estado de organização. Agora, o homem está tão organizado fisicamente que pode retomar o processo em que o vegetal parou e continuar a partir desse ponto, para que a organização humana passe a existir quando o homem organiza além daquilo que o vegetal já levou a um determinado estágio.

Em um *animal*, temos um ser vivente que também desenvolve o processo de organização além do vegetal. Suponha que um homem coma o animal; faz-se necessário a ele exercitar as forças internas como se houvesse comido um vegetal; pois o animal já levou sua organização a um estágio mais elevado, e o homem só precisa começar desse ponto. Então, deixa que o animal faça parte do trabalho que ele deveria fazer. O bem-estar do organismo não consiste em fazer o menos possível, mas sim em dar condições para que todas as suas forças entrem em atividade. Então, quando ele come carne animal, limita as forças que poderiam ser utilizadas se comesse vegetais. Por meio de sua condenação à inatividade, as organizações em questão permanecem desocupadas, elas são invalidadas e tornam-se enrijecidas. Isso ele carrega pela vida como se fosse um corpo estranho. Na vida normal, ele não sente; mas quando o organismo se torna mais móvel internamente, como ocorre na vida antroposófica, seu corpo físico começa a sentir-se desconfortável, pois possui um corpo estranho dentro dele. Não estamos divulgando qualquer causa específica, só queremos apresentar a verdade. É melhor quando a ciência espiritual leva o homem a ter um certo nojo e desprezo pela comida animal; e não adianta nada se ele deixar de se alimentar de carne animal por qualquer outra razão.

---

32. Muito resumidamente; omissões não indicadas.

Como outro exemplo, eu mencionaria o *álcool*, que é algo muito especial nos reinos da natureza. Aquilo que as outras plantas armazenam somente para a primeira germinação – isto é, toda a força produtiva – é o caso da uva, derramada de certa forma na carne da fruta; então, por meio do que é conhecido como fermentação, algo é produzido, e que possui, dentro da planta, um poder que só é comparado, esotericamente, ao poder que o ego do homem tem sobre o sangue. O que é desenvolvido na produção do álcool é sempre a mesma coisa, em outro reino da natureza, que aquilo que o homem deve produzir quando trabalha seu sangue a partir do ego. A conseqüência é que, por meio do álcool, levamos ao nosso organismo algo que, por outro lado, funciona da mesma forma como o ego trabalha no sangue. Isso significa que, com o álcool, levamos para dentro de nós mesmos uma oposição ao ego, que é um oponente direto dos feitos de nosso ego espiritual. Então, travamos uma batalha interna e, na verdade, condenamos à falta de poder tudo aquilo que vem do ego, quando tomamos álcool, que é seu oponente. Esse é o fato oculto.

No desenvolvimento esotérico, sentimos o peso da Terra na comida animal mais do que o normal e, acima de tudo, experimentamos o fato de isso inflamar a vida instintiva da vontade, que flui mais nas emoções e paixões. Devemos ver que tudo o que um homem perde no sentido dos instintos, das paixões agressivas e dos sentimentos por recusar comida animal é compensado no interior da alma.

Se você fosse investigar o Cosmos como um esotérico, encontraria a substância *leite* em nossa Terra, mas não em outro planeta de nosso Sistema Solar. Você teria de dizer que os seres vivos de cada planeta possuem seu próprio leite. O ser interior das *plantas* na Terra não é simplesmente terreno, mas está relacionado às outras plantas. Existe, em nossas plantas, algo que também pode ser encontrado em outros planetas do nosso sistema. O reino *animal* é radicalmente diferente de qualquer outro correspondente a ser encontrado no demais planetas.

O alimento leite liga o homem à raça humana na Terra como um membro pertencente à família comum. O leite prepara o homem para ser uma criatura humana terrena, ele o unifica com as condições terrenas, mas não o prende à Terra. Ele faz do homem um cidadão da Terra, mas não o impede de ser de todo o Sistema Solar. A comida animal, obtida do reino que é essencialmente terreno, prende o homem à Terra. Ele, ao preencher seu organismo com os efeitos da comida animal, priva-se do poder de tornar-se livre da Terra. A dieta vegetariana é de uma natureza que leva à ação aquelas forças que transportam o homem a uma união cósmica com todo o sistema planetário. Aquilo que um ser humano deve alcançar quando continua a assimilar a nutrição vegetal é reunir as forças contidas em todo o Sistema Solar para que, em seu invólucro físico, se torne participante das forças solares. A leveza em seu organismo, que ele obtém por meio de uma dieta vegetariana, desenvolve gradualmente certa percepção interna de gosto no organismo; é como se a última realmente compartilhasse com a planta a apreciação pela luz do sol, que faz muita coisa pela planta.

Você perceberá que, no caso do desenvolvimento esotérico, é importante não se prender à Terra por meio da apreciação pela dieta animal, se esta pode ser dispensada; a decisão, é claro, só pode ser feita de acordo com as condições pessoais do indivíduo. Por outro lado, conseqüências sérias poderiam suceder se uma pessoa se tornasse vegetariana fanática, que evitasse o leite e seus derivados. Pode-se, facilmente, adquirir um apego pelo esforço de se livrar da Terra e soltar as amarras que a unem às suas tarefas na Terra. Para que não nos tornemos tão excêntricos, é bom que nos supramos, de certa forma, como os viajantes da Terra, utilizando o leite e seus derivados.

Se considerarmos a *proteína* animal contida em, digamos, ovos de galinha, devemos compreender que tal proteína é, em sua estrutura, o resultado de forças cósmicas. Essas forças trabalham, inicialmente, na Terra, e o planeta reage à construção da proteína animal com as forças que recebe do Cosmos. A menor célula em um ovo de galinha é constituída das forças que a Terra obtém, primeiro, do Cosmos. A gordura animal é formada de acordo com leis totalmente diferentes.

Quando a alma se desenvolve, ela experimenta todo o *açúcar* que ingere ou que já possui em si como algo que lhe dá firmeza interna, que a suporta internamente, permeando-a a tal ponto com um senso natural de individualidade. A esse respeito, uma espécie de elogio pode ser feita ao açúcar. Por meio da ingestão de açúcar, um tipo de egocentrismo inocente é produzido e pode formar um antídoto à individualidade necessária no âmbito espiritual das morais. Por outro lado, haveria facilmente a tentação não só de se tornar egoísta, mas também a tentação sonhadora e fantástica de perder a capacidade saudável para julgar as condições terrenas. Uma adição de açúcar à comida fornece poder para permanecer firmemente na Terra com os dois pés e para cultivar uma estima saudável pelas coisas terrenas.

O *café* trabalha de forma que o organismo humano eleve seu corpo etéreo para fora do corpo físico, mas de maneira a sentir o último como uma base sólida para o primeiro. Logicamente, o pensamento consecutivo depende muito da estrutura e da forma do corpo físico, então, por meio da ação peculiar do café, a disposição dos fatos em seqüência lógica, em precisão lógica, é promovida pelos meios físicos. Embora haja dúvidas saudáveis sobre ingerir muito café para aqueles que desejam ascender a regiões mais elevadas da vida espiritual, ele pode ser bom, ocasionalmente, para obter a precisão lógica. Se os pensamentos de um estudante têm uma tendência a ir na direção errada, não precisamos considerar errado se ele se torna mais estável tomando café.

Quando se ingere *chá*, o pensamento torna-se volátil, menos apropriado para se manter nos fatos; na verdade, a imaginação é estimulada por ele, muito freqüentemente, de forma nem favorável nem de acordo com a verdade ou com a proporção sonora. Em encontros em que *flashes* de pensamento e o desenvolvimento da mentalidade brilhante estão em questão, o chá deve ser preferido; por outro lado, a imaginação e uma natureza descuidada, indiferente, que aprecia desprezar as demandas da vida exterior, são despertas pela ingestão de chá. Para uma alma que passa por desenvolvimento, sentimos que o chá é menos aceitável que o café, já que ele leva mais facilmente à superficialidade.

Chocolate promove o pensamento prosaico. Ele pode ser sentido como a verdadeira bebida do folgazão do lugar-comum. Podemos compreender muito bem que, em festas de família, aniversários, batizados ou determinadas ocasiões festivas, o chocolate seja uma bebida.

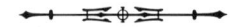

Oração à Mesa
As sementes da planta são apressadas
    na noite da Terra,
As ervas verdes estão brotando
    pela força do ar,
E todos os frutos ficam maduros
    pelo poder do sol.
Então, acelera a alma no santuário do coração,
Então, floresce o poder espiritual à luz do mundo,
Então, amadurece a força do homem na glória de Deus.

3. UMA FESTA MICHAELMAS

A festa da Páscoa é aquela em que o homem contempla a morte e a imortalidade que vem a seguir, por meio do mistério do Gólgota. Observamos o festival da primavera[33] de forma correta quando dizemos: Cristo fortaleceu a imortalidade do homem pela Sua própria vitória sobre a morte... Porém, o homem deve compreender a ressurreição em conexão com o mistério do Gólgota enquanto ainda está vivo na Terra; e, se puder fazer isso em seus sentimentos, isso também o capacitará a passar pela morte de forma correta. Isso significa que a morte e a ressurreição contidas no mistério do Gólgota devem ensinar o homem a inverter a relação; a experimentar a ressurreição internamente na alma durante a vida para que, após isso, ele possa passar, de maneira correta, pela morte. O exato oposto da expe-

---

33. N. T.: As estações do ano e as respectivas festas citadas estão de acordo com o calendário do Hemisfério Norte.

riência de Páscoa: nessa festa, devemos nos submergir na morte e ressurreição de Cristo. Porém, como seres humanos, precisamos submergir naquilo que nos é dado como ressurreição da *alma*.

Assim como na primavera adquirimos o verdadeiro sentimento da Páscoa ao ver como as plantas desabrocham e florescem, como a natureza acorda novamente para a vida e supera a morte do inverno, conquistamos outro sentimento quando vivemos, durante o verão, no espírito correto e sabemos que a alma ascendeu ao Cosmos; estamos nos aproximando do outono, as folhas tornam-se amarelas e marrons, e caem; é a natureza morrendo. Compreendemos essa morte da natureza ao observar o processo de quando a neve começa a cobrir a terra, e dizemos: a alma da terra está retornando à terra e estará completamente dentro da terra quando o solstício de inverno chegar. Assim como experimentamos a morte e a ressurreição de Deus na época de Páscoa, na primavera, vivenciamos também, no outono, a morte e a ressurreição da alma humana.

Além do mais, devemos compreender o que significa para nós e para nossa era que a alma da Terra seja exalada, em meados do outono, aos lugares mais distantes do mundo, unida às estrelas e retornando. Aquele que compreende os segredos do circuito da terra ao longo do ano saberá que a força de Miguel, que não descendeu nos séculos anteriores, está, novamente, descendendo pelas forças da natureza.[34] Podemos encarar o outono sem folhas à medida que observamos a aproximação da força de Miguel a partir das nuvens. Os calendários mostram o nome de "Miguel", e o Michaelmas é uma festa nacional;[35] ainda que não possamos experimentar o presente espiritualmente, ligando os eventos na Terra aos da Natureza, até que compreendamos, novamente, o curso do ano e estabeleçamos as festas do ano, como era feito no passado. A partir de tal compreensão, eles criaram as festas de Natal, Páscoa e *Midsummer Day*.[36] No Natal, trocamos presentes e outras coisas, mas, hoje, as pessoas recebem muito pouco em tais festas, tudo é feito de forma tradicional, exterior.

Quando, entretanto, as festas que celebramos sem compreender são entendidas, devemos ter a força para estabelecer, a partir de uma compreensão espiritual do curso anual, uma festa que, somente agora, para a humanidade da nossa época, possui um real significado: a festa de Miguel. Ela acontecerá nos últimos dias de setembro, quando o outono se aproxima, as folhas caem e a natureza enfrenta a morte – da mesma forma como experimenta um novo florescimento na Páscoa – e quando sentimos, na vida que se esvai da natureza, como a alma da Terra é unida com a Terra e

---

34. Veja o Capítulo 6.1 – Miguel e a Nova Consciência de Cristo.
35. N. T.: Festa celebrada no Hemisfério Norte.
36. N.E.: Data do solstício de verão na Inglaterra, na qual se comemora o dia de São João, em 24 de junho.

traz, por meio das nuvens, Miguel. Quando temos força para estabelecer tal festa do espírito – uma festa que carrega, mais uma vez, um sentimento de companheirismo para nossa vida social – , devemos ter criado algo em nosso interior que possua o espírito como sua fonte. Muito mais importante que qualquer reflexão sobre as condições sociais — que não podem levar a resultado algum nas condições caóticas atuais, a não ser que contenham o espírito — seria uma série de pessoas com a mente aberta reunindo-se para, novamente, instituir na Terra algo que provenha do nosso Universo, como, por exemplo, a festa de Miguel. Se as pessoas pudessem determinar algo, a razão que só pode ser encontrada pelo mundo espiritual, algo que possa iluminar os sentimentos de companheirismo entre aqueles que chegam a ela – surgindo da completude e do frescor do coração humano por meio de contato imediato –, então existiria algo que pudesse ligar os homens, socialmente, novamente... Porém, a coragem teria de ser encontrada entre eles, não apenas para discutir as reformas sociais externas, e assim por diante, mas também para fazer algo que conecte a terra aos céus, que reconecte as condições físicas e espirituais...

Se, hoje, fosse possível observar o funcionamento de todo o Universo com a aproximação do outono, decifrar toda a face do Universo e adquirir força criativa a partir dele, então o estabelecimento de tal festa revelaria não apenas a vontade dos seres humanos, mas também a dos deuses e espíritos. Então, o Espírito estaria novamente entre a humanidade!

Nós, os homens de atualmente,
Precisamos ouvir corretamente
O chamado do espírito ao alvorecer,
O chamado de Miguel.
O conhecimento do espírito busca
Abrir a alma para ouvir verdadeiramente
Esse chamado matinal.

EPÍLOGO

O HOMEM, TEMPLO DOS DEUSES

Nós nunca, na verdade, trazemos o ego real e interior do mundo espiritual para o físico e o terreno; nós o deixamos no mundo espiritual. Antes de descermos para a vida terrena, ele estava no mundo espiritual, e ele está lá, novamente, entre nosso adormecer e despertar. Ele sempre fica ali. Se, durante o dia, no estágio atual de consciência, nos chamarmos de "eu", esta palavra é apenas uma indicação de algo que não está aqui, no mundo físico; ela possui apenas uma *imagem* neste mundo...

Isso ficará claro se nos imaginarmos dormindo. O ego está longe dos corpos físico e etéreo, e também do corpo astral. Ele trabalha no sangue de um homem e em seus movimentos. Durante o sono, os movimentos cessam; o sangue, entretanto, continua correndo, ainda que o ego não esteja presente. O que acontece a ele enquanto dormimos? Algo deve estar vivo e funcionando no sangue, da mesma forma como o ego durante o dia. Da mesma maneira, o corpo astral, vivendo como vive em todo o processo respiratório, deixa-o pela noite, ainda que a respiração não cesse...

O fato é que, enquanto o homem dorme, os seres da hierarquia adjacente adentram as forças pulsantes do sangue, o qual o ego deixou. Anjos, arcanjos e *archai* habitam os órgãos nos quais o ego humano está durante o dia. Além do mais, nos órgãos da respiração que abandonamos, os seres da próxima hierarquia elevada, *exusiai*, *dynamis* e espíritos da sabedoria (*kyriotetes*), vivem. Então, quando dormimos à noite, expondo nosso ego e corpo astral, os anjos, arcanjos e seres espirituais elevados entram em nós e animam esses órgãos enquanto estamos fora, até que despertemos.

Além disso, com relação ao nosso corpo etéreo, até mesmo na vida desperta, não somos capazes de realizar o que é necessário. Os seres da alta hierarquia, serafins, querubins e tronos têm de habitar esse corpo etéreo até mesmo quando estamos acordados; eles sempre estão lá. Por último, o corpo físico: se nós mesmos tivéssemos de alcançar todos os grandes e maravilhosos processos que ocorrem no corpo físico, não chegaríamos nem a fazê-lo de forma precária; seríamos incapazes de fazê-lo. Aqui, somos absolutamente indefesos. Aquilo que a anatomia exterior atribui ao corpo físico não seria capaz de mover um único átomo dele. A ele pertencem os poderes de outra ordem. Estes são nada menos que aqueles que são conhecidos, desde os primórdios, como a suprema Trindade, os Poderes do Pai, Filho e Espírito, a trindade essencial, que habita o corpo físico do homem.

Portanto, por meio da vida terrena, nosso corpo físico não é nosso mesmo. Se dependesse de nós, não poderia ser desenvolvido. Trata-se, como já foi dito, do verdadeiro templo da divindade, divindade de três faces... Há uma atividade constante dentro do ser humano, que procede não apenas do próprio homem. Ele vive apenas nessa natureza corporal na vida desperta, digamos, como um subinquilino. Ao mesmo tempo, é o templo e a morada dos seres das hierarquias.

Com tudo isso em mente, vemos apenas a forma exterior do homem corretamente se admitirmos: trata-se de uma imagem do trabalho em conjunto de todas as hierarquias. Elas fazem parte dele... Somente quando as coisas são vistas dessa forma pode-se falar corretamente, em detalhes, daquilo que é comumente explicado abstratamente. Diz-se que o corpo físico não é uma realidade, que se trata de fantasia e a realidade por trás dela. Seria muito genérico, se fosse dito: as flores crescem no campo. Só podemos fazer algo a respeito se soubermos que tipo de flores; então, o conhecimento do mundo elevado só pode ser colocado em prática se pudermos apontar, em detalhe, *como* ele funciona na imagem exterior, na fantasia ou no reflexo, que é sua manifestação física supersensível.

Observo a escuridão:
Nela, surge a luz —
A luz viva.
Quem é essa luz na escuridão?
Eu sou eu mesmo em minha realidade.
Essa realidade do "eu"
Não faz parte da vida terrena.
Sou uma mera imagem dela.
Mas devo encontrá-la novamente
Quando estou
No bem para com o espírito,
Além do portão da morte.

FONTES, LEITURAS COMPLEMENTARES E APLICAÇÕES PRÁTICAS

O título em inglês a partir do qual o trecho foi extraído é seguido pela data — e, no caso das palestras, pelo local – de origem. O número GA identifica o volume de edições alemãs (*Gesamtausgabe*) contido no texto original.

PREFÁCIO DO EDITOR

Leitura complementar: *Rudolf Steiner. An Autobiography.* S. Easton: *Herald of a New Epoch.* A. P. Shepherd: *Scientist of the Invisible.* G. Wachsmuth: *The Life and Work of Rudolf Steiner.*

CAPÍTULO 1 – INTRODUÇÃO

1. *O Conhecimento dos Mundos Elevados – Como alcançá-los?* Cap. 1, 1904. GA 10.

2. *Teosofia*, Cap. 1, 1904. GA 9.

3. *Ciência Oculta: um Esboço.* Cap. 1, 1910. GA 13.

CAPÍTULO 2 – A NATUREZA DO HOMEM

1. "At the Gates of Spiritual Science", Lec 1. Stuttgart, 22 de agosto de 1906. GA 95.

2. "Theosophy of the Rosicrucians", Lec 8. Munique, 1º de junho de 1907. GA 99.
3. "Gospel of St John", Lec 10. Hamburgo, 30 de maio de 1908. GA 103.
4. "Planetary Spheres and their Influence", Lec 3. Londres, 30 de agosto de 1922. GA 214.
5. "Anthroposophy: An Introduction", Lec 7. Dornach, 8 de fevereiro de 1924. GA 234.

Leitura complementar: *Teosofia. Ciência Oculta: um Esboço. The Evolution of Consciousness. Apocalypse of St John.*

CAPÍTULO 3 – DA MORTE AO RENASCIMENTO

1. "Between Death and Rebirth", Lec 9. Berlim, 4 de março de 1913. GA 141.
2. "Planetary Spheres and their Influence", Lec 2. Oxford, 22 de agosto de 1922. GA 214.
3. *Three Essays on Haeckel and Karma*. 1903. GA 34.
4. "The Evolution of Consciousness", Lecs 10 e 11. Penmaenmawr, 28/29 de agosto de 1923. GA 227.
5. "Karmic Relationships", Vol 8, Lec 5. Londres, 24 de agosto de 1924. GA 240.

Leitura complementar: *Teosofia. Earthly Death and Cosmic Life. Supersensible Man.*

CAPÍTULO 4 – DESTINO E REALIDADE OCULTA

1. *Anthroposophical Quarterly*, 1978, nº 23/1. Berlim, 15 de outubro de 1906. GA 96.
2. "Reincarnation and Karma", Lec 3. Stuttgart, 20 de fevereiro de 1912. GA 135.
3. *O Conhecimento dos Mundos Elevados – Como Alcançá-los?* Parte II, 5. 1904. GA 10.
4. *Four Mystery Dramas: I – "The Portal of Initiation"*, cena 2. GA 14.

Leitura complementar*: Karmic Relationships* (vols 1 a 8).

CAPÍTULO 5 – EXPERIÊNCIAS DE CRISTO

1. "The Mystery of Golgotha". Oxford, 27 de agosto de 1922. GA 214.
2. "The Spiritual Guidance of Man and Humanity", Lec 1. Copenhague, 6 de junho de 1911. GA 15.
3. "The Inner Aspect of the Social Question", Lec 2. Zurique, 11 de fevereiro de 1919. GA 193.

4. "The Mysteries of Light, of Space, and of the Earth", Lec 1. Dornach, 12 de dezembro de 1919. GA 194.

5. "Love and its Meaning in the World". Zurique, 17 de dezembro de 1912. GA 143.

Leitura complementar: *Christianity as Mystical Fact*. Ciclos de palestra sobre cada um dos quatro Evangelhos.

CAPÍTULO 6 - PRÓXIMOS EVENTOS

1. "Occult Science and Occult Development", Lec 3. Londres, 2 de maio de 1913. GA 152.

2. "The Etherisation of the Blood". Basel, 1º de outubro de 1911. GA 130.

3. "From Jesus to Christ", Lecs 3 e 10. Carlsruhe, 7 e 14 de outubro de 1911. GA 131.

4. "Earthly and Cosmic Man", Lec 6. Berlim, 14 de maio de 1912. GA 133.

5. "The Apocalypse of St John", Lec 7, Nuremberg, 24 de junho de 1908. GA 104.

CAPÍTULO 7 - REORGANIZAÇÃO DA SOCIEDADE

1. *The Threefold Commonwealth*, Foreword, 1920. GA 24.
2. *Anthroposophy and the Social Question*. 1905/6. GA 34.
3. *Anthroposophy*, 1927, Vol II, nº 3. "Capital and Credit". 1919. GA 24.
4. "The Work of the Angels in Man's Astral Body". Zurique, 9 de outubro de 1918. GA 182.
5. "How Can Mankind Find the Christ Again?" Lec 3, Dornach, 27 de dezembro de 1918. GA 187.
6. Palestra de abertura da reunião de fundação. Dornach, 24 de dezembro de 1923. GA 260.

Leitura complementar: *Towards Social Renewal. The Social Future. World Economy*.

Trabalho prático: Centro para o Desenvolvimento Social, Sharpthorne, West Sussex. Transform plc (Desenvolvimento do Gerenciamento), Painswick, Glos. Mercury Provident plc (Investimento), Forest Row, East Grinstead, Sussex. Camphill Village Trust (Incapacitados), Delrow House, Aldenham, Watford.

CAPÍTULO 8 - BASES FILOSÓFICAS

1. *Philosophy of Freedom*, Cap 5. 1894. GA 4.
2. *Philosophy of Freedom*, Cap 9. 1894. GA 4.
3. "The Psychological Foundations of Anthroposophy". Congresso Internacional Filosófico, Bolonha, 8 de abril de 1911. GA 35.

Leitura complementar: *Truth and Science. Riddles of Philosophy.*

CAPÍTULO 9 – CIÊNCIA NATURAL E CIÊNCIA ESPIRITUAL

1. "Boundaries of Natural Science", Lecs 1 e 3. Dornache, 27/29 de setembro de 1920. GA 322.
2. "Boundaries of Natural Science", Lecs 2 a 8. Dornach, 28 de setembro e 3 de outubro de 1920. GA 322.
3. *Goethe the Scientist*, Cap 4. 1883/5. GA 1.
4. "Art as Seen in the Light of Mystery Wisdom", Lec 1. Dornach, 28 de dezembro de 1914. GA 275.
5. "An Outline of Anthroposophical Medical Research", Lec 1. Londres, 28 de agosto de 1924. GA 319.

Leitura complementar: *Origins of Natural Science. Agriculture. Astronomy Course. Man, Hieroglyph of the Universe, First Scientific Course (Light). Heat Course. Fundamentals of Therapy* (com I. Wegman). *Spiritual Science and Medicine. Curative Education.*

Trabalho prático: Associação Agricultural Biodinâmica, Clent, Stourbridge, W. Midlands. Centro Terapêutico Park Attwood, Trimpley, Bewdley, Worcs. Weleda (Reino Unido) Ltd, (fabricantes farmacêuticos), Heanor Rd, Ilkeston, Derby. Aproximadamente 30 escolas e centros de Treinamento para crianças e jovens que necessitam de atenção e cuidados especiais.

CAPÍTULO 10 – A RENOVAÇÃO DAS ARTES

1. "Art as Seen in the Light of Mystery Wisdom", Lec 1. Dornach, 28 de dezembro de 1914. GA 275.
2. *Goethe as Founder of a New Science of Aesthetics*. 1889. GA 30.
3. "Ways to a New Style in Architecture". Dornach, 17 de junho de 1914. GA 286.
4. "Art as Seen in the Light of Mystery Wisdom", Lec 5. Dornach, 1º de janeiro de 1915. GA 275.
5. "Eurythmy as Visible Speech", Lec 1. Penmaenmawr, 26 de agosto de 1923. GA 279.

Leitura complementar: *The Arts and their Mission. Creative Speech. Speech and Drama. Four Mystery Dramas. The Inner Nature of Music. Eurythmy as Visible Music.*

Trabalho prático: Emerson College, Forest Row, East Grinstead, Sussex. Tobias School of Art, Dunnings Rd, East Grinstead, Sussex. London School of Eurythmy, Dunnings Rd, East Grinstead, Sussex. Ringwood-Bottom School of Eurythmy, Ashley, Ringwood, Hants. London School of Speech-Formation, Dunnings Rd, East Grinstead, Sussex. Diversos grupos de desenvolvimento da Euritmia.

CAPÍTULO 11 - O CAMINHO DO DESENVOLVIMENTO

1. "The Change in the Path to Supersensible Knowledge". Dornach, 27 de maio de 1922. GA 212.
2. "Occult Science and Occult Development", Lec 2. Londres, 1º de maio de 1913. GA 152.
3. *Stages of Higher Knowledge.* 1905/8. GA 12.
4. *Ciência Oculta: um Esboço,* Cap. 5. 1910. GA 13.
5. "The Evolution of Consciousness", Lec 6. Penmaenmawr, 24 de agosto de 1923. GA 227.

Leitura complementar: *O Conhecimento dos Mundos Elevados: Como Alcançá-los? A Road to Self-Knowledge: Threshold of the Spiritual World. The Life of the Soul. Anthroposophical Leading Thoughts.*

Trabalho prático: Sociedade Antroposófica da Grã-Bretanha, 35 Park Road, Londres – ramificações e grupos de estudo.

CAPÍTULO 12 - NA VIDA COTIDIANA

1. *The Education of the Child.* 1907. GA 34.
2. "The Effects of Spiritual Development", Lecs 1 e 2. The Hague. 20/21 de março de 1913. GA 145.
3. "Festivals and Their Meaning: Michaelmas", Lec 7. Berlim, 23 de maio de 1923, GA 224.

Leitura complementar: *A Modern Art of Education. The Essentials of Education. Soul Economy and Waldorf Education. The Kingdom of Childhood.*

Trabalho prático: Emerson College, Forest Row, Sussex. Onze escolas para crianças normais, mais diversos empreendimentos: Steiner Schools Fellowship, c/o Michael Hall School, Forest Row, E. Sussex.

EPÍLOGO

"Man as a Picture of the Living Spirit". Londres, 2 de setembro de 1923. GA 228.

Todos os trabalhos impressos de Rudolf Steiner podem ser obtidos na Rudolf Steiner Bookshop, 38 Museum Street, Londres WC1A 1LP, cujo catálogo atual contém 215 títulos em inglês de Rudolf Steiner e outros autores relacionados.

Livros impressos ou não e mais informações sobre o trabalho prático podem ser obtidos na biblioteca ou na livraria da Sociedade Antroposófica da Grã-Bretanha, 35 Park Road, Londres NW1 6XT, ou no escritório da Sociedade Antroposófica nas capitais de diversos países ao redor do mundo.

Leitura Recomendada

··· COLEÇÃO MESTRES DO ···
ESOTERISMO OCIDENTAL

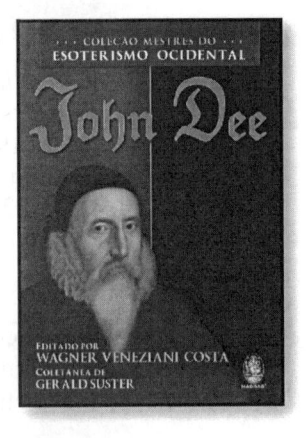

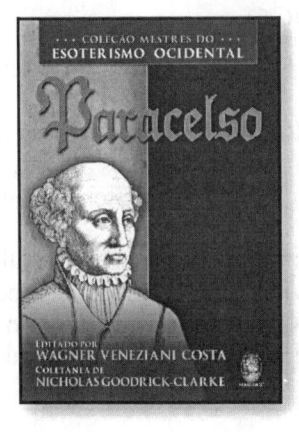

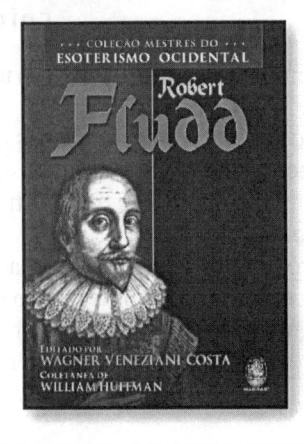

- Helena Blavatsky — Editado por Wagner Veneziani Costa — Coletânea de Nicholas Goodrick-Clarke
- Emmanuel Swedenborg — Editado por Wagner Veneziani Costa — Coletânea de Michael Stanley
- G.R.S. Mead — Editado por Wagner Veneziani Costa — Coletânea de Clare Goodrick-Clarke, Nicholas Goodrick-Clarke
- Jacob Boehme — Editado por Wagner Veneziani Costa — Coletânea de Robin Waterfield
- John Dee — Editado por Wagner Veneziani Costa — Coletânea de Gerald Suster
- Paracelso — Editado por Wagner Veneziani Costa — Coletânea de Nicholas Goodrick-Clarke
- Robert Fludd — Editado por Wagner Veneziani Costa — Coletânea de William Huffman

MADRAS® CADASTRO/MALA DIRETA

Envie este cadastro preenchido e passará a receber informações dos nossos lançamentos, nas áreas que determinar.

Nome _____
RG _____ CPF _____
Endereço Residencial _____
Bairro _____ Cidade _____ Estado ___
CEP _____ Fone _____
E-mail _____
Sexo ❏ Fem. ❏ Masc.   Nascimento _____
Profissão _____ Escolaridade (Nível/Curso) _____

Você compra livros:
❏ livrarias   ❏ feiras   ❏ telefone   ❏ Sedex livro (reembolso postal mais rápido)
❏ outros: _____

Quais os tipos de literatura que você lê:
❏ Jurídicos   ❏ Pedagogia   ❏ Business   ❏ Romances/espíritas
❏ Esoterismo   ❏ Psicologia   ❏ Saúde   ❏ Espíritas/doutrinas
❏ Bruxaria   ❏ Auto-ajuda   ❏ Maçonaria   ❏ Outros:

Qual a sua opinião a respeito dessa obra? _____
_____

Indique amigos que gostariam de receber MALA DIRETA:
Nome _____
Endereço Residencial _____
Bairro _____ Cidade _____ CEP _____
Nome do livro adquirido: **Rudolf Steiner**

Para receber catálogos, lista de preços e outras informações, escreva para:

MADRAS EDITODA LTDA.
Rua Paulo Gonçalves, 88 — Santana — 02403-020 — São Paulo/SP
Caixa Postal 12299 — CEP 02013-970 — SP
Tel.: (11) 6281-5555/6959-1127 — Fax: (11) 6959-3090
www.madras.com.br

Este livro foi composto em Times New Roman, corpo 11/12.
Papel Offset 75g – International Paper
Impressão e Acabamento
Gráfica Palas Athena – Rua Serra de Paracaina, 240 – Cambuci – São Paulo/SP
CEP: 01522-020 – Tel.: (11) 3209-6288 – e-mail: editora@palasathena.org

DIREÇÃO EDITORIAL
Daniele Cajueiro

EDITOR RESPONSÁVEL
André Marinho

PRODUÇÃO EDITORIAL
Adriana Torres
Mariana Bard
Júlia Ribeiro

REVISÃO DE TRADUÇÃO
Luíza Côrtes

REVISÃO
Isabela Sampaio
Thaís Carvas

DIAGRAMAÇÃO
Filigrana

Este livro foi impresso em
2023, pela Vozes, para a Trama.